本书由开明慈善基金会学大教育集团个性化教育专项基金赞助出版

在融合和变革中前行

主　　编 | 田树林
执行主编 | 李晓君

光明日报出版社

图书在版编目（CIP）数据

在融合和变革中前行 / 田树林主编. －－北京：光明日报出版社，2021.9
ISBN 978－7－5194－6334－2

Ⅰ.①在… Ⅱ.①田… Ⅲ.①中学教育—教学研究—研究成果—北京—文集 Ⅳ.①G632.0-53

中国版本图书馆 CIP 数据核字（2021）第 186279 号

在融合和变革中前行

ZAI RONGHE HE BIANGEZHONG QIANXING

主　　编：田树林	执行主编：李晓君
责任编辑：郭玫君	责任校对：叶梦佳
封面设计：中联华文	责任印制：曹　净

出版发行：光明日报出版社

地　　址：北京市西城区永安路 106 号，100050

电　　话：010－63169890（咨询），010－63131930（邮购）

传　　真：010－63131930

网　　址：http://book.gmw.cn

E － mail：gmrbcbs@gmw.cn

法律顾问：北京市兰台律师事务所龚柳方律师

印　　刷：三河市华东印刷有限公司

装　　订：三河市华东印刷有限公司

本书如有破损、缺页、装订错误，请与本社联系调换，电话：010-63131930

开　　本：170mm×240mm

字　　数：378 千字　　　　　　　印　　张：24.5

版　　次：2021 年 9 月第 1 版　　　印　　次：2021 年 9 月第 1 次印刷

书　　号：ISBN 978－7－5194－6334－2

定　　价：95.00 元

编委会

目 录
CONTENTS

教 学 篇

教 育 篇

学 生 篇

国际交流与合作篇

教学篇

第一章

融合发展推动整体变革

第一节　在融合和变革中，国际教育一路前行

一、国际部发展历程

我校位于首都国际化程度高、外事资源丰富、经济发展迅速的朝阳区，全市 21 所外籍人员子女学校中有 19 所坐落于朝阳。面对数以百计的国外使领馆、国际组织和外资企业的子女学习汉语并接受基础教育的强烈需求，我校经北京市教委批准，于 2001 年成立了国际部，面向外国学生先后设立了高中班、初中班和汉语语言班，致力于对外汉语教学推广，建立起"在八十中感受世界"的多元文化校园。到 2017 年为止，学校先后为近两千名外籍少年儿童提供了教育。

秉承北京市第八十中学（以下简称"八十中"）"课程立校"的特色，国际部将课堂、课程、评价作为三个核心目标任务，借鉴国际先进教法，引进新思路新办法，做好中外优质教育资源整合。我校于 2006 年建立了第一个中外合作办学项目——中英高中课程项目（A Level），2011 年又开始了第二个中外合作办学项目——中美高中课程项目（AP 课程），2014 年开设初中融合班（IG 班）。2017 年，我校国际教育实现跨越式发展，通过了世界上认可度最高的国际文凭 IB 课程认证，成为"IB 世界学校"；同年，还通过了美国最大非营利性国际认证组织——美国先进教育认证组织（AdvancED）认证，成为在亚太地区首家国际部和中国部同时被它授予认证的学校，迈出了八十中走向世界先进教育行列的步伐。2018 年开设小学合璧班（IC 班）。2021 年 7 月获得美国 ACT 官方授权认证，成为"ACT 考点学校"。

二、搭建多元课程平台

学校国际部立足于全校发展,坚持"继承民族优秀传统,兼蓄人类文明"的宗旨,致力于汉语与中国文化推广及中外优质教育资源整合,形成了融合中外优质教育资源的八十中特色的国际教育体系。

(一)国际学生项目

1.中国初高中课程

本项目面向外国学生,开设中国初中和高中课程以及中国传统文化课程。每年为中国名校输送大批优秀的国际人才。在外国学生的高考中,北大、清华录取率一直保持在65%以上。外国学生通过学习和感受中国文化成长为走向世界的中国文化小使者,同时八十中也成为一个汇聚世界文化的校园联合国,有来自四十多个国家的国际学生就读,为学校师生搭建了"在八十中感受世界"的多元文化平台。

2.对外汉语教学

本项目按外国学生汉语水平分为初级、中级和高级三层教学,分为汉语课(精读、口语、听力、写作、阅读)、中国文化课(京剧、书法、剪纸、武术、中国饮食、茶艺等)以及中国文化社会实践活动三个部分。各部分内容实行主题式教学,帮助外国学生身临其境地感受中国语言和文化的魅力,进而提高学习效果。2010年我校被美国华盛顿政府下属美国教育协会(American Councils)选中,成为其选派优秀美国中学生海外学年的基地校,以及美国奥巴马政府的"美中十万留学生计划"的一个组成部分,每年接收 American Councils 选派的优秀美国中学生来我校学习。我校先后于2010年和2018年在尼泊尔和白俄罗斯建立了孔子课堂,为汉语和中国文化推广工作做出了积极的贡献。

(二)小学合璧项目(IC课程)

小学部合璧班2018年创办,以整合式课程理念为宗旨,以人工智能为平台,用IB课程的方法,将严谨优质的中国小学基础教育与国际课程中先进的教学理念及丰富的教学资源相融合,在完成中国基础教育目标和任务的基础上,重视学生的学习过程,保护学生的天性,发展学生的个性,开发学生的潜能,帮助学生获得终身学习的热情与能力,把童心、童趣、童年还给学生。小学部合璧班以中西合璧、面向未来为核心,根据学生的特点和发展规律建立了七大学科组课程架构(如表1-1)。

表 1-1

学科组		科目	能力发展目标	授课教师	语言
第一组	语言 A（母语）	语文	客观内容 主观感受 中文表达（书面和口语）	中教	中文
第二组	语言 B（外语）	英语等	交流 表达 应用	外教	外语
第三组	人文	道德与法治 学术研究	规则意识 自我管理 国际视野 思辨能力	中、外教合作教学	双语
第四组	科学	科学	研究 动手 创造 "爱玩、好玩和会玩"	中、外教合作教学	双语
第五组	数学	数学	扎实基础 逻辑思维 数学规律	中教	中文
第六组	综合	体育与文化 视觉艺术 英文戏剧 中英阅读 人工智能	运动技能、审美能力、交流表达等 21 世纪技能	中、外教合作教学	双语
第七组	探究与实践	超学科主题探究	思考 关联 动手 运用	中、外教合作教学	双语

（三）初中融合课程（IG 课程）

IGCSE 课程是剑桥国际考试委员会（Cambridge Assessment International Education）面向 14 到 16 岁青少年的全球性的国际资格证书课程。我校初中融合课程创办于 2014 年，该课程以整合式课程理念为宗旨，将严格优质的初中基础教育与 IGCSE 优质课程内容、先进的教学理念及丰富的教学资源相结合，建立了具有国际部特色的课程体系（如表 1-2）。通过初中 IG 融合课程的学习，学生可为高中阶段学习国际课程打好基础。

表 1-2

学科组		科目		
		中文授课	英文授课	融合课程
第一组	语言 A	语文	EL（分层）	EL（分层）
第二组	语言 B		ESL（分层）	ESL（分层）
第三组	人文	历史、地理、社会	经济	
第四组	科学	生物	科学	物理、化学
第五组	数学			数学
第六组	实践探究	学校活动	学校活动	PBL、主题研学、学业规划
第七组	综合与个性发展	艺术	视觉艺术、戏剧、数字设计等	
		体育与文化	游泳、高尔夫、体能健身、舞蹈、瑜伽等	
		科技与创新	计算机科学、设计与制造、机器人等	
		社团	金帆民乐团、艺视域、爱迪生发明社、乐善乐团、In 电台等	

（四）高中国际课程项目

1.美国 AP 课程

美国大学先修课程（Advanced Placement）简称 AP，是美国 15000 所公、私立高中专为优秀高中生开设的、具有挑战性的大学课程。我校中美高中课程项目班 2011 年创办，以中国高中核心课程为基础，通过引进 AP 课程让优秀高中生接受美国大学课程挑战，进一步激发优秀学生的学术潜力，为优秀人才成长提供更加广阔的空间。我校通过开设丰富的 AP 选修课程来满足学生不同的发展需要，如

AP 微观经济、宏观经济、物理 1、物理 C 力学、物理 C 电磁、微积分、化学、生物、计算机科学、计算机科学原理、心理、环境科学、统计、艺术、西班牙语、法语、艺术设计、视觉特效等。

2.英国 A Level 课程

英国高中课程(General Certificate of Education Advanced Level)简称"A Level 课程",是英国的普通中等教育证书考试高级水平考试,是英国大学的入学考试课程。顺利完成学业要求的学生将参加 A Level 全球统考,并根据相应成绩申请英国、美国大学。A Level 课程是学生申请英美等国顶级大学的主流课程,同时广泛地被美国、加拿大、澳大利亚等国家认可。我校中英高中课程项目班创办于 2006 年,该课程植根于八十中扎实的基础教育,充分整合英国 A Level 课程与中国高中课程,实现中西方优质教育资源优势融合。开设的课程除了中国部高中课程以外,还有 A Level 数学、进阶数学、中文、英语、物理、化学、经济、计算机科学、心理、全球视野、法语、艺术设计等。

3.中加和中法课程

法语项目是在 A Level 课程的基础上增设的法语选修方向的课程,面向计划留学法国等欧洲国家或希望学习第二外语的同学。同时,八十中国际部的课程被加拿大新布伦瑞克省教育局认证,学生可注册加拿大新布伦瑞克省高中学籍,获得加拿大高中毕业证书。为学生提供了多元化的课程平台以及海外留学选择。

4.国际文凭 IBDP 课程

IBDP 课程全称为国际大学预科课程(International Baccalaureate Diploma Programme,简称"IB 课程"),是国际文凭组织为高中生设计的为期两年的课程。IB 课程被全球教育界认可为具有较高学业水准的教育项目,被更广泛的大、中学接受,在全球范围内迅速发展、壮大,成为学生考取国外大学的最理想选择。

2017 年 5 月,八十中国际部通过 IB 组织审核,正式成为 IB 世界学校,开设了大学预科课程(IBDP)。学生在六大学科组和三门核心课程(TOK、CAS、EE)的课程设置下,完成为期两年的学业。IBDP 项目有严格的学术和考核标准,注重"终身教育""全人教育"和"国际视野",为学生进入国际顶尖大学学习,适应未来大学学习和进入社会工作,都奠定了坚实的基础。

六大学科组包括语言 A(中文文学)、语言 B(习得语言英语、法语等)、个人与社会学(心理学、经济学等)、实验科学(物理、化学、生物、计算机等)、数学、艺术与选修(美术设计、戏剧艺术等)。

三、取得丰富办学成果

(一)规范办学,扎实基础

我们严格按照教育部和市区教委的各项要求,开齐开足国家必修课程,学生参加高中学业水平考试,帮助学生建立全面扎实的中国基础教育学业基础,为未来参与国际竞争做好准备。

(二)铸造中华魂

国际课程班学生管理纳入八十中整体德育管理,诸如参加每周升旗仪式和国旗下的讲话、红五月班级歌唱比赛等常规教育活动,培养学生的爱国情怀以及社会责任感,鼓励学生养成良好的学习习惯和行为习惯。学校对国际部学生提出"读五十本中国好书"和"具备一项中国传统文化技能"的学习要求,还专门开设了中国文化系列特色课程,诸如京剧、剪纸、水墨画、中华美食、中国文化主题研学等,激发学生主动学习和研究中国文化的热情,使他们成为具有中国民族自豪感的学子。

(三)融合中外优质教学资源

我校引入国际课程的目的是丰富学校课程。国际课程并非拿来就用,而是通过比较甄别,将其中先进的课程理念、教学方法、评价方式融入八十中的课程建设,逐步形成兼蓄中外优质教育教学资源、特色高效的学校课程体系。我校主要通过以下四种方式组织实施:第一,数学科学类学科——以中国课程为基础,通过融合中外教学内容,形成充分发挥中国课程优势的国际化课程(如图1-1)。第二,语文人文类学科——通过吸取国际课程特别是 IB 课程中的先进教学理念,创新教学方式和评价模式。第三,教学管理和评价方式——运用先进成熟的管理平台,实施过程性管理与评价。我校首先在 2011 年参考美国项目合作学校辅园中学的校园管理平台,开发了"学生成长记录"平台,侧重对学生进行过程性管理和评价;2016 年,我校又引进了 IB 课程中广泛使用的校园管理平台 Managebac,推动更加细化的学生过程性管理和学校、班主任、任课教师、家长和学生五位一体的交流平台,实时交流与沟通,提高了教育的时效性与交互性。第四,综合实践类课程——运用国际课程特别是 IB 课程中 CAS 的方法,帮助学生在不断有效反思的过程中发展以"创造、实践、服务"为核心的能力。

以上四种途径的课程建设的组织实施,并不期待一蹴而就,而是实践"以点带面、重点推进"的过程。我校国际部通过自上而下的推行和一线老师的示范,最终在每学期末的教育教学总结大会上将每个学科组的推进成果进行分享和交流,促进各学科组和各年龄阶段的教师逐步主动参与到中外课程优质资源整合研究和

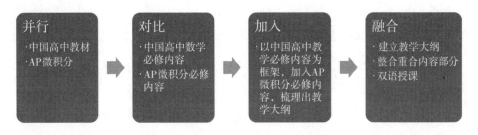

图1-1

教学方式转变的过程中。

（四）搭建教师职业发展平台，提高教师队伍专业化水平

终身学习是教师的职业需要，特别是从事国际教育的教师，在教学内容、课程融合、教学理念、教学方式、考试要求等教育教学的方方面面都需要借助钻研和实践，转变自身教育观念，提高自身专业素质，增强各自教育实践能力的底蕴。

在师资队伍建设方面，我校通过海内外选聘，组建了一支以博士生、海外留学回国就业人员为主的高学历、强背景、高水平的双语教师队伍，"稳定和提升"成为两大核心任务。我校将"搭建教师职业发展的平台，激励教师终身学习"作为完成这两大核心任务的根本策略（如图1-2）。

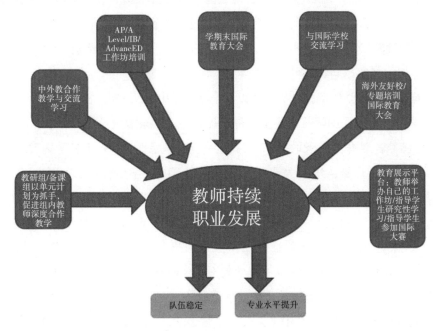

图1-2

(五)国际部办学成绩

我校国际部坚持踏实办学、潜心育人理念,办学质量稳步攀升。学生在国际课程全球统考中成绩稳步提升,在各项国内外竞赛中频频获奖,海外大学升学录取情况更是令人欣慰。2017年6月,全球最大的非营利性国际学校认证机构AdvancED(美国先进教育组织)通过对学校全方位的严格审查,正式将我校评为AdvancED认证学校,标志着八十中特色国际教育达到了世界标准。

国际部课程依据"以人为本、多元开放、自主选择"的原则,开设多学科竞赛类课程,支持学生专长发展。在刚刚过去的2020—2021学年度,国际部的优秀学生在国际、国内学科竞赛中频频获奖,成绩优异。在极具影响力的美国"物理杯"高中物理思维挑战赛中,王梓涵同学获得全国金奖,胡一凡、管悦童、杨实越、徐佳乐同学获得全国银奖;在2021年美国数学竞赛(AMC)中,朱奕炫、王珩同学获得全球荣誉奖,7名同学获得中国赛区一等奖;在2020年美国高中数学建模大赛(HIMCM)中,王子尧代表队荣获全球特等奖提名奖;在2020年10月全球创新研究项目大挑战(CTB)中,谢煜民、任昱宁同学获得全球赛最高奖项,张博嘉、孙乐谱、苗霖、岳雨萱、罗瑞明、邢世睿获得全国一等奖;在2021年英国化学奥林匹克竞赛中,吴川、孙然、王维泽同学获得全球金奖,张慕群、王艾宁同学获得全球银奖;在2021年英国物理挑战赛中,韦铭潇、王恒垣、祁炜誉、张天浩、单皓宇、王维泽、徐佳乐、杨实越同学获得全球金奖。

国际部历届学生都在各类高考以及全球统考中成绩突出,学生均升入国内外名校学习。2021届国际部毕业生取得了优异的大学录取成绩。外籍学生在高考中,北京大学、清华大学录取率67%,其他一类大学录取100%,7名学生被北京大学录取,4名学生被清华大学录取;中美项目班97%的学生收到了美国US NEWS排名前50的大学录取通知书,51%收到了前30的大学录取通知书,创历史新高,其中5人喜获顶尖院校——哥伦比亚大学、范德堡大学、圣路易斯华盛顿大学、埃默里大学、史密斯学院的录取通知书,2人被加州大学洛杉矶分校录取,2人被南加州大学录取,2人被北卡罗来纳大学教堂山分校录取,10人被纽约大学录取;中英项目班全部学生均被英国前十的大学录取,60%的学生被英国享有"超级精英"美誉的G5大学录取——其中1人升入牛津大学,5人升入帝国理工学院,2人升入伦敦政治经济学院,16人升入伦敦大学学院。

我校高三毕业生升入名校学习,更多学生在各项学科竞赛中展现才华,这是我校坚持"继承民族优秀传统,兼蓄人类文明"宗旨,坚持培养"有理想、强体魄、会学习、善合作"的国际化创新人才的成果,更是我校师生共同努力,办学成果全面开花的体现。

第二节　通过国际办学促进学校整体办学和师资队伍建设

我校举办国际教育的目的是探索既能满足社会教育的多元需求,又能为我校课程改革与课程资源建设打开思路、积累经验的新模式,立足为更多学生提供优质课程,整体提升我校的教育教学质量。为了进一步发挥国际课程项目在推进学校整体教育教学改革工作方面的改革示范作用,我校在发展国际课程项目的同时,积极利用项目的各种资源促进学校整体办学,实现了国际资源和校内资源的互融互促。

一、建立国际部与中国部学生共享资源平台

国际部与中国部打通体育课、活动课、选修课和社团活动,建立共同的课程平台,促进优质教育资源的融通互享。一方面国际部学生能够更健康地成长于八十中这片沃土;另一方面,由国际部优秀外籍教师、双语教师开设的课程以及国际信息和资源可面向全校师生,进一步丰富了学校课程内容,帮助学生拓宽视野、增强文化理解力、加强跨文化沟通能力。

二、向全校辐射国际教学成果,促进和推进新课程改革

重视先进教学理念与教学方法的引进与提升,一直是国际课程项目保障办学质量的有力举措,以学生为中心的探究式教学、多学科融合的项目式教学和差异化教学等更是近几年在国际部大力倡导的教学改革方向。近几年,我校一直推进多种层面的"同课异构"活动,例如,中国部和国际部学科组间的"同课异构",我校国际部与十一学校国际部教师的"同课异构"活动等,在不同课程体系下、不同学校办学理念下,观察和讨论教师的教学以及学生的学习活动,以探索不同教学方法的有效性,不断优化教师的教学方法与教学理念。"同课异构"活动有力地激活了全校教研组进行课堂创新活力与改革的动力。

此外,国际部作为学校先进教育技术的示范基地,在现代教育技术、智慧课堂、学生电子化管理平台等方面也发挥着重要的推动作用。

三、以国际办学为依托,引入先进教育资源,建立国际化培训机制

整体提升教师质量,不仅要满足教师的现实需求,而且要挖掘教师的潜在需求。我校采用定制式的国际化培训机制对此也发挥着重要的推动作用。

（一）国际化培训立足现实问题解决

我校的国际培训组织严密。国际教育主管校长主抓,以班级建制进行管理。学校中层干部担任班主任,另选出班长、学习委员、宣传委员和生活委员以及小组长等,让每位老师都有角色。培训主体多样化。近些年,我校培训主体转向非英语类学科教师。教师自愿报名后,校务会按照班主任优先、关键岗位优先等原则进行选拔,培训内容基于现实问题的解决。每次学校都会与境外大学深入沟通,提出教师的需要和希望解决的实际问题,并请对方有针对性地设计私人定制式培训课程。因此,教师们深感国际培训非常能解决实际需要。培训后强化分享与运用。每次参加国际培训的教师均需在全校大会上汇报学习成果与感悟,而且要在课堂上运用。

我校从2009年以来,先后开展了8期国外培训(4期牛津大学培训、2期美国STEAM培训、2期加拿大教育教学研修),共计145名教师参加;8期校内国际化培训(2期校内STEAM培训、2期IB培训、2期课堂教法培训、2期马扎诺培训)。基于现实问题解决、私人定制式的国际培训正以"星火燎原"的方式推动着学校教研组的现代化升级、教师间的跨学科交流合作。

（二）国际化培训引领教师把握世界先进课程教学标准

我校多次组织A Level、AP、IB、AdvancED等培训会,让教师们与国际教育认证机构及其专家进行对话和交流。自2013年至今,仅国际文凭IB的培训,我校就共计派出了100余人次参加,还4次邀请IB专家入校进行培训。我校在进行美国先进教育AdvancED认证过程中,学习借鉴其"高效课程评价指标和量表",同时融入学校特色和需求,设计了"×××高效课堂评价量表",并将它作为教研活动、教师备课、评课的标准,促进教师主动思考研究,使教师的教育教学理念和行为逐步与国际课程教学标准接轨。

（三）创造性地提出"三维度、四水平"教学改革的基本理论构想和实践操作路径

我校通过举办中美课程项目，引入了美国著名教育家马扎诺教育团队，入校举办教师培训并且深入课堂和教研组进行指导。学校针对教师在教学目标设计与实施中普遍存在的两个突出问题（三维目标不融合和目标难度不清晰），将中国新课程理念的"三维度"和马扎诺学习目标分类的"四水平"（提取、理解、分析与运用水平）有机结合。

第一，首次明确提出"三维度、四水平"教学目标的概念。

第二，建构出"三维度、四水平"教学目标设计的思路与方法，提炼出以学生为主体、三步两反馈（课前自主学习反馈—课上合作探究评价—课后实践学习指导）的"三维度、四水平"教学实施流程。

第三，确立教学目标、学习目标和学习方式三位一体的"新大课堂观"。我校的教学改革将"三维度、四水平"的教学目标链分解为"课前—课上—课后"学习目标链，并与学生的"自主—合作与探究—实践"学习方式链对应起来，从而形成了教学目标链、学习目标链、学习方式链"三链融合、三位一体"的特色教学结构。这种特色教学结构突破了传统的课堂观，将课堂在空间维度上扩展到教室外甚至学校外，在时间维度上从课上 45 分钟延伸到课前和课后，在活动维度上由教师"满堂灌"转变为学生自主、合作、探究和实践学习。

（四）形成了八十中与国际接轨的课程金字塔和三棵"课程树"

在坚持推进课程立校的过程中，通过国际课程项目的资源引进和理念推动，我校逐步建立起以"培养有理想、强体魄、会学习、善合作的创新型人才"为目标，由基础必修必选类课程、拓展延伸类课程、实践应用类课程和自主特长发展类课程构成的金字塔形课程结构（如图1-3）。

同时进一步细化课程建设，建立了"八十中课程树""科技树""人文艺术树"和"信息树"，践行"一人一天地，一木一自然——让生命因教育而精彩"的办学理念。

（五）升学指导、职业规划，为新高考改革助力

我校国际课程项目配有专业的经验丰富的升学指导教师，为学生提供个性化的一对一升学指导，包括性格分析、学生实践、专业选择、职业规划等多项内容，建立了学生三年升学指导规划体系，关注学生的个性化发展，让学生在充分地了解

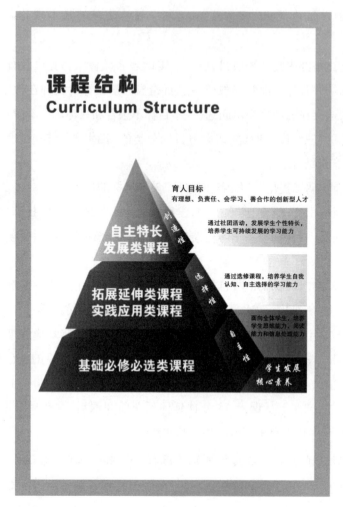

图 1-3

自己个性和优势的情况下选择专业,充分挖掘学生的创新能力,这与新高考改革的目的具有高度一致性。因此,也为全校的学生走班选课、职业生涯规划起到了借鉴和示范作用,为新高考改革助力。

(六)中国教师与外国教师在合作中共同发展

在国际课程项目的发展过程中,我校建立起了一支稳定、专业素养高、教学理念新的外籍教师队伍,建立了中外教师合作备课、合作教学以及"同课异构"的机制,切实推动了中国教师观念转变,让他们主动学习国外灵活多样、以开放探究和学生为主体的教学方法。

第二章

中外课程融合思考与实践

我校通过举办中外合作办学项目和国际学生教育,引入国际通行的优质课程,并将其中优秀的课程资源及教学方法融入现有的课程体系和教学模式,特别是将其"尊重个性、注重能力"的课程优势与我国高中课程"知识系统、基础雄厚"的特点进行有效整合、相互补充,让勇于面对挑战、乐于探索质疑、敢于创新实践成为学生的学习品格和终身发展的不竭动力。目前,国际部已经在数学、物理、化学、生物等学科的中外课程整合中取得了突破性的进展,在教学内容上实现了中国课程与国际课程的有机整合,大大提升了教学的时效性。

国际部合作班物理课程整合初探

国际部物理组　柳文慧　李秀梅

近年来,随着出国留学热潮的兴起,国内考生对国际物理课程,特别是 AP(Advanced Placement)课程和 A Level 课程的需求急剧增加。同时,申请出国留学的学生还要参加国内的高中学业水平考试以取得国内高中毕业文凭,所以他们还要学习国内高中物理课程。这样,学生在高中阶段将同时学习中外两套课程体系,学习负担很重,课时安排紧张。现实状况需要我们对现有的中外优质课程体系进行系统整合,这也是我们尝试课程整合探索的主要缘由。所谓优质课程资源,是指美国的 AP 物理课程和英国的 A Level 物理课程,以及中国普通高中物理课程。我们将国际 AP 课程、A Level 课程分别与国内物理课程进行了初步的整合,即将两门课程合二为一。整合后学生只需学习一门课,就可参加两种考试,完成学业。这样学生不必重复学习同样的内容,大大地减轻了学生的课业负担,同时学校课时安排也不会过于紧张。

一、背景调研

（一）国内外现有关于高中物理中外课程整合的研究现状

有关高中物理课程整合,现有的研究仅局限于高中物理课程与信息技术的整合,即高中物理课程与多媒体及数字信息设备和技术的整合。现有文献资料中,还没有发现有关中国高中物理课程与国外物理课程整合的研究。

有关高中物理双语教学的研究十分鲜见,仅有如下三篇文献:《高中物理双语教学的研究与实践》,作者是华中师范大学的李晶晶;《高中物理双语教学的研究与实践》,作者是河北师范大学的及振成;《高中物理双语教学设计与实践》,作者是南京师范大学的李红。这三篇文献都是硕士毕业论文,研究内容和方法基本相同,都是从对国外双语教学的研究入手,分析国外各种双语教学模式之间的差异,对其归类比较,并把我国实施双语教学的情况和其他国家进行对比。文章重点分析了高中物理双语教学的学习内容和学生英语水平、物理学科水平及对物理双语教学的了解和接受程度,在此基础上进行了具体的教学设计与实践。同时,从评价内容和评价方式两个方面对双语教学评价做了一定的探索。《高中物理双语教学初探》,作者是华中师范大学物理科学与技术学院的李晶晶和侯丽梅,该文章探讨了在中学物理教学中实施双语教学的基本动因,提出了一个物理双语教学的设计方案,并通过实践指出了双语教学需要注意的方面和亟待改进的问题。《高中物理双语教学浅探》,作者是华中师范大学第一附属中学的甘玉芹,该文根据目前双语教学的态势,结合高中物理双语教学的实践,初步探讨了双语教学的创新意义、实施原则、存在的问题及相应的解决对策。《基于高中物理双语教学的思考与探索》,作者是沈阳师范大学物理科学与技术学院的赵岩,该文章主要讨论在高中物理双语教学中教学内容的选择。

有关国内外物理课程比较的研究也比较少见,目前笔者只找到两篇。一篇是《国内外中学物理课程标准对比研究》,作者是华东师范大学的圣黎,此文是该作者的硕士毕业论文,写于 2004 年。文章对国内外中学物理课程目标、课程设置、课程内容和课程评价进行了详细比较,是一篇对我们课程整合探索极有价值的文献。只是该文章写作于十余年以前,这期间国内外中学物理课程的各方面都发生了很大变化,因此从时效性上来讲有些缺憾。另一篇是《国内外高中物理内容设置比较研究》,作者是重庆经开育才中学的张先文。这篇文章着重对国内外高中物理课程的内容进行了比较,也是一篇极具参考价值的文献,而且该文章写于2012 年,时效性相对较强。

（二）对比分析中外物理课程体系，发现它们各有特点和优势

AP 的中文名称为"美国大学预修课程"，该课程及考试始于 1955 年，由美国大学理事会（College Board）主办，是在高中阶段开设的具有大学水平的课程。AP 课程及考试使高中学生提前接触大学课程，为申请大学增添筹码，同时可用于减免大学学分、降低大学教育成本、缩短大学教育时间。学生通过学习 AP 物理课程，能够建立起科学的物理思维方式并掌握相应的物理规律。

英国高中课程（General Certificate of Education Advanced Level）简称"A Level 课程"，是英国的普通中等教育证书考试高级水平课程，也是英国学生的大学入学考试课程，类似国内高考，A Level 课程证书被几乎所有英语授课的大学作为招收新生的入学标准。A Level 物理课程的特点是注重实验操作、数据处理以及对物理概念、物理现象的理解。学生通过学习 A Level 物理课程，一方面能够全面深刻地解释物理现象、理解物理概念，另一方面能够培养起科学严谨的实验态度和良好的实验操作和数据处理的能力。

中国普通高中物理课程体系，重视细节的处理和对学生学习基本功的培养，锻炼学生缜密、卓越的思维能力。

三个课程体系培养重点不同，培养方式也各有优点。在课程整合时，我们可以取长补短，兼顾对学生缜密而卓越的思维能力的培养、实验操作能力和解决实际问题能力的提升。

另外，通过分析和比较中外物理课程体系，我们发现它们的课程大纲和内容绝大部分是重叠的，这为我们的课程整合工作提供了可行性。

八十中国际部有多年 AP 物理和 A Level 物理教学经验，这是我们研究的基础。在此基础上，我们结合中国物理课程教学工作特点，将以上三种优质课程资源以双语教学的方式进行整合，吸取每种课程体系的优点，打造最为合适的国际部物理教学体系。

二、国际部物理课程整合的研究目的和意义

为了满足申请出国留学的学生在学习 AP/A Level 课程的同时又要参加国内学业水平考试的需求，提高学生的英语应用能力，我们需要对中外物理课程进行整合，以节省学生的学习时间，创造语言环境，综合每种课程体系的优点，打造最为合适的国际部物理教学模式。整合后学生只需学习一套课程体系，就可参加两种体系考试，完成学业。课程采用双语物理教学的模式，有助于提高学生的英语应用水平，培养学生的多元文化价值观，为高二全英文授课及到国外继续学习尽

早做好学习环境的过渡和准备。

我校项目班大部分学生从小接触中国式教育,对国外的教育教学模式毫不了解。我校国际部的核心工作是为学生搭建留学的桥梁,提供国际化的人文和语言环境,熟悉国外的教材和教学方法,让他们高中毕业后能更好地适应国外的学习模式。

三、国际部物理课程整合的主要研究内容

(一) AP/A Level 物理与学考物理课程内容的整合

虽然 AP 和 A Level 物理课程大纲各不相同,但在高一阶段的课程,两者相差不大。2015 年,美国大学理事会(College Board)对物理考试首次进行了改革,取消了物理 B 的考试,取而代之的是 AP 物理 1 和物理 2 两门考试,其中 AP 物理 1 主要涉及力学内容,另外包含少量电磁学和声学知识,2021 年 College Board 再次调整 AP 物理 1 的考纲,删去了关于波动和电学的内容。因此,AP 物理 1 的大纲与国内学业水平考试要求有很大的重合度,便于我们进一步让学业水平考试服务于 AP 课程教学。我校物理组高一开设 AP 课程——AP 物理 1,而 A Level 主要开设其 AS 部分的课程,它们与国内学业水平考试要求的具体内容对比参照表 2-1。

表 2-1

课程	共同知识部分	差异知识部分
AP 物理 1	运动的描述 匀变速直线运动 相互作用 牛顿定律 曲线运动 万有引力与航天 机械能守恒定律	转动 机械振动
AS 物理		力矩 动量与碰撞 静电场 电容 恒定电流 电路 基尔霍夫定律 机械波 放射现象
国内物理学业水平 考试水平大纲		静电场 电容 恒定电流 电路 磁场

　　我们以高中物理学业水平考试大纲为基础,兼顾 AP 和 A Level 课程考试大纲,来整合课程。之所以以高中物理学业水平考试大纲为主,原因有二:首先,学生必须通过国内学业水平考试取得高中文凭;其次,学业水平考试比 AP 和 A Level 考试内容少且相对简单。整合后的课程首先能保证学生通过国内学业水平考试,同时具备参加 AP 和 A Level 考试的基础。进行课程整合后,学生只需用原来一半多的时间就可以兼顾两种课程体系,这极大地节省了学生的时间和精力,更加有利于他们的学业发展。

　　由于 AP 物理的考试时间为高一的 5 月份,AP 项目班的学生高一先学习 AP 物理 1 的相关内容,参加完 5 月份的考试之后,再开始学习学考大纲中没有被 AP 物理 1 所包含的内容,具体包括静电场、电容、恒定电流、电路和磁场部分的内容。

　　由于 AS 物理的考试时间为高二的 10—11 月份,A Level 项目班的学生高一完全学习 AS 的内容,在高二完成 AS 考试之后,继续学习 A2 部分的知识时,优先学习圆周运动、天体运动、静电场、电容以及磁场部分,共 6 章内容,所需时间约为 10 周,恰好能参加高二上学期末的学业水平考试。

　　(二)整合后的课程采用双语教学模式,为学生高二学习的全英文课程打下基础

　　学生在进入高中前有一定的英语基础,可以进行双语教学。高一物理课采用的是全英课本,习题及测验题绝大部分为英文题,只在学业水平考试之前配合使用部分中文习题。课上,老师使用的 PPT 也是全英文的,这可以帮助学生尽快熟悉物理专业词汇。但考虑到我校国际部的学生绝大部分来自国内的普通初中,所以高一为他们适应英文授课的时期,教师课堂讲解会采用双语讲授的模式,对于学生理解有困难的部分进行中文解释,帮助他们理解、掌握知识。同时,在高一对学生进行双语教学,能够使学生尽早熟悉英文教材,为高二学习全英文课程做准备,实际上起到中文课程和英文课程相衔接的作用,这对学生来说大有裨益。

　　(三)整理形成国际物理课程的整合教材

　　物理教材在教学过程中具有非常重要的地位,是帮助教师和学生认识世界、探索新知识的窗口和媒介,同时是物理科学思想、知识、方法的载体。国外的教学资料和教学方法不能完全适用于中国学生,我们需要摸索出一套适合中国学生的国际办学理念和方法。我们国际部物理组以高中物理学业水平考试大纲为基础,兼顾 AP 和 A Level 课程考试大纲,以 Giancoli 主编的美国 AP 教材 *Physics* 为参

考,整合编写了第一本国际部校本物理教材 *Physics*。该教材主要涵盖了运动学、力、牛顿定律、圆周运动、天体运动和万有引力定律、功能关系、动量和冲量等知识。

2014 年至今,我们一直采用整合后的教材进行中美合作办学项目高一年级的教学,整体教学体验和教学效果比较理想。整合教材依据中国高一物理教学的逻辑顺序排版,知识体系完整,例题丰富且具有代表性,与生活联系紧密。2014 级入学的学生通过一年的物理双语学习,掌握了一定量的物理词汇,进入高二之后衔接顺利,能够快速适应全英的物理教学模式。2015 年入学的高一新生在 2016 年 5 月参加了 AP 物理 1 考试,考试成绩 100%合格,2/3 以上的同学拿到了 4 分以上的好成绩(总分为 5 分)。我们对 2015 级的同学进行了物理课程整合学习效果的问卷调查,得到了积极且正面的反馈效果。其中 97%的学生反映,使用英文版教材使自己快速掌握了物理专业词汇,而且增强了理解英文物理题的能力;对于高一学生,55%能在第一学期结束后听懂全英文授课,76%更喜欢双语授课,因为双语授课尤其是对物理题目的讲解更容易加深学生对物理问题的理解。90%同学非常期待物理实验,认为物理应该以实验为基础,实验有助于对物理问题的理解,针对这一反馈我们积极做出改进,整合了中外高中物理实验作为学生探究性学习的内容,以加深学生对物理问题的理解,提高学生的实验操作和解决问题的能力。

同时,教师和学生对校本整合教材的反馈指出,书本章节顺序与学生的认知规律有偏差,书本把二维的抛体运动和圆周运动放在功能关系后面,结构体系不清晰。为此,我们在 2016 年重新调整了校本教材的章节顺序,在一维运动之后让学生学习矢量的合成和分解,并将它作为工具,来辅助学习二维的抛体运动。然后再依次学习力与牛顿三大定律、圆周运动和天体运动。而功能关系是从能量和做功的角度分析物体运动的,我们将其安排在学完运动学、圆周运动和天体运动之后,使学生学习功能关系的过程既是对前面知识的回顾过程,又有丰富的物理模型作为练习的载体。

(四)整合形成中外探究性实验手册

之前的整合课本虽然知识体系完整,但没有涉及物理实验。高中生对知识的理解需要更多地建立在实验观察和直观感受之上,物理实验室是他们进行物理学习的有效路径。学生需要学会在实践探究中发现问题、分析问题、解决问题,在实验中去体会物理思想和方法,增加物理学习兴趣,培养科学的情感态度和价值观。目前,中国物理教学的实验多数为验证实验,然而美国物理教学则更多地采用开放性实验,着重强调对学生的发散思维和创新能力的培养。鉴于此现状,我们结合中外的实验教学模式,对高中物理实验进行了系统的整合,形成了 AS/AP 探究实验报告册——*AS/AP Physics Experiment Manuals*。

AP 实验报告册包括 11 个实验,AS 手册包括 9 个实验,主要涉及力学、热学和电学等多个物理板块的知识,在今后的实验编写中,我们还将继续添加电磁学和光学等方面的实验内容,拓宽学生物理实验的研究范围,不断调整和完善学生操作实验这一板块,以提高学生的实验操作技能。

(五)物理竞赛辅导与整合课程的有机结合

随着出国留学的中国学生逐年增加,学优生申请国外名校的挑战也越来越大。国际名校不仅要求学生学业成绩突出,还要求学生学有所长,具有特殊的技能或者有自己的个性和闪光点。如果学生能在擅长的学科领域获得国际竞赛的奖项,它必然成为学生申请国际名校时撰写材料的素材和加分点。我们国际部物理组多年来,不断尝试探索辅导学生竞赛最为有效的方式。

因为国际物理竞赛种类繁多,含金量和面对的学生群体各有不同,我们结合学校所开国际项目的具体情况,将国际竞赛主要分为中英和中美方向。中英项目班的学生在初二、初三年级接触 IG 课程,可以参加英国挑战赛的初级赛,而高一年级和高二年级的学生分别对应参加英国挑战赛的中级赛和高级赛,对于特别突出的学生可以建议他们跨年级参加竞赛。我们鼓励挑战赛的优胜者进一步参加英国物理奥赛,奥赛的获奖学生可以参加中英暑期物理奥林匹克竞赛训练营,参加该训练营的学生有 35%的概率进入牛津、剑桥等名校。

中美项目班,由于我们暂时没有开设 AP 物理 2 的课程,学生参加物理竞赛面临知识体系不完备的问题,我们以竞赛课的形式对学有余力、对物理感兴趣并擅长的学优生进行辅导,以美国物理杯竞赛的考试范围为主目标,带动学生同时参加普林斯顿物理竞赛、澳大利亚滑铁卢物理竞赛、加拿大物理竞赛等。

(六)形成物理组基于整合教材和双语教学实践的优秀教学案例集

优化整合教材要以教学实践为基础。从 2014 年开始,我们国际部的物理教师基于整合教材 *Physics*,采用双语教学或全英教学的方式,结合国内外优质的课程理念,反复进行教学实践,并不断总结提升。我们组内老师齐心协力,整理形成物理组基于整合教材和双语教学实践的优秀教学案例集,具体案例有 *Acceleration*、*Horizontal Projectile Motion*、*Elastic Force*、*The Inverting Amplifier and Non - inverting Amplifier* 和 *Operational Amplifier* 等。组里各位老师都贡献了各自的经典案例,以朱玲辉老师的《电晕电机的制作与输出力矩的研究》系列课为例,这是有关STEM教学的课型,该课老师引导学生将电磁感应、转动和摩擦等知识结合在一起,动手实践,制作出可以转动的电晕电机,增强学生将理论知识运用于实践的能力,提升学生的创新意识和能力。柳文慧老师代表我校参加第十二届全国青年物理教师教学比赛获得高中组一等奖的课例《弹力》,是一节注重发展学生的物理科学素养,尊重学生主体地位的优秀课例,该课老师精心设计每个教学环节,以问题链的形式激发学生的深度思维,并且让学生深刻体会物理来源于生活,也服务于生活,提升学生的人文科学素养。闫凌加老师参加北京市"同课异构"的课例《牛顿第二定律》整合了美国AP教材和中国教材,用信息化的实验技术大大提高了实验探究课的效率,培养学生的实验探究、小组合作、数据分析和信息综合的能力。孙敏老师的《验证机械能守恒定律》,以发展物理核心素养为教学理念,以科学思维和科学探究为主要落脚点,最大的特点是以现代化的信息技术创新和改革课堂。宋婕老师的公开课《力的合成》也是中国高中物理与A Level物理整合的典例,本课在发扬国内教育优良传统的同时,借鉴国外教学方法的优点,授之以渔,在扎实基础的同时,培养学生的素养与能力。唐祥德老师的《如何点亮一盏灯——原电池与电动势》是一节基于项目制教学的典型课例,AP物理中原电池与电动势的知识点是难点,唐老师参考中国化学教材中关于原电池的详尽的讲解,二者综合,在课堂上收到了良好的教学效果。

四、物理课程整合探索的总结与展望

我们将国际AP物理课程和A Level物理课程,与中国普通高中物理课程以双语教学的方式进行整合,吸取每种课程体系的优点,尝试打造最适合国际部物理教学的整合课程。我们将国内高中物理学业水平考试内容与AP课程、A Level课程内容,按照考试时间节点进行有机整合,有利于中英、中美项目班的课程总体安排。将两套体系的课程合二为一,既为学生节约了将近一半的课时,又解决了中英、中美项目班课时不够用的困难。同时,我们为高一的学生创造了双语学习的环境,既能帮助学生积累物理专业词汇量,又让他们有逐渐适应语言文化的过程,避免直接全英授课带给他们过多的压力。

我们不断改进校本整合教材,为教学服务。依据学生调研反映的情况,逐步增加物理实验在课程体系中所占的比例,综合国内外高中物理教学的经典实验及AP/AS课程考核标准,将验证实验和开放性探究实验有机结合,形成校本的中外

探究性实验手册,其中包含 11 个全英文的学生探究性实验,我们保持在教学使用的过程中不断改进和迭代该手册。我们组里的所有老师都参与学生的竞赛课辅导,为学优生提供更为广阔的学习和成长平台。

物理学是一门最基础的自然科学课程,国际部高中物理是我校国际部的重要学科之一。国际部物理课程该如何不断调整来为学生做好最好准备以应对今日科技高速发展和全球化的世界,是每一个课程开发者和实施者都需要不断深入思考的问题。我们作为国际物理课程教师,会始终保持开放的学习心态,坚持教学相长,组内相互支持协作,努力为国际部物理课程的发展贡献自己的绵薄之力。

国际课程班高中语文整本书阅读教学的尝试与探索
——以《红楼梦》阅读为例

国际部语文组　刘博蕊

在国际课程中,对学习者母语的要求是阅读不同类型的作品,对作品本身进行细致的鉴赏和分析,理解文学批评技巧,能做独立的文本分析,同时关注作品背后的文化背景从而获得愉悦感,培养终身兴趣。这种学习目标是通过整本书阅读实现的。随着高中语文课标的修订,语文核心素养备受关注,而提高语文核心素养的有效途径就是"整本书阅读"。1941 年,叶圣陶先生在《论中学国文课程标准的修订》中提出"把整本书作主体,把单篇短章作辅佐",明确指出要读整本书。"整本书阅读"将帮助学生学会思考、锻炼思维、充实精神、提升境界。

无论在哪个国家的课程中,阅读教学都是作为母语教学的核心来展开的,通过有效的阅读,学生的语言会得到正确的建构,思维会得到长久的发展,与此同时,学生的审美能力也在提高,潜移默化地传承了祖国的优秀文化。阅读教学不能仅定位在提升分数,更要有长远的目标,通过激发学生阅读兴趣,提升学生阅读能力,让学生爱上阅读,最终提高他们独立思考和独立感受生活的能力,丰富和充实自己的人生体验,成长为一个会思考的幸福的人。

一、学生情况分析

参与本节课教学活动的学生为国际部 A Level 项目高一年级学生,开展这个专题阅读还是有很大困难的。

从阅读经验上看,学生刚刚走过中考,在初中阶段接触的多是篇幅较短的语篇阅读,学生缺少"整本书阅读"的经验,完成整本《红楼梦》的阅读还显得很吃力。

从阅读年龄上看,《红楼梦》的主题和思想较为深邃,学生明白主题容易,但如果通过学生的自身阅读后感悟达到共情则很难。特别是本届高一的学生大都出生于21世纪,他们的兴趣点也不在这里,对于女生而言,她们更喜欢研读"宝黛爱情",而对于一些心智发育较晚的男孩子,在古典名著的阅读中相较于《红楼梦》,他们更喜欢读《三国演义》与《水浒传》。在课前对学生的调查中发现,男孩子几乎没有人读过《红楼梦》,有的连电视剧都没看过。

这些都成为开展这一专题的困难,因此如何找到开启这部文学经典的钥匙,如何设计能让学生掌握阅读长篇小说的方法,如何提升学生的思维水平,养成自我学习和探究的习惯将成为笔者教学设计的重点。

二、教学内容分析

《红楼梦》,又名《石头记》,是我国四大名著之一,我国古典小说的巅峰著作。《红楼梦》兼具思想性和艺术性。在思想层面,《红楼梦》的内容包含两条线索:一条是宝玉、黛玉、宝钗的爱情婚姻悲剧,一条是贾、史、王、薛四大家族盛极而衰的历史。《红楼梦》不仅批判了封建社会没落时期的丑恶现实,宣扬追求自由、民主、平等的启蒙思想,还展现了古代民俗、建筑金石、起居用物等各个社会领域的独特文化。在艺术层面,《红楼梦》的语言雅俗共赏,结构严谨全面。因此有人说"开谈不说红楼梦,读尽诗书也枉然"。高中生学习鉴赏《红楼梦》,不仅可以受到思想、审美等方面的教育,同时也可以学会《红楼梦》的写作技巧、表达方式等语文基础知识,对学生的成长大有裨益。因此"整本书阅读"《红楼梦》就显得尤为重要。

对于一部如此宏大的著作,如何既考虑到学生的学情,又要有深度,让学生读后有所获、思维上有提升将是笔者思考的重点。小说是以刻画人物形象为中心,通过完整的故事情节和环境来反映现实生活的。所以笔者从"贾宝玉"这一主要人物入手,通过宝玉的社交圈分析宝玉的人物形象及时代意义。这样设计既符合小说阅读的规律,又符合"整本书阅读"的要求,同时兼顾了男生与女生不同的兴趣关注点,比较适合初读《红楼梦》的学生。

三、教学目标设计

为了寻求教学要素的最优组合,探索高效的课堂,在总结多年教学实践经验的基础上,我校提出了"三维度、四水平"的教学目标。"三维度"指的是教育教学过程中应该达到的三个目标维度,即"知识与技能""过程与方法""情感态度与价值观","四水平"指的是美国教育学家马扎诺提出的"知识提取""理解""分析""知识运用"四级目标。

作为国际部的教师,我同时也接触到了国际文凭组织(IBO)提供的 IBDP 课程,IBDP 课程中提到的四级目标理论跟马扎诺理论极为相似,IBDP 的教学目标也分为四个层级"知识与理解""分析与运用""综合与评价""选择并运用适当的表达形式和语言技能"。IBDP 的理念特别强调学生的比较分析能力以及表达能力。对学生的综合素养提出了更高的要求,因此我在借鉴两种教学理念的前提下制定了本节课的教学目标。

水平 1:知识与理解

①理解思维导图在阅读及写作中的重要作用,并能够合理使用。

②通过制作思维导图明确《红楼梦》中以宝玉为中心的社交圈。

水平 2:运用与分析

在完成作业的基础上,通过宝玉的社交圈,分析宝玉的人物形象。

水平 3:综合与评价

讨论并整合宝玉的形象,探究宝玉形象的意义和价值,体会《红楼梦》中蕴含的"启蒙思想"。

水平 4:选择并运用适当的表达形式和语言技能

锻炼学生的书面语和口语表达能力。

四、教学过程设计

(一)本专题采用了任务法的教学方式

1.任务前(1.19—2.10):

①阅读《红楼梦》前 80 回,用思维导图画出贾宝玉的社交圈。

②通过宝玉的社交圈分析其人物形象(1000 字左右)。

③2 月 10 日 9 点前,上传至 Managebac 系统。

2.任务中(2.10—2.17):

①提交作业,根据内容分小组。

②组内共享作业,进一步讨论分析完善宝玉的形象。

③探究宝玉形象的意义和价值。

3.任务后(2.17—2.27):

反思提升,修改思维导图及论文。

(二)中期任务

让学生在讨论、合作、探究的过程中,找出作业中存在的问题,引导学生对更为深远的主题进行思考,提升思维。具体活动如下:

1.作业反馈

①完成数量:全班28人,至2月10日9点,有26人按时上交,2人因在境外未能及时上交,已提前申请延期并获批。

②完成容量:总字数约33000字,人均1300字。

③完成质量:大部分同学的思维导图仍需完善;论文的角度和观点都有亮点,但也有值得讨论和商榷的部分。

2.明确思维导图的作用

①梳理文章脉络,理清人物关系。

②提供有效的创作思路,增强文章的逻辑性,对文本进行深入探究。

3.布置并组织讨论任务

参考自己的思维导图和6幅导图样本,寻找样本的长处和可提升的空间。组内推选发言人进行发言。

4.教师根据学生的发言总结绘制思维导图时要注意的问题

①色彩要鲜明。

②条目要清晰。

③标注要准确。

④阅读要仔细。

5. 布置讨论任务,参与学生讨论

组内分享论文作业,结合文本,从不同角度分析宝玉形象特点。组内推选1—2名发言人进行发言。

6.引导学生完善宝玉的形象特点

补充贾宝玉的社交圈中的人物——贾雨村

①科举正途出身,攀附权贵。

②贾政希望宝玉与之交往,带有明显的功利目的。

③宝玉不喜,称其为"禄蠹"。

7. 通过对宝玉形象意义和价值的探究,帮助学生体会《红楼梦》中蕴含的"启蒙思想"

①历史意义:贾宝玉身上追求的自由、民主、平等的思想与18世纪诞生于欧洲的启蒙思想相契合,《红楼梦》诞生的经济基础在于明清时期的资本主义萌芽,同样也有思想启蒙的意义。同时宝玉身上也有传统思想的体现,孟子说:"食色,性也。"老子说:"道法自然。"宝玉的人物形象是一个融汇了中西方文化的经典形象,因此,可以说《红楼梦》蕴含的启蒙思想是当时时代的代表,是中西方思想潮流的交汇点。

②当代意义:真、善、美,自由与平等是文学永恒的主题,是人类永恒的追求。任何时代都不过时。

8.课后作业

①修改论文。开学一周内上传Managebac,记为一次论文成绩。

②小组商讨《红楼梦》专题研究第二讲的选题,并制订研究性学习计划。

五、教学反思

如何检验学生的学习效果?英国教育理论家赫斯特(Hirst)通过课堂研究认为,检验有效的课堂教学的基本形式有三种:

(1)学生学到了知识,不但学到了老师讲授的知识,还通过自己的学习学到了额外的知识。

(2)课堂活动结束后,学生的学习活动仍然在继续。

(3)学生愿意学习,而不是在外界的逼迫下学习。

从前期的作业反馈来看,学生们在"整本书阅读"过程中暴露了一些问题,比如,思维导图的条目不清晰、社交关系与亲缘关系的概念混淆、大部分缺少明确的标注、颜色不够鲜明等。本节课通过学生自己思考、讨论基本上解决了这个问题。

此外,把对《红楼梦》主题思想的解读放置在世界文学史和世界思想发展史的高度,提升了学生的思维的广度和高度。学生在上完本节课后产生了继续阅读的兴趣,积极主动思考专题研究第二讲的内容,同学们自己设定了"百家讲坛——说红楼"的主题。目前他们正在积极准备,期待他们更好的表现。

六、总结

在高考改革的背景下,"整本书阅读"显得尤为重要,对于我们国际部的学生,他们不参加国内高考,未来要到欧美等大学完成学业,我觉得"整本书阅读"特别是"经典阅读"也同样重要,让学生在阅读经典的过程中,充分感受其中的"真、善、美",增强审美情趣,充分感受中国古典文学的魅力,增强民族的自信心和自豪感,只有学好了本民族的文化,才不会在未来因受到多元文化的冲击而迷失自我,才有可能承担起继承并弘扬中国传统文化的重任。曾子曰:"士不可以不弘毅,任重而道远。仁以为己任,不亦重乎? 死而后已,不亦远乎?"培养这样的学生,应该是教育工作者最高的追求。

本文以《红楼梦》为例,整合了国内高中和国际课程对语文学科的教学目标设计,从学生的实际出发,以"宝玉"作为主线,分析人物关系,探究文本细节,提升了学生"整本书阅读"及分析作品的能力。同时,设计中关注到了时代背景文化对作品、人物的影响,让学生思考作品的时代意义,让学生在价值观层面也有很大收获。

第三章

我校国际课程融合特色

第一节　基于主题的跨学科课程融合 STEAM 教学

STEAM 课程,是指由科学(Science)、技术(Technology)、工程(Engineering)、艺术(Art)、数学(Mathematics)等学科共同构成的跨学科课程。它强调知识跨界、场景多元、问题生成、批判建构、创新驱动,既体现出了课程综合化、实践化、活动化的诸多特征,又反映了课程回归生活、回归社会、回归自然的本质诉求。

如何点亮一盏灯

国际部物理组　唐祥德　　国际部化学组　李静

化学电池的原理一直是学生学习的难点,通过分析我们发现这节课其实是物理和化学课结合比较紧密的一节课,这是因为从微观角度看,在电池的内部是化学课中的氧化还原反应和阴阳离子的移动;化学电池外部是电荷的移动形成电流,从而实现了外部用电器,如电阻、电灯泡的工作;从能量的观点,电池内部是化学能转换成电能,电池外部也就是外电路,是电能转化成其他形式的能量。

物理和化学发展历史不同,因此对同一微观物理现象有不同的定义方式,统一以项目式进行教学很有必要。

以上是物理和化学两门课可以共同开展一节课的前提。

这节课我们的主题是"如何点亮一盏灯",通过这节课,学生可以对电池和电路形成系统的认识,能够理解如下知识点:阴极、阳极、正负极、阴阳离子的移动方向、电流的形成原因,学生能够掌握化学电池内部阴阳离子运动方向以及外电路电荷的移动方向,区分电子、阴阳离子以及正电荷移动方向和电流方向;学生能够掌握化学电池的阴极、阳极以及外电路的正极、负极的对应关系。

从学生的知识背景来看,高一学生刚结束力学的学习,本节课是高中进入电学的第一节课;力学知识在现实生活中例子比较多,也比较直观,相反电学比较抽象,不容易理解,基于这样一个难点,项目式教学更加能够调动学生积极性,对于解决上述难点具有重要的作用。

我们希望通过这样一节课开启学生高中电学的学习,引导学生从问题出发进行跨学科学习。

一、教学背景分析

(一)功能和价值

本节课融合了氧化还原反应、能量的转换、原电池原理的应用、电解质溶液、金属的活泼性以及物理中的电学等知识,是电化学的基础知识。

本节课力图打破学科界限,通过探究、类比和分析使学生对电源的概念、恒定电流有充分的理解。结合电流电路,让学生深入理解氧化还原的本质,即电子的得失与偏移;通过构建原电池,让学生充分理解电池、能量转换的本质。

电源、电流等相关知识在高中物理及化学学科的学习过程中都属于难点,由于学科的分离,学生学习难以系统化,难以将相关的知识融会贯通。本节课的尝试,希望学生打破学科界限,多角度、多思维考虑同一问题。

(二)基本素养

知识层次上,学生已经学习过静电场、氧化还原反应、电解质等相关知识;生活常识上,学生较了解电源、电流等基本概念。

在学业水平上,学生已经学习过等势体上电荷的分布和转移情况,具有初步的独立探究能力,具有一定的知识迁移能力,掌握了常见的氧化还原反应。

通过引导学生分析恒定电场形成的过程,引出电源和恒定电流的定义和物理意义。通过本节课学生能够深入理解氧化还原反应,能够理解原电池的原理并和日用电池建立联系。

二、教学目标

1.明确电源在直流电路中的作用,理解导线中恒定电场的建立。

2.知道恒定电流的概念和描述电流强弱程度的物理量——电流强度。

3.深入理解氧化还原反应的本质,理解原电池的原理。

4.通过类比和分析使学生理解电源的概念、导线中的电场和恒定电流等内容。

5.锻炼学生分析解决问题的能力。

6.锻炼学生知识迁移的能力。

7.通过对电源、电流的学习,培养学生将物理知识应用于生活的生产实践的意识。

8.培养学生打破学科界限,将各科相关知识融会贯通的能力。

9.培养学生探究学习的能力。

三、教学的重难点

1.理解电源的形成过程及电流的产生。

2.理解原电池的原理。

3.理解原电池中的电势概念。

四、教学过程(如图 3-1)

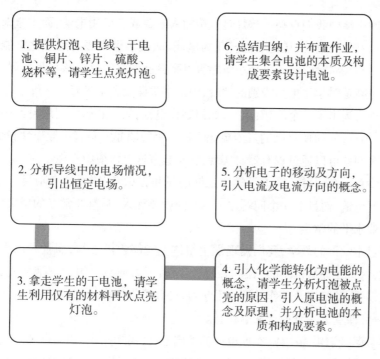

图 3-1

五、重难点突破

引导学生分析电场形成的过程,通过演示实验,形成电流的概念。

首先请学生利用化学试剂构建原电池,点亮灯泡,由于试剂有限,学生可以通过尝试而成功;然后请同学分析原电池中的能量转化,由化学能转为电能引出化学反应——氧化还原反应,由氧化还原反应的本质解释原电池原理。

通过设计电源,理解电源的作用机理。联系电离能理解得失电子的能力;与重力势能作类比,理解电势的概念。

六、教学反思

该班学生学习积极性高,学有余力并且创新能力较强,本节课选择制作电池、点亮一盏灯以及如何使得灯更亮这样一个项目符合该班级的年龄性格特点;该项目涉及原电池的基本原理,而且这一问题仍然是现今各大科研院校开发高性能电池的研究热点问题,具有十分高的学术价值,对于学生进入大学,更快地进入前沿科研领域十分有利。

平时生活中我们点亮一盏灯是直接插入电源或者商用电池,而本堂课是利用学生自己制作的电池,从化学能转化为电能,而且学生亲眼看到了化学能和电能的转化,因此趣味性很强;每个小组能否点亮自己的灯泡是对该项目的评价,如何使灯泡更亮是对学生更高级别的评价,因此本堂课设置了较好的评价手段。

该项目提出了三个问题:第一,如何制作电池;第二,如何利用自己的电池点亮灯泡;第三,如何使自己的灯泡更亮。这三个问题非常具有可操作性和价值,而且这三个问题可以通过现有器材实现,在实验室这个情境中实现。

课堂总共 90 分钟,给予了学生足够的时间去思考,围绕这个项目,三个问题形成了问题链,而且下一个问题比上一个问题要深入,具有非常好的层次性,适合不同学业水平的学生。

通过本堂课的教学,我们发现学生整体上能够积极参与,而且采用小组合作的方式,每组在评分机制的刺激下,通过合作,努力使自己组的灯泡率先被点亮。学生在动手、动脑以及合作的环境下学习,打破了常规课堂的教授方式,使得学生在 45 分钟课堂上一直处于探索状态。

本节课以学生为主体,在原电池的基础上,就实际问题"如何点亮一盏灯",引导学生展开问题分析与探索。通过定性测试,学生证明了原电池的功能正常;通过定量分析,学生发现单个原电池的功率较小,不能点亮灯泡。在接下来的实际探究过程中,不但包含了物理学科中的串并联,还综合了化学学科的多个章节,如氧化还原、原电池、化学反应速率等,使学生构建认知网络,培养学生的自主学习能力、探究学习能力、创新思维和审辩式思维。

制作一个不易被烧破的魔术气球——水的热特性

国际部生物组　朱婷　　国际部化学组　王珩

一、学习内容分析

本节课的教学内容属于 2014 年版 Oxford IB 国际课程 DP 高中阶段教材第 2 章"细胞中的分子"第 2 节"水"的内容。水分子由于其特殊的分子结构以及分子间的氢键,具有高比热容、极性、高蒸发热、高沸点等特殊的理化性质,因此水是细胞中重要的组成成分,在生命现象中起着不可替代的作用。本节课内容的学习有助于学生从分子水平去理解宏观的生物学现象,以及理解细胞这个生命系统特有的结构和特点,树立结构与功能相适应的生命观念,并进一步形成珍爱生命的观念。

本节课的知识结构思维导图如图 3-2 所示。

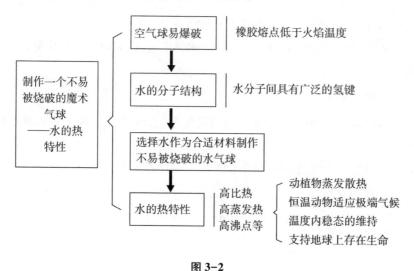

图 3-2

二、学情分析

学习基础:学生在之前的生化项目课上已经学习了水分子的结构、极性,以及水分子间的氢键作用力。在一系列的项目课程中,学生们分析了水所具有的内聚力和黏附力在生命体中起至关重要的作用。同时,学生们利用所学的水的结构特征认识了疏水性物质和亲水性物质,并且利用所学知识解释了去污剂清洁的原理和细胞膜的结构及选择透过性。在物理上,已经接触过比热容的概念。

思维基础:思维比较活跃,但是高阶思维能力需要进一步提升。

探究基础:具有强烈的好奇心和求知欲,并且具备一定的探究实验设计能力和动手操作能力。

学习障碍:具备一定的生物学常识,如天热会出汗,但是由于缺乏相应的生物学知识和学科整合的能力,并不能很好地用相关的科学原理来解释这些现象。

三、教学目标

(一)生命观念

1.说出水具有此种热特性的原因,理解水的热特性对生物体的重要意义。

2.在理解水的氢键与水的热特性关系的基础上,形成结构与功能相适应的生命观念。

3.从水的热特性角度,分析水对地球上的生命的重要意义。

(二)科学思维

1.运用创造性思维,设计和制作不易被烧破的"魔术气球"。

2.运用水的热特性原理,阐释水对于生物体的意义,并解释与水相关的各种生活现象。

(三)科学探究

1.进行团队合作,设计和制作不易被烧破的"魔术气球",初步掌握科学研究的方法。

2.培养学生分析问题、解决问题以及科学探究的能力。

(四)社会责任

理解水的热特性对于生物体存在的重要意义,形成珍惜水资源、珍爱生命的观念。

四、教学重、难点

教学重点:通过设计不易被烧破的魔术气球的探究实验,理解并应用水的高比热容的热特性,理解水的热特性对生物体具有的重要意义。

教学难点:通过科学探究实验,让学生理解并掌握水的热特性,将水分子的性质和生物化学中的现象建立联系,形成结构与功能观。

五、教学过程设计(如图 3-3)

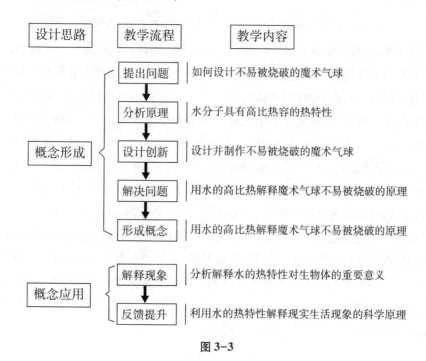

图 3-3

六、教学实施

(一)问题导入:思考空气球易被烧破的原因

教师活动:指导学生做空气球烧破实验,引导学生思考空气球容易被烧破的原因(如图 3-3)。

学生活动:思考并尝试解释空气球迅速被烧破的原因:温度达到了橡胶气球的燃点,造成气球局部破裂,从而使得气球爆破。进一步思考:如何设计一个不容易被烧破的"魔术气球"呢?

(二)提出问题:了解水具有高比热容的热特性

教师活动:引导学生从物理比热容的概念入手,通过水和沙子比热容的不同来更加深入地了解水的高比热容的特性。在相同热量的情况下,水的温度升高比沙子要慢,从而得出水具有高比热容特性的结论。

学生活动:说出比热容的概念,比热容是指 1kg 物质改变其温度 1℃所必须吸收或损失的热量,它可以被认为是一种衡量物质在吸收或释放热量时抵抗温度变化的能力。通过例子了解水分子具有高比热容的特性,也就是说水抵抗温度变化的能力强。

(三)从水分子结构来解释水具有高比热容的分子机制

教师活动:分析水具有高比热容特性的机制。通过回顾水分子的结构和水分子之间的氢键作用力(Hydrogen Bond),引导学生从氢键的角度解释水具有高比热容的分子机制。水分子由两个氢原子和一个氧原子通过共价键形成,共价键涉及原子间电子对的共享,在水分子中氧原子与氢原子之间的电子对共享并不平等。因为氧原子有 8 个质子而氢原子只有 1 个质子,因此氧原子对共享电子的吸引力更大,水分子的氧端变得略带负电(Region of Partial Negative Charge,δ-),氢端变得略带正电(δ+)。这种具有轻微电势电荷的共价键称为极性共价键(Polar Covalent Bond),因此水是极性分子(见图 3-4)。分子间的电荷差异使被水分子与其他水分子之间形成弱的氢键,略带负电的氧端将吸引略带正电的氢端。水分子之间具有广泛存在的氢键,它们不断地形成、断裂和重新形成,这是一个动态的过程。物体的温度与分子振动的速率有关。随着能量的增加,振动和温度也会增加。然而,氢键将水分子粘在一起,减缓振动。因此,需要更多的能量来提高水体的温度,也就是说,水具有高比热容的特性。

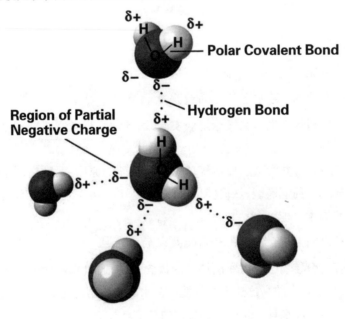

图 3-4[1]

学生活动:跟着老师的思路回顾前面所学的水分子的结构和水分子之间的氢键作用力。尝试利用所学知识来解释水具有高比热的分子机制。

(四)返回问题:如何设计一个不易爆破的魔术气球

教师活动:给出不同物质的比热容表格(如表3-1),让学生根据比热容数据和实验的可操作性和安全性的原则进行实验,引导学生选择水作为制作不易爆破的"魔术气球"的恰当材料。由于水相对于其他物质具有高比热容,它吸收一定量的热量时,温度变化比其他物质要小。

学生活动:探究性活动,选择合适的材料来制作不易烧破的气球:根据老师给出的比热容表格,小组讨论后选择合适的实验材料,以小组为单位共同设计和进行实验(操作)。

表3-1

物质	比热容[J/(kg·℃)]
液体水	4186
冰(−10℃~0℃)	2093
水蒸气(100℃)	2009
酒精	2549
苯	1750
木头	1674
沙子	920
空气(25℃)	1013
铝	900
黄金	130

(五)解决问题:制作一个不易被烧破的水气球

教师活动:引导学生制作不易被烧破的水气球,组织学生分小组安全操作实验,记录实验数据。

学生活动:设计实验步骤,安全操作实验,认真记录实验数据。

实验现象:装水的气球要比装空气的气球爆破的时间长得多。

(六)分析问题:为什么水气球不易被烧破?

教师活动:组织学生讨论水气球不易被烧破的原因,并引导学生从水分子的结构角度解释水为什么具有高比热容。

学生活动:进行实验分析,小组讨论分析水气球不易被烧破的原因:橡胶气球吸热后将热量传递给水,水具有高比热容,改变水的温度需要吸收很多能量,同时水气球中的水可以帮助橡胶降温,且在较长的一段时间内不容易升温至橡胶熔点,因此装水的气球不易爆破。

实验结论:水具有高比热容的热特性。水分子之间具有广泛的氢键,升高水的温度需要给予大量的热量来破坏氢键,因此水的比热容高。

(七)水具有高沸点的热特性

教师活动:通过给资料,引导学生得出水还具有高沸点的热特性,并尝试从水分子的结构角度解释水具有高沸点的原因。由于水分子之间存在广泛的氢键,因此升高水的温度需要更多的热量,水的沸点高达100℃(如表3-2)。

学生活动:回顾水分子结构的知识,从水分子间广泛存在的氢键理解水具有高沸点的热特性。

表3-2

物质	标准大气压下的沸点(℃)
液体水	100
苯	80
酒精	78
甲醇	64
液态氨	−33
液态氧	−183
液态氮	−196

(八)水具有高蒸发热的热特性

教师活动:通过解读图表信息(图3-5),引导学生得出水还具有高蒸发热的热特性的结论,并尝试从水分子的结构角度,解释水具有高蒸发热的原因。

学生活动:从水分子间广泛存在的氢键理解水具有高蒸发热的热特性:水从液态转变为水蒸气,需要吸收大量的热量来打破水中广泛存在的氢键。

(九)水的热特性小结

教师活动:引导学生总结水的热特性。

学生活动:总结水的热特性,即具有高比热容、高沸点、高蒸发热。思考如何用水的热特性解释现实生活中的一些现象。

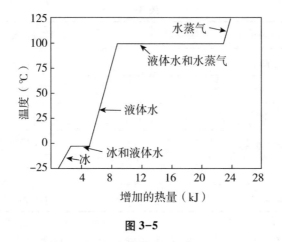

图 3-5

（十）解释现象：用水的高蒸发热原理解释生活现象

教师活动1：提出问题，启发学生分析并思考，在夏季高温下，植物如何降温？

学生活动1：回顾初中已学知识点——蒸腾作用，讨论并给出解释：植物主要通过蒸腾作用以水蒸气的形式散热。由于水具有高蒸发热，因此当水蒸气从气孔中散失时，也带走了植物体大量的热量。

教师活动2：进一步思考人在高温下为什么会大量出汗，引导学生用水高蒸发热的热特性来解释现象。

学生活动2：利用水的高蒸发热特性解释现象——汗液的主要成分是水，水具有高蒸发热，当水从液态转变为气态时，需要吸收大量的热量，打破水分子间广泛存在的氢键。因此，人通过出汗的方式蒸发散热，从而维持体温的相对恒定。

（十一）解释现象：用水的高比热容原理解释生活现象

教师活动：给出资料，引导学生读表得出信息，不同生物体含水量不同，且都较高，从而提出问题，从热特性的角度，解释生物体高含水量对维持体温相对恒定的意义，引导学生用水的高比热容来解释机理（如表3-3）。

学生活动：利用水的高比热容热特性解释现象——生物体内含量最多的成分是水，水的高比热容可以抵御自身温度的变化，有助于恒温动物保持体温的相对恒定，从而保持生命活动的正常进行。水还可以帮助调节沿海地区空气温度，在白天和夏季，大量的水可以吸收和储存大量的太阳的热量，从而升温只有几摄氏度；在晚上和冬季，逐渐冷却的水可以释放热量从而温暖空气。水的高比热容也有助于稳定海洋温度，为海洋生物创造有利的环境。

表 3-3

生物	含水量(%)
水母	97
鱼类	80~85
蛙	78
哺乳动物	65
藻类	90
高等动物	60~80

(十二)解释现象:用水的高沸点原理解释生活现象

教师活动:给出资料,引导学生思考,从水的热特性角度,解释为什么目前只在地球上发现了生命。

学生活动:小组讨论并给出解释——水的高沸点使得地表大量的水以液态的形式存在,为生物体提供了重要的栖息地。同时由于水的高比热容,使得覆盖地球大部分的水保持温度波动在允许生命存在的范围内。空气温度可以迅速变化,但水体的降温或升温很慢。此外,由于生物体主要由水构成,它们比由比热容更低的液体构成的生物体更能抵御自身温度的变化。

(十三)课堂小结

教师活动:引导学生梳理和总结本节课所学内容。

学生活动:讨论并总结水的热特性:高比热容、高沸点、高蒸发热,以及水的热特性对生物体的重要意义,正是因为地球上有了水,才有丰富多彩的生命,让学生形成珍惜水资源的观念。

(十四)反馈提升:用水的高比热容等热特性解释生活现象

教师活动:引导学生思考水的热特性对生活现象的解释。

1.解释我国新疆地区独特的生活现象:"朝穿皮袄午穿纱,晚抱火炉吃西瓜。"

2.分析汽车的水冷系统的工作原理。

3.分析马拉松运动跑道中的喷水装置的作用。

4.分析农民为了防止霜冻,往水稻田灌水的原因。

七、教学创新及反思

本节课的学习组织形式是项目式学习,以如何制作一个不易被烧破的"魔术气球"为研究课题,学生在解决问题的过程中,运用了水的热特性的原理,通过小组合作探究,进行"魔术气球"的设计和制作。

(一)教学创新

1.STEAM 项目式学科整合教学

本节课完美整合了生物、化学和物理等交叉学科的知识,系统地讲授了水的热特性对于生命体不可替代的重要作用,使学生们在知识的层面和情感的高维度上认同和珍惜宝贵的水资源。具体来说,本节课在了解的水平上加深了学生们对水分子结构的认识。在理解的水平上使学生把握了"结构与功能相适应"的内在逻辑联系,培养了生物学科核心素养。在应用的水平上使同学们将抽象的微观分子结构进行总结,并且运用到生命体和自然界丰富多彩的生物、化学和物理现象中去,培养了多学科的核心素养。

2.突出生物学科特色,注重实验的思维,将科学探究贯穿课堂

本节课的教学特色在于实验和思维。从观察空气球易被烧破的现象出发,到提出问题、分析问题、解决问题,再到应用知识进行创新,设计不易被烧破的魔术气球。在此研究过程中,促进了学生科学思维和能力的培养。

3.坚持以学生为主体

课堂中始终坚持以学生为主体、教师适当引导的原则,重视学生参与、学生实验、学生交流、学生讨论、学生分析。让学生真正体验和经历探究的过程和乐趣,促进其科学思维和科学探究能力的养成。

(二)教学反思

在实验过程中,学生自主制备的气球在大小和装水量上有差异,操作过程有区别,如移动气球靠近蜡烛火焰的速度差异,导致有的小组实验现象并不明显,实验结果存在不可控因素。由于课堂时间有限,对于此问题更好的办法是,老师提前准备好大小相似、装水量恒定的气球供学生选择。其次由于学生制作的水气球含水量不同,气球烧破时间会有所不同,下一步可以让学生探究水气球含水量对烧破时间的影响。

参考文献:

[1]CAMPBELL N A, URRY L A, CAIN M L, et al. Campbell Biology[M]. New York:Pearson Education, 2017.

STEAM 理念指导下的高中拓展性实践研究课程案例
——电晕电机的制作与输出力矩的研究

国际部物理组 朱玲辉

一、背景介绍

对于国际部学习 IBDP 的学生而言,除了 6 大学科组的学习,如果想顺利地拿到 IB 文凭,还要完成 EE、TOK、CAS 这 3 大核心课程的学习任务。其中,EE(Extended Essays)是 IB 的一门核心课程,中文意思为拓展论文,该课程要求学生独立研究一个拓展性的学术问题,官方要求教师给学生的 EE 辅导时间不超过 5 小时,学生的 EE 实践研究都是课后完成的,最后学生需要完成一篇 4000 字的论文。EE 的目标是鼓励学生主动、严谨地从事学术研究,促使学生在研究过程中培养研究、思考、自我管理、自我反思和沟通的能力,提升综合素质。

二、课程具体目标

(一)知识与理解

1.学生展现出对所选择的课题和问题的认识和理解。

2.学生展现出对所选择的学科术语和概念的认识和理解。

3.学生展现出对相关资料和信息收集方法的了解和认识。

(二)应用与分析

1.针对研究问题,选择合适的研究方式。

2.针对研究问题,能够进行有效且紧扣问题的分析。

(三)分析与自我评价

1.学生能够用清晰且富有逻辑的推理来讨论问题。

2.学生能够批判性地评论文中的讨论过程。

3.学生能够对研究过程进行反思和评价。

(四)其他研究技能

1.能够学术性地展示信息。

2.体现学术诚信。

三、STEAM 教学理念的渗透

虽然学生研究题目的选取会限定在一个学科领域,比如物理,但在实践探究的过程中,学生往往需要利用多个学科的知识,很多时候需要通过项目探究和动手实践,来解决科研和生活中的实际问题。因而,EE 课程是 STEAM 教学理念的很好的实践机会。接下来,本文将以其中一位学生的 EE 指导教学——《电晕电机的制作与输出力矩的研究》为案例,对高中阶段如何在 STEAM 教学理念的指导下开展拓展性实践研究课程进行探讨。

四、学情分析

学生通过前期调研,发现自己对电晕电机非常感兴趣,想以电晕电机作为研究对象。在此之前,学生通过高中国际物理课程 IB 物理的学习,对力矩和电磁学的基本概念和知识有了一定的了解,在物理课堂中做过一些常规实验,能够完成简单的实验设计和实验报告。但学生的课堂知识跟生活实践联系不够紧密,缺乏应用实践和学以致用的机会,同时也没有完成一篇较高质量的学术性论文的经验。

五、教学重、难点

1.研究问题的确定与聚焦。

2.物理理论模型的建立和数学模型的推导。

3.实验中变量的测量。

4.论文架构的设计。

六、教学过程

要想引导学生设计并制作一个高性能的电晕电机,教师需要结合 STEAM 理念进行教学,将科学、技术、工程、艺术和数学融合贯穿到教学中,帮助学生体验真实的工程设计所要经历的环节和注意的问题,提升学生开展实践创新的能力。针对该生本系列拓展课的特点,结合 STEAM 课程理念,该研究的路线图如图 3-6 所示:

(一)题目的选择与研究问题的提出(指导时间:1 课时左右)

在学生整个项目的研究过程中,教师一直充当的是引路人的角色。例如,对于课题的选择,学生才是主体,教师的工作是引导学生并帮助分析研究问题的可

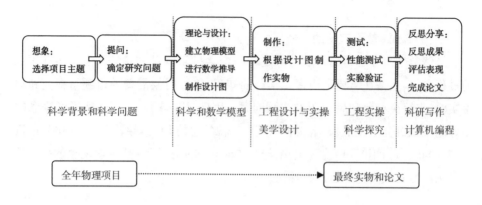

图 3-6

行性。但由于学生是第一次做这种比较复杂的科研项目,在研究问题的选择和聚焦上有一定的困难,同时学生可能低估实践过程中的困难,对即将面临的问题没有预判。在这个过程中,教师的引导尤为重要。学生可以通过思考列出可能的研究问题,教师可以像表 3-4 所示提出问题,学生进行文献调研和分析后回答教师的问题,从而明确研究的具体内容。

表 3-4

教师提问	学生回答
为什么选择该主题?	本人研究发现,地球表面不同高度的大气中间存在极大的电势差,但大气间能实现的电流很微弱,难以驱动传统电磁电机。电晕电机能够在高电压低电流的条件下运行,具有不可替代的优点,且在微观领域也有重要应用。目前对电晕电机的研究不够深入,需要进一步研究。
你的研究题目是什么?	探索电晕电机输入电压与输出力矩的关系。(一开始尝试过研究电机其他因素对输出力矩的影响,但这些因素对力矩影响的数学模型太过复杂,远超个人现有能力。所以题目调整为电机输入电压对输出力矩的影响。)
这项研究的意义是什么?	探索电晕电机输出力矩与输入电压的定量关系,指导实际电晕电机的生产与应用。
你搜集数据的方式是什么? 有合适的数据采集装置或途径吗?	自变量高压电的产生需要用到微型变压器,并用电压表测量,输出力矩测量方法较复杂,需要进一步研究。
有什么要考虑的安全因素吗?	高压电的安全使用注意事项。

44

(二)建立物理模型,进行数学推导(指导时间:1课时左右)

学生针对研究问题建立电晕电机的模型,并建立数学模型,给出自变量输入电压和应变量输出力矩之间的定量关系。在此过程中,学生可以准备一些问题来咨询老师,让老师通过对话的方式来帮助自己,而不需要额外的准备工作。

该生通过建立物理模型和数学模型,得出了输出力矩与输入电压呈线性关系的理论结果。

(三)制作电晕电机实物(学生自主完成)

实物制作过程中,学生需要去搜集、整理产品设计方案,能够根据方案画出产品的设计图,能够根据设计图制作实物,如图3-7和3-8。这个过程既考验学生的工程设计和实操能力,也考验学生的美学设计能力。在此过程中,学生需要思考自己需要什么材料,身边有什么可以利用的材料,具体制作步骤是什么。创造性的设计意味着没有标准答案,比如,在材料的选取上,学生的转子制作就利用了一个透明的食品塑料桶。

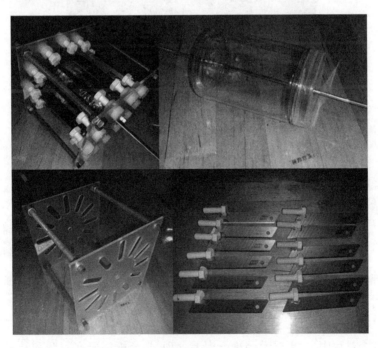

图3-7

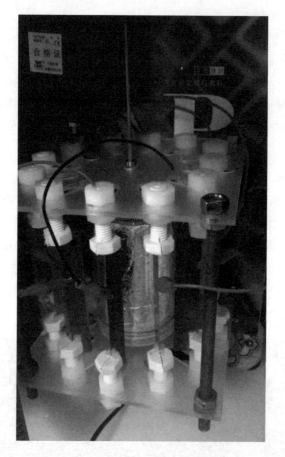

图 3-8

(四)性能测试和实验验证(指导时间:1 课时左右)

接下来,学生针对研究问题,改变自变量输入电压,测量应变量输出力矩,如图 3-9。在这个过程中,学生在力矩的测量上遇到了困难,难以找到一个便捷的测量办法。教师在这个过程中要引导学生多查找相关专业文献,找到可行的测量办法。这种遇到问题后积极去寻找资源且不断尝试和探索的过程对于学生来说是非常宝贵的历练和财富。

学生在完成测试后,会利用多种软件(如 origin 等)对实验数据进行分析处理。在这个过程中,学生要学会进行误差处理,学会根据研究问题和结果评估自己的仪器和实验过程,并不断改进实验方案。

学生分析数据得出结论:输出力矩与输入电压呈线性关系,最佳拟合直线跟横轴(输入电压)的截距表示电晕电机存在开启电压,这个电压是一个与空气间隙

图 3-9

有关的常量。

（五）学生反思

教师根据学生的测试结果给出建设性意见，引导学生思考自己的电机实物是否合适，实验数据是否准确、是否全面，能否用于解释研究问题，如有问题如何改进。

在学生实验已经大体完成的基础上，教师需要引导学生进行反思，如表 3-5 所示：

表 3-5

教师提问	学生思考回答
你的研究问题和实验匹配吗？	研究问题和实验匹配。
你用到的数据来源于哪里？	实验测得。
要解释研究问题，你还需要进一步研究吗？	需要考虑空气间隙的存在所导致的开启电压。
你有需要加强的领域吗？	理论分析推导以解释实验现象。

（六）反思评估与论文撰写

该环节学生需要总结和评价自己整个项目的设计与成果，有条理、有理有据地回答一开始的问题，撰写学术论文。

在评价方面,课程主要将过程性评价和结果性评价结合,以结果性评价为主,过程性评价为辅。论文的满分为34,由IBO考官给分,IB评分标准包括聚焦与方法(focus and method)、知识与理解(knowledge and understanding)、批判性思维(critical thinking)、展示(presentation)、投入度(engagement)。其中,投入度涉及过程性评价,学生需要在项目进行的不同阶段共进行三次过程性反思,写成文档后与教师对学生的过程性评价一起交到官方,作为投入度评分的重要依据。

论文的写作主要锻炼学生的沟通能力、思辨能力和学术写作能力。学术论文写作对学生来说是一大挑战,文章的架构和逻辑都有很高的要求。同时,在论文写作过程中,学生还尝试利用Latex软件和Python软件编程技术来助力文章写作,锻炼了信息技术应用能力。

七、教学反思

以问题为导向的实践探究性课题项目是一种很好的教学形式,学生在这个过程中初步学习了如何开展项目研究,锻炼了独立开展科研探索的能力,教师在引导学生提出研究问题后便退居幕后,从传统的教师驱动的学习快速变成了真正的以学生为中心的探索,这也是IB课程教学的特点。在这个过程中,教师和学生都要经过一段适应期,但经过尝试之后,教师和学生都能看到正面而积极的效果——当由问题驱动学生去开展项目式实践研究时,学习将由学生掌控而教师协助,此时的学习效果会更加持久,有利于提升学生的学科核心素养,对学生能力的锻炼也将更加全面。

光合作用:光能的捕获教学设计与实施

国际部化学组 王珩 国际部生物组 朱婷

一、教材分析

本节课生物部分的教学内容属于2014年Oxford IB国际课程DP高中阶段教材[1]第2章"细胞中的分子"中第9节"光合作用"的内容。光合作用是一系列复杂的代谢反应的总和,是生物界赖以生存的基础,也是地球碳-氧平衡的重要媒介。光合作用是一切生物体和人类物质的来源(所需的有机物最终由绿色植物提供),是一切生物体和人类能量的来源(地球上大多数能量都来自太阳能),是一切生物体和人类氧气的来源(使大气中氧气、二氧化碳的含量相对或绝对稳定)。

本节课化学部分的教学内容包含 2014 年 Oxford IB 国际课程 DP 高中阶段教材[2]中第 2 章和第 9 章涉及的原子结构、电子的跃迁和氧化还原反应的本质。

本节课内容的学习有助于学生从分子水平去理解宏观的生物学现象,理解叶绿体这一植物体特有的结构和特点,树立结构与功能相适应的生命观念,并进一步形成珍爱生命的观念。

二、学情分析

(一)学习基础

高一 AP 班的学生在人教版高一生物必修 1 的第五章第四节中,已经大致了解了光合作用的概念、场所、过程和其中的能量转换。此外,学生在化学和物理课中学习过光能可以被分子吸收用以激发电子的跃迁,电子跃迁回基态是以光子的形式释放能量等内容。但是,学生对于光合作用在叶绿体内进行的根本原因,以及对于光合色素吸收光能的具体机制并不清楚,而且,对于在叶绿体中光能转化成化学能的根本机制也不了解。

(二)思维基础

高一的学生思维比较活跃,但是高阶思维能力需要进一步提升。他们具有强烈的好奇心和求知欲,并且具备一定的空间想象能力。

(三)学习障碍

学生已经具备一定的生物学常识,如春天和夏天的叶子大多呈现绿色而秋天的落叶则大多呈现橘黄色。但是由于缺乏相应的生物学知识和学科整合的能力,并不能很好地运用相关科学原理来解释这些现象。

三、教学目标

(一)基础概念

1. 学生能够说出光合作用的概念。

2.学生能够说出光合作用的场所。

3.学生能够列出光合作用的两个阶段。

(二)基础结构

1.学生能够说明叶绿体的内部结构。

2.学生能够辨别光反应和暗反应的发生场所。

3.学生能够区分光合色素的分类和功能。

（三）基础性质

1.学生能够理解叶绿体结构与功能相适应的观点。

2.学生能够阐明在化学中结构决定性质,即叶绿素的共振结构是使其具有吸光性质的原因。

3.学生能够理解光合作用的意义。

（四）高阶理解

1.学生能够得出结构决定功能并且功能反映结构的科学观点。

2.学生能够应用光合作用吸光原理,分析和解释现实生活中的问题。

四、教学重难点

（一）教学重点

1. 叶绿体的结构如何与其功能相适应。

2. 光合作用的吸光机制及其意义。

3. 叶绿素分子中共轭结构使其具有吸收相应波长光能的特性。

（二）教学难点

1.叶绿素分子的吸光机制。

2.光合作用吸光机制对生物现象的解释。

3.通过叶绿素的吸光机制了解氧化还原反应的本质。

4.结构决定性质,将叶绿素分子的性质和生物化学中的现象建立联系。

五、教学过程设计思路

光合作用的场所是在微观植物细胞中,需要学生很强的微观想象能力和空间思维能力。本节课引入了 VR（Virtual Reality,虚拟实境）技术来产生一个三维空间的虚拟世界,提供给学生视觉、听觉,甚至是触觉等多感官的模拟感受。这一技术可以使学生身临其境,在虚拟世界中真切地感受到植物细胞的精细结构。

光合作用发生的场所是叶绿体,是学生们已学的知识,但是叶绿体的哪些结构特征使其能够完成光反应和暗反应这么复杂的过程,叶绿体的结构如何与其功能相适应,光合色素为什么具有吸收光能的特性,本节课将从叶绿体内部的超微结构以及化学分子的角度给予深入解答,使学生建立结构决定性质的科学思维。

六、教学实施

【环节一】导入环节是教学实施中重要的一环。教师引导学生从自身出发,让学生思考并意识到光能对生物体的重要性。问题导入：人体进行生命活动获得能量的最终来源是什么？

【教师活动】提出问题，引导学生思考人体能量的最终来源。我们每天都要进行各种生命活动，比如，跑步、打篮球、踢足球等，那么这些能量从哪里来呢？引导学生回答，生命活动所需的能量来自我们每天吃的食物，从而再次提问，食物中的能量来自哪里，引导学生思考人体活动能量的最终来源是光能，进而总结出生物体能量的最终来源是光能。

【学生活动】思考并回答问题：人体获得能量的最终来源是阳光，从而总结出生物体能量的最终来源同样是阳光。

【环节二】引导学生回顾绿色植物光合作用的功能。

光能通过什么生命过程转化为生物体能够直接利用的化学能？

【教师活动】在了解生物体最终能量来源是光能的基础上，引导学生思考光能如何转化成生物体能够直接利用的化学能。

【学生活动】思考并回答问题：生物体通过光合作用实现光能到化学能的转化。

【环节三】温故知新，为理解叶绿体结构与功能相适应的问题打下基础。回顾光合作用的概念、场所和过程。

【教师活动】引导学生回顾和总结光合作用的概念、场所和基本过程，从而思考光合作用的发生场所——叶绿体的结构及其如何与功能相适应。

【学生活动】利用智慧课堂交互系统，思考并回答问题：光合作用指绿色植物通过叶绿体，利用光能，把二氧化碳和水转化成储存着能量的糖类等有机物，并且释放出氧气的过程。光合作用根据是否直接需要光，分为光反应和暗反应两个阶段。

【环节四】引发学生思考，锻炼其逻辑思维能力。

提出核心问题一：为什么光合作用会发生在叶绿体中？叶绿体的结构如何与其功能相适应？

【教师活动】介绍光合作用总的反应过程的复杂性，引导学生思考，叶绿体具有哪些结构特征使得其能够承载这么复杂的功能，叶绿体的结构如何与功能相适应。要回答这个复杂的问题，可以将其分解为3个子问题：

1.光合作用的发生场所——叶绿体有什么样的内部结构？

2.光反应和暗反应分别发生在什么场所?

3.为什么要发生在这些场所? 这些场所具有怎样的结构特征?

【学生活动】跟着老师的指导进行思考。

【环节五】利用先进的信息科学技术,让学生更深入地理解微观世界的结构。

借助高科技信息技术 VR(虚拟实境)解决问题。

【教师活动】带着问题观看叶绿体 VR。引导学生思考叶绿体结构如何与其功能相适应,可以分步思考 3 个子问题:①光反应和暗反应阶段分别在叶绿体哪些部位发生? ②为什么必须在这些部位发生,调换场所是否可行? ③能量的转化是如何进行的?

指导学生体验 VR,按照逻辑逐步提出问题,引导学生分析问题。

【学生活动】跟着老师的指导,观看 VR,逐步思考并回答问题。

【环节六】在了解叶绿体结构的基础上,思考光反应和暗反应发生的场所。

解决子问题 1:描述光合作用的发生场所叶绿体的内部超微结构。

【教师活动】引导学生总结光合作用的发生场所叶绿体的内部超微结构,从而进一步思考,光反应和暗反应分别发生在叶绿体的哪些部位。

【学生活动】利用智慧课堂交互系统,思考并回答问题:叶绿体有两层膜,外膜和内膜,叶绿体中广泛存在着囊状的结构,称为"类囊体",类囊体堆积在一起形成基粒,叶绿体的细胞质被称为"叶绿体基质"。

【环节七】在理解类囊体结构的基础上,进一步形成结构与功能相适应的观念。

解决子问题 2:光反应和暗反应阶段分别在哪里发生?

【教师活动】引导学生总结光合作用两个阶段的发生场所,从而进一步思考,为什么光反应在类囊体发生,暗反应在叶绿体基质发生,是否可以调换?

【学生活动】思考并回答问题:光反应发生在类囊体,暗反应发生在叶绿体基质。

【环节八】深度解读类囊体结构与其功能如何相适应。

解决子问题 3:为什么必须在这些部位发生,光反应和暗反应的场所是否可以调换?

【教师活动】引导学生进一步思考,为什么光反应在类囊体发生,暗反应在叶绿体基质发生,是否可以调换?从而理解叶绿体结构与功能相适应的观点。

【学生活动】小组讨论,思考并回答问题:光反应发生在类囊体,因为吸收光能的色素分布在内囊体的膜上,类囊体堆积成基粒的结构,这是为了最大限度地增加接受光照的表面积。此外,类囊体膜的结构有助于在光合作用的过程中形成膜两侧离子浓度差,这是光能成功转化成 ATP 化学能的必要条件。

暗反应发生在叶绿体基质,因为和暗反应有关的酶存在于基质中,不能调换。

叶绿体正是由于具有如此独特的结构,才能承载光合作用这么复杂的功能,因此叶绿体的结构与其功能是高度适应的。

【环节九】在认识类囊体膜上有光合色素的结构基础上,进一步理解光反应必须在类囊体膜上发生的原因。

提出核心问题二:光合色素为什么可以吸收光能,有何结构基础?

【教师活动】引导学生思考光合色素的吸光机制,可以将其分解为 3 个子问题:

1.光合色素的种类有哪些?

2.光合色素的吸收光谱是什么?

3.光合色素的结构如何与其功能相适应?

【学生活动】跟着老师的指导,逐步思考并回答问题。

【环节十】了解光合色素的种类。

解决子问题 1:光合色素的种类有哪些?

【教师活动】引导学生回顾光合色素的种类,从而进一步思考什么颜色的光吸收效率最高。

【学生活动】跟着老师的指导,思考并回答问题。光合色素分为两大类:叶绿素和类胡萝卜素,其中叶绿素占 3/4,又分为叶绿素 a 和叶绿素 b,类胡萝卜素占 1/4,分为胡萝卜素和叶黄素,因此叶绿素是主要的吸光色素。

【环节十一】了解光合色素的吸收光谱。

解决子问题 2:光合色素的吸收光谱是什么?

【教师活动】引导学生回顾光合色素的吸收光谱,思考什么颜色的光吸收效率最高。

【学生活动】跟着老师的指导,思考并回答问题:叶绿素是光合作用的主要色素,主要吸收可见光中的蓝光和红光,类胡萝卜素是光合作用的辅助色素,主要吸收可见光中的蓝光。

【环节十二】从结构与功能相适应的角度,思考光合色素吸收光能的结构基础。

解决子问题3:光合色素的结构如何与其功能相适应?

【教师活动】引导学生在了解光合色素的种类和吸收光谱的基础上,从分子结构的角度解释光合色素的吸光机制。

【学生活动】吸收光能的主要色素是叶绿素分子,叶绿素之所以能够吸收光能与其结构紧密相关,由于叶绿素具有共轭结构,共轭结构是碳碳单双键交替出现的结构模式,离域 π 电子易被激发产生跃迁,高能电子被电子接收体接收后进入电子传递链。

【环节十三】学以致用1。

知识应用1:应用光合作用的吸光原理,解释生活现象。

【教师活动】提出问题:光合作用对太阳能的利用率是多少?引导学生从有效光照的角度思考光合作用的效率。光照由植物的叶片、叶肉组织、叶肉细胞、叶绿体、类囊体膜吸收,此外,不同光的吸收效率有所不同。

【学生活动】小组讨论并回答问题

【环节十四】学以致用2。

知识应用2:应用光合作用的吸光原理,解释生活现象。

【教师活动】提出问题:在农作物种植上,你能想到哪些提高光合作用效率的办法?

【学生活动】小组讨论并回答问题:合理密植、增加叶绿体的数量、增加光照强度、增加二氧化碳的浓度等。

【环节十五】总结课堂知识,形成体系。

【教师活动】引导学生梳理和总结本节课所学内容。

【学生活动】讨论并总结本节课内容。

【环节十六】巩固已学知识。

反馈提升:用光合作用的知识解释生活现象。

【教师活动】引导学生利用光合作用吸光机制对生活现象进行解释。

1.解释为什么绝大部分叶片的形状都是平的。

2.分析绿色植物的叶片是绿色的原因。

3.分析秋冬叶片变黄的原因。

七、板书设计

Photosynthesis：Capturing Light Energy

光合作用:光能的捕获

1.生物体生命的最终来源是太阳能,通过光合作用产生的

2.叶绿体结构与功能相适应

光反应:类囊体,增加表面积,形成电势差

暗反应:多种酶存在于基质中

3.光合色素的吸光机制

结构基础:共轭结构

八、教学特色与反思

本节课的学习组织形式是项目式学习与信息技术融合,以"光合作用:光能的捕获"为研究课题,学生在解决问题的过程中,运用了 VR 技术,通过小组合作学习,更深入地理解了结构与功能相适应的观念。

(一)STEAM 项目式学科整合教学

在问题解决的过程中,形成了结构与功能相适应的生命观念,树立了珍爱生命的观念。学生尝试了从微观角度去解释宏观现象的解决问题的思路,体验了科学的思维方式。本节课完美整合了生物、化学和物理等交叉学科的知识,系统地讲授了叶绿体结构如何与其功能相适应,从微观分子结构的角度解释了叶绿体的吸光机制,使学生们在知识的层面和情感的高维度上认同结构与功能观。

具体来说,本节课在了解的水平上使学生们提高了对于叶绿体结构的认识;在理解的水平上使学生们把握了"结构与功能相适应"的内在逻辑联系,培养了生物学科核心素养;在应用的水平上使学生们将抽象的微观结构进行了总结,并且运用到生命体和自然界丰富多彩的生物、化学和物理现象中去,培养了多学科的核心素养。

(二)学科与信息技术高度融合

本节课程引入了VR技术来产生一个三维空间的虚拟世界,提供给学生视觉、听觉,甚至是触觉等多感官的模拟感受。这一技术可以使学生身临其境,在虚拟

世界中真切地感受到植物细胞的精细结构、光合作用发生的场所,以及叶绿体中繁复的结构和运转体系。科学也是一种严谨艺术的美,虚拟空间中色彩斑斓的细胞器可以激发学生的灵感,加深学生的记忆,培养学生发现科学之美的眼睛。此外,本课程的知识问答引入智慧课堂实时交互系统,学生回答之后会及时统计出每个答案选择的分布情况,这种技术可以让老师们实时掌握学生的思维动态和认知,从而对于知识内容的讲解做出及时的修正和反馈。实时投屏技术可以提高师生互动的效率。此外,随机点名程序可以体现课堂的平等和随机。

(三)突出生物学科特色,注重逻辑思维能力的培养

本节课的教学特色在于信息技术和学科融合。从生活中的现象出发,提出问题、分析问题、解决问题,再应用知识去解释生活中的现象。从生活中来,再到生活中去,在此研究过程中,促进了学生科学思维和能力的提升。

(四)坚持以学生为主体

课堂中始终坚持以学生为主体、教师适当引导的原则。重视学生参与、学生体验、学生交流、学生讨论、学生分析。但在最后的反馈提升阶段,是以3个连续的反馈问题的形式进行教学的,这种方式不利于培养学生整体分析和思考的能力,如果可以构建一个生活情景,再让学生思考,利用本节课的知识去解释,可能效果会更好。在VR阶段,老师应该在最初给学生两分钟的"自由活动"时间让学生们自由地寻找细胞器,而不是一上来就带着学生一个一个地浏览。另外,在总结整节课之后的测评上,应该更多地借助智慧平台来用数据展现学生所学到的知识。

参考文献:

[1] ALLOTT A, MINDORFF D. Biology [M]. Oxford: Oxford University Press, 2014.

[2] BYLIKIN S, HORNER G, MURPHY B, et al. Chemistry[M]. Oxford: Oxford University Press, 2014.

第二节 学生探究式学习

探究性学习(Inquiry-based Learning)的目的是让学生亲身参与,体验学习过程并从中获益。区别于传统教学方式,探究性学习除了增加师生互动之外,更赋

予了学生自主思考的可能性,有助于培养学生的创造力与批判性思维,提升课堂效率,培养创新型人才。

在教学实践中发展学生的物理科学素养
——反思《弹力》公开课

国际部物理组　柳文慧

提升学生的科学素养是中学物理新课标提出的重要任务之一,高中阶段的物理课程不仅要注重学科知识和技能的训练,更要注重对学生学习兴趣、科学探究能力、自主学习能力、创新和评判性思维能力、实践和解决问题能力的培养,引导学生在了解科学本质及科学与社会关系的基础之上形成正确的世界观和价值观、科学的责任感和使命感。要实现以上目标,离不开具体的教学实践,下面我们以第12届全国青年物理教师教学比赛的获奖课例《弹力》一课的准备过程为例,浅析如何尝试在教学实践中落实课程理念,发展学生的物理科学素养。

弹力作为本章三种常见力之一,是高中力学的基础内容,也是学生能正确进行受力分析的基础。教科版的本节教材从学生熟悉的形变入手,通过生活实例概括弹性形变、范性形变和弹力的概念,发现微小形变,渗透微小变量放大的物理思想,从形变的角度阐述常见弹力方向的特点,引导学生设计实验,探究弹簧弹力与伸长量的定量关系,得到胡克定律。通过初中学习及接触一些生活中的弹力现象,高一学生对形变和弹力有初步的了解和认识,但这种认识尚不全面,特别是对微小形变产生弹力的理解,无法从经验的感性认识提升到理性认识的高度,他们可以依据生活经验判断弹力的方向及大小,却缺乏用科学的方法去探究物理问题本质的经历,而高中教学将深化学生对弹力概念和产生条件的理解,注重引导学生体验一般的探究性学习过程,掌握科学探究的方法。本节课精心设计各种学生活动环节,尊重学生的主体地位,强调科学探究的过程,注重对实验结果的挖掘和分析,并渗透科学的思想和方法。学生实验探究弹力大小和形变量关系时,采用传感器设备,操作简便,数据处理清晰,提高了学生分析综合信息的能力,使实验更具有现代化气息。

教学设计依次主要包括五个环节(如图3-10)。首先以"掏出我心"的魔术,跨学科结合古筝音乐,引入弹力新课,激发学生的学习兴趣,活跃课堂气氛;然后让学生体验形变的环节,亲身感受,并对形变进行分类,发现微小形变,知道微小变量放大的物理思想,本环节旨在提升学生提出科学问题、形成猜想和假设的科学探究素养。紧接着是总结提升形成物理概念的环节,学生从生活现象中发现弹力产生的一般规律,提炼形成弹力的概念,并深入理解弹力产生的条件,培养学生形成科学物理观念的素养。再从力的三要素角度,先通过分类归纳的方法,对生活情境分类,建立简单的模型,研究常见弹力的方向,提升学生科学思维的相关素养;最后是实验探究环节,学生小组合作,设计实验方案,探究弹簧弹力与形变的定量关系,体验一般的实验探究过程,培养学生的科学探究能力、实践与解决问题的能力,提升与科学思维和科学态度相关的素养。

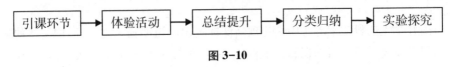

图 3-10

在准备《弹力》这节课的过程中,教学设计前后经过了 20 余次修改,磨课达 12 节次。下面,我将根据自己备课的真实体验,从结合新课标课程理念的角度,对本课的教学内容和方法进行全面反思。

一、发展学生物理科学素养,从"学会为中心"转向"会学为中心"

新老师在备课时存在心理上的共性,怕自己无法掌控课堂而不敢放手让学生自主学。以体验形变的教学活动设计为例,我在备课过程中经历了从不放开到半放开,再到全放开的过程。最初,我要求学生和我一起对比体验橡皮泥和弹簧的形变过程,教师的过度引导使得学生对体验环节没有太多的热情;反思后,我给学生提供了许多不同的物品,以问题"谁可以代替海绵表演类似的魔术"引导学生思考,发现不同特点的形变,学生的学习积极性得到了一定的调动;最后,我完全放开,让学生充分体验不同物品的形变,并对发现的形变进行分类,学生在把玩各种物品的过程中学习物理知识,学习热情高涨,课堂气氛十分活跃。对于这种接近学生最近发展区的问题,采用开放式的体验活动,减少教师引导,能更好地让学生从"学会"转变为"会学",而这种"会学"的能力对学生日后生活的方方面面都有帮助。

【教学活动】形变的体验环节

设计意图:学生亲身体验不同物品的形变,发现弹性和范性形变,知道物体在受外力时都会发生形变。本环节渗透微小放大的物理思想,体会人类借助仪器拓展眼界、探知未知领域的本领。

教师提供海绵、弹簧、橡皮泥、铝片、木块、薄板、钩码,给学生 2 分钟充分体验并思考:它们能发生哪些形变?

【学生活动】体验各种物品的形变,发现弹性和范性形变,感受拉伸、压缩、弯曲、扭转形变。

教师演示用不同大小的力拉伸同一弹簧,学生观察现象,发现弹性限度,渗透由量变到质变的思想。

在总结归纳弹力的方向环节,我也采用学生活动的形式驱动学生自主学习的"小马达",引导学生依据弹力压、拉的不同作用效果对生活情境进行分类,并建立简单的模型,分析常见弹力的方向,再总结归纳得到弹力方向的一般特点。

【教学活动】分类归纳弹力方向的特点

设计意图:从生活情境中建立简单模型,分析弹力方向,再反过来解决更普遍的问题,这培养了学生简单建模并解决实际问题的能力。

结合前面两个微小放大实验和四幅生活情境图,教师引导学生对其中的弹力分类,并分别建立简单模型,再分析常见弹力的方向。

【学生活动】每两人一组,依据学案,画出模型示意图,分析弹力方向,并总结这类弹力方向的规律。

学生展示:选两小组分别上台讲解他们的思路和结论。

教师引导学生根据两类常见弹力方向的特点归纳总结出弹力方向更为普遍的规律。在这两个环节中,学生分别根据形变和弹力的不同特点进行分类,并归纳各类形变和弹力方向的共性,这在一定程度上提升了学生分类归纳的科学思维素养。

在备课的过程中,关于弹力方向的处理,指导老师给予的意见发生了分歧,这也是我们准备公开课经常会遇到的情况,意见太多,导致我们不知道该听谁的声音,甚至会听不到自己的声音。我的个人体会是,导师的指导意见不可不听,也不可全听,主要是听大家共性的意见,以及自己存在困惑之处的意见。

二、学生要关注物理学与其他学科的联系以及应用

科学来源于生活,也服务于生活。高质量的引课大多是采用生活情境创设问题的方式导入的,旨在引起学生注意,激发学生兴趣,明确学习目标与动机。在反复修改本节课的引课设计过程中,我感悟颇深。最初,我们结合刚结束的巴西奥运会运动项目情境来引入课题,虽然结合了当下实事,但新异程度稍有欠缺。在指导老师的建议下,我们采用"掏出我心"——空手变爱心的魔术引入弹力和形变,很大程度上激发了学生的兴趣,稍有遗憾的是未能激发学生深层次的思考,形成新认知的冲突。为了寻找更好的灵感,我观摩了 6 节弹力的公开课,并被其中一位教师的引课环节深深吸引,他将一个圆筒放在桌面上,圆筒顶端有一个小球,他拿掉小球之后,筒里又冒出来一个,而且可以反复多次取出小球。这个情景很好地让学生陷入认知的困境——小球是如何冒出来的,唤起学生对新知识的渴望和探求。我们尝试借鉴这一情景来引课,但整体呈现并不如意。最后,为了切合新课标以及本次大赛关注人文素养和跨学科的要求,我们通过魔术和音乐,将海绵的形变和琴弦的弹动相结合,出其不意,使学生真切体会到了物理来源于生活,也服务于生活,提升了学生的人文科学素养。

【教学活动】引课——魔术与音乐的结合

设计意图:激发学生学习兴趣,活跃课堂气氛,引入新课——生活中无处不在的弹力。

教师在美妙的古筝背景音乐下,用海绵表演"掏出我心"的魔术。

【学生活动】思考爱心海绵是怎么变出来的? 海绵发生了什么变化? 从而揭示课题——在接触条件下产生的弹力。

教师提问:美妙的古筝音乐与今天的课题有什么关系呢?

学生发现,弹力既可以呈现精彩的魔术表演,又可以带来美妙的音乐体验,广泛存在于生活中,很值得被研究。

反复修改引课环节的过程让我认识到,同一环节的设计可以有许多不同的思路,虽然设计本身稍有优劣之分,但最优的设计并不能与最好的呈现画等号,我们需要依据自己的特点选择最适合自己的呈现方式,比如,我们最终选择魔术与音乐结合引课的方式,虽然很有新意地创设了情境,却有没能激发认知冲突的遗憾。但课堂本身就是有缺憾的艺术,每位教师能做的是尽自己最大的努力做好。

三、科学探究是形成物理科学素养的主要途径

科学探究对学生提出问题的能力、批判性思维能力、交流和合作能力等的形成具有十分重要的价值。本节课发现微小形变及探究弹力大小与形变量关系的环节主要采用的是科学探究的教学方式。

【教学活动】发现微小形变

提出问题:桌面放上物体,桌面有发生形变吗? 有什么方法能观察到这种形变? (图 3-11)

学生思考:如何观察到这种不明显的形变,提出实验方案。

教师演示实验(桌面压缩的微小形变实验),引导思考光斑的移动说明了什么? 课堂渗透微观量放大的物理思想。

教师演示创新实验(金属丝拉伸的微小形变实验)悬挂的金属丝,下端增加重物后,会形变吗? 有没有什么办法能看到呢?

在金属丝附近放置杠杆,杠杆一端固定在金属丝下端,另一端绑上激光器,利用光杠杆的原理,间接观察金属丝的拉伸形变。

【学生活动】观察教师演示实验,思考这两个实验有什么共同的特点,都用了什么共同的思想。

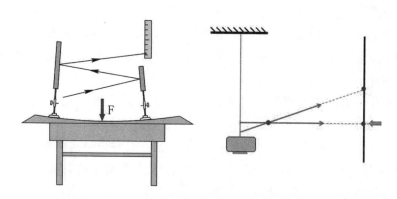

图 3-11

两个微小形变的演示实验,一个是常见的面在接触情况下的弹力,另一个是常见的绳之类的弹力,非常具有代表性,而且金属丝微小形变仪是为数不多的能从实验上直接观察金属丝微小形变的仪器,非常具有创新的意义。学生通过观察两个实验,总结归纳它们的共同特点,培养学生从物理学的视角提出问题和猜想并设计实验发现现象本质的能力,一定程度上提高了学生的科学思维素养。设计实验探究弹簧弹力与形变量的关系是本节课的教学重点之一。在新课改的背景下,让学生自主学习、探究学习、合作学习已成为现代教学的主题。本环节,我们先引导学生选择合适的对象——弹簧来探究弹力大小与形变量的关系,针对问题提出猜想和假设,小组讨论设计实验方案,结合现代化的传感器设备,进行实验探究,获得清晰的实验数据,处理得到数据图像,分析论证得到结论。在这些探究活动中,学生占有绝对的主体地位,他们领略了一般的探究性学习过程,对科学探究有了一定的亲近感和认同感,较好地发展了学生的科学素养。

【教学活动】实验探究弹力大小与形变量的关系

设计意图:培养学生科学探究的素养和结合现代化实验设备进行实验操作的能力,掌握胡克定律。

提问:弹力是矢量,既有方向又有大小,弹力的大小与什么有关呢?

学生猜想:形变量。

【学生活动】按压弹簧,体验弹力与形变量的定性关系。

提问:弹力大小与形变量的定量关系一般来讲,比较复杂,我们从最简单的弹簧的弹力入手,弹簧的弹力大小与形变量有怎样的定量关系呢?

学生猜测:正比关系。

实验活动:小组讨论设计实验方案,探究弹簧弹力的大小与形变量的关系,画出装置简图。

在学生设计的基础之上,教师介绍数字化传感器的实验装置,引导学生用力传感器来测量弹力的大小,用距离传感器测量弹簧的形变量,图 3-12 左侧为实验装置的图片。

学生分组实验:依据学案要求进行实验,得到实验数据,加以分析并得到结论。图 3-12 的右侧两图为某组学生采集到的数据及具体分析情况。

教师在学生实验的基础上,引导总结出胡克定律,并说明其中劲度系数 k 的含义,以及胡克定律只适用于计算弹性限度内弹力与形变量的关系,高中通常用来计算弹簧的弹力。大家熟悉的弹簧测力计的原理就是胡克定律。

序号	形变量 Δx(cm)	弹力 F(N)
1	0.4	0.06
2	1.1	0.17
3	1.2	0.2
4	2.6	0.4
5	3.7	0.57
6	4.4	0.68
7	4.9	0.76
8	5.2	0.8

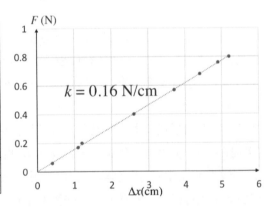

图 3-12

在学生实验探究的过程中,局域网出现了故障,学生的实验结果无法传输到我的电脑上,由于有多次的磨课经历做基础,我灵机一动,直接将学生的电脑进行投影,解决了这一问题。这种课堂快速应变能力,只有经历多次磨课的问题积累,才能在关键时刻不慌不乱、应对自如。然而,学生的实验数据出现了不过原点的现象,我们进一步定性分析图像不过原点的原因,提出了假想,并将这一假想作为探究问题,课后继续深入探讨。这一过程间接培养了学生实事求是的科学态度。

四、提升学生科学素养,需要用科学的方法引导学生建立基本的物理观念

物理观念是科学素养的基础,物理课堂都是将系统的知识分为小块进行教学的,而物理知识内部是具有很强的逻辑性的,为了让学生对物理知识和规律有系统的认识,用科学的方法引导学生建立基本的物理观念十分重要。以弹力问题为例,学生生活中接触过许多有关弹力的例子,对弹力有感性的认识,但他们在原有认知的基础上,很难从理性的角度概括得到弹力的概念。因此,我们可以基于学生的原有认知,把生活实例还原在课堂中,引导学生发现弹力产生过程的共性,从而总结归纳得到弹力的概念。

【教学活动】总结归纳弹力的概念

设计意图:培养学生从生活现象中发现物理规律,并提炼形成物理概念的能力。

教师演示木块借助弹簧被弹开的实验,学生思考:木块为什么会被弹开? 结合生活中常见的形变物体产生作用力的例子,如跳水、蹦极、蹦床、拉力器等,引导学生结合生活经验和刚才的体验,给弹力下个定义。

【学生活动】边观察边思考什么是弹力,总结概括弹力的概念及产生条件。

起初,我的设计是采用桌面和重物,或者弹簧和手的情境,以追问的形式引导学生归纳出弹力的概念,但这种方式存在很大的弊端,一方面是教师引导过渡,学生对建立概念的过程体会不深,另一方面是学生会怀疑弹力概念是否具有普适性。修改之后,学生先观察木块被形变的弹簧弹开的现象,体会弹力的产生过程;然后发现不同生活情境中弹力的产生过程具有共性,再通过归纳总结这些共性得到什么是弹力,弹力的概念就能鲜活地存在于学生的脑海之中了。学生亲身体验从生活现象中归纳总结并建立概念的过程,在一定程度上提升了学生从物理视角认识生活现象本质和规律的物理科学思维素养。

高中物理新课标要求物理教学让学生较独立地进行科学探究,培养学生自主探究、自主学习、自己解决问题的能力。课堂教学的方式需要多样化,结合不同的教学方式,让学生在学习物理知识与技能的同时,培养一定的科学探究能力、科学态度与精神。深层次设计物理课堂教学,有利于达到新课标的要求,在教学过程中提升学生的科学素养。我们反思的目的是将基于本节课的收获和体会,用于平时的课堂教学过程中,在引导学生学习知识的过程中渗透科学方法与思想的教育,为提升学生科学素养这一目标而努力。

葡萄酒的秘密教学案例

国际部化学组　王瑶

一、设计背景与定位

乙醇是"烃的衍生物的"开篇,是联系"烃"与"烃的衍生物"的桥梁,乙醛、乙酸、乙酸乙酯则是除乙醇外的烃的衍生物中最具有代表性的,在有机物的相互转化中处于核心地位。从学科价值来看,是高中阶段学习和研究有机化合物的钥匙;从学业价值来看,可以指导学生学习有机化学的知识;从社会价值来看,可以指导工业生产、解决生活中的问题。

有机化学部分是我们所用教材的最后一章,学习要求是能够概括、总结有机化合物的分类、同分异构现象与命名方法,了解官能团的概念,理解简单有机化合物的基本反应。学生们已在高一认识了几类典型的烃类化合物和有机化合物代表性的官能团,了解了有机化学反应的类型。但对于有机物知识的认识是零散的,对官能团的性质尚缺乏了解,因此对于有机物结构与性质的相互关系也不能深入地进行研究。以往的烃的衍生物的教学是依据官能团的差异分步进行的,造成这部分知识的僵化,难以形成动态的知识网络和体系。结合生活和实验探究是遵循学生认知规律的一种教学方法,可以激发学生学习兴趣,启迪学生思维,活跃课堂氛围。以葡萄酒的酿造作为切入点,运用联系生活和实验探究相结合的方式研究烃的衍生物,可以起到事半功倍的作用。在此过程中,学生的宏观辨识与微观探析、变化观念与平衡思想、实验探究与创新意识、科学精神与社会责任感等化学学科核心素养得到了充分的培养。

(一) 课型

本课题采用直观演示和实验探究相结合的教学方法,用时 45 分钟,为复习课。

(二)学生信息

授课对象是国际部中美项目学生,经自主选择学习 AP 化学。学生差异较大,约 70% 的学生基础知识牢固,求知欲强,学习习惯好,剩下的学生基础知识较为薄弱,主动性较低。总体来看,学生容易交流,但尚缺乏自主探究的意识。

二、教学的相关资源

(一)教学参考书

Chemistry(Tenth Edition)(伊利诺伊大学出版)

Cracking the AP Chemistry Exam 2018 *Edition*(普林斯顿教育评论)

巴朗 AP 化学(世界图书出版社)

(二)教学资料

电子白板、同屏器

仪器与药品:小试管、酒精灯、火柴、试管夹、砂纸、螺旋铜丝、乙醇

设计方案(见表3-6)

表 3-6

项目	内容	意图
教学目标	知识技能 1.掌握乙醇、乙醛、乙酸和乙酸乙酯的结构和物理性质。 2.能够正确指出烃的衍生物的官能团并能够正确书写结构式、正确命名。 3.了解乙醇、乙醛、乙酸和乙酸乙酯之间的相互转化。	使学生认识烃的衍生物的官能团和结构,并了解它们之间的转化关系,理解官能团对于性质的影响。
	过程方法 1.由唐朝诗人王翰的诗句引入葡萄酒,观看葡萄酒的酿造视频,查看成分表,进一步分类认识烃的衍生物,引导学生将宏观辨识与微观探析相结合。 2.结合实验探究,分别研究乙醇、乙醛、乙酸和乙酸乙酯的结构、物理性质和生成方法,并拓展到醇类、醛类、酸类和酯类,充分培养学生的实验创新能力和创新意识。 3.总结乙醇、乙醛、乙酸和乙酸乙酯的结构转化关系,提炼变化的观念和平衡的思想。	指导学生通过联系生活和运用科学方法研究化学问题。
	态度情感价值观 1.通过对有机化合物的分类,初步体验分类的方法在化学研究和学习中的重要意义。 2.发展学习化学的兴趣,乐于探究物质变化的奥秘,体验科学探究的喜悦,感受化学世界的奇妙和谐。调动学生的内在科学精神和社会责任感。	感受化学与生活的密切联系,培养自主探究的乐趣。

项目	内容	意图
教学内容和教学情景设计	由唐朝诗人王翰的诗句引入新课——葡萄酒的秘密,观看视频、查看成分表引出烃的衍生物。 通过搭建球棍模型理解乙醇的空间构型、总结乙醇的物理性质,探究葡萄酒中乙醇的产生。 研究乙醛的结构和物理性质,探究乙醛的生成方式,并拓展到醛类。研究乙酸的结构和物理性质,探究乙酸的生成方式,并拓展到酸类。研究乙酸乙酯的结构和物理性质,探究乙酸乙酯的生成方式,并拓展到酯类。	创设问题情景,展现学生真实的想法;尊重学生的思维方式;变学习的内容为学生的需求;使学生意识到科学方法学习的重要性。
学习任务和学习活动设计	课前让同学们在有机化学的学习基础上,预习烃的衍生物。 课上,分小组拼出乙醇的空间结构、讨论总结出乙醇的物理性质。分小组讨论总结出乙醛的物理性质,做乙醇生成乙醛的实验。分小组讨论总结出乙酸的物理性质,探究乙酸的生成方式;分小组讨论总结出乙酸乙酯的物理性质,探究乙酸乙酯的生成方式。	使学生掌握醇、醛、酸、酯的结构和性质,理解结构对性质的影响,为学生营造探究的学习情景,培养学生的创造性思维。
学习活动组织与评价设计	引导学生课前自学,课上分小组探究、总结;教师对学生的小组活动能够进行评价,请学生对自己的探究实验进行评价。	对学生活动的表现进行反馈,了解每个学生的真实想法和学习中的问题。

四、教学流程图（如图 3-13）

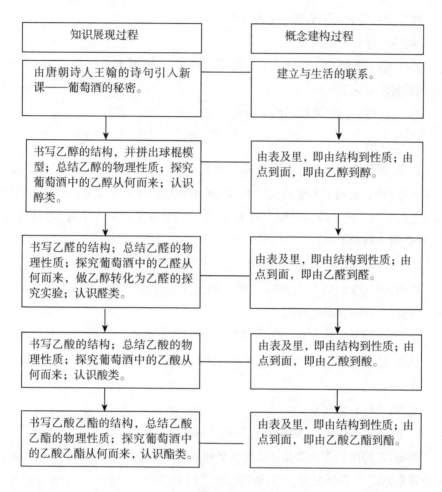

知识展现过程	概念建构过程
由唐朝诗人王翰的诗句引入新课——葡萄酒的秘密。	建立与生活的联系。
书写乙醇的结构，并拼出球棍模型；总结乙醇的物理性质；探究葡萄酒中的乙醇从何而来；认识醇类。	由表及里，即由结构到性质；由点到面，即由乙醇到醇。
书写乙醛的结构；总结乙醛的物理性质；探究葡萄酒中的乙醛从何而来，做乙醇转化为乙醛的探究实验；认识醛类。	由表及里，即由结构到性质；由点到面，即由乙醛到醛。
书写乙酸的结构；总结乙酸的物理性质；探究葡萄酒中的乙酸从何而来；认识酸类。	由表及里，即由结构到性质；由点到面，即由乙酸到酸。
书写乙酸乙酯的结构，总结乙酸乙酯的物理性质；探究葡萄酒中的乙酸乙酯从何而来，认识酯类。	由表及里，即由结构到性质；由点到面，即由乙酸乙酯到酯。

图 3-13

五、课堂实录

（一）引入

教师：同学们，大家还记得"葡萄美酒夜光杯"这句诗吗？

学生：记得……

教师：好，让我们一起大声诵读这一首诗（放配乐）。

教师：这首诗由唐朝诗人王翰所作，描写了边塞的一次难得的宴饮。宴饮必然少不了美酒,这次宴饮中的美酒是什么呢?

学生:葡萄酒。

教师:对,那葡萄酒有哪些成分呢?

学生:乙醇……

教师:请看老师给每位同学准备的葡萄酒成分表,看看葡萄酒中还有哪些成分(同时投屏显示)。

学生:乙醛、乙酸、乙酸乙酯……

(二)乙醇

教师:葡萄酒中为什么会有这些成分呢?我们一起走入葡萄酒的酿造过程,一探究竟(播放葡萄酒的酿造视频)。好,葡萄酒中的主要成分是乙醇。乙醇的结构式怎么写呢?请一位同学到台前来写,其他同学在笔记本上书写(教师巡视)。好,这位同学写对了吗?

学生:写对了。

教师:请同学们以小组为单位,动手拼出来乙醇的球棍模型,2分钟时间。请王昱千讲解下他们组的模型。

学生:中间是碳的骨架,有一个碳上连接了一个羟基。

教师:这个结构与我们学的哪个结构比较像呢?

学生:乙烷。

教师:为什么像呢?

学生:把乙烷中的一个氢换成了一个羟基。

教师:乙醇的物理性质是什么呢?老师准备了一个试管,里面放了些乙醇,分小组观察总结,2分钟时间。好,请汤政融一组来回答。

学生:无色、无味、易挥发。

教师:密度呢?溶剂型呢?

学生:密度比水小,可以与水互溶。

教师:那葡萄酒中的乙醇是如何得来的呢?

学生:葡萄糖反应生成酒精。

教师:还有其他的吗?

学生:还有二氧化碳。

教师:对,葡萄糖在酵母菌的作用下反应生成酒精和二氧化碳。其实,有一类物质与乙醇长得很像,我们把它们叫作"醇"(读出醇的概念)。请写出醇的结构通式。

学生:R-OH

（三）乙醛

教师:那葡萄酒中的乙醛是如何得来的呢?

教师:葡萄酒中的乙醛是乙醇在微生物的作用下发生反应得来的。另外,在实验室中,在催化剂的作用下,乙醛可通过乙醇制得。下面我们一起来动手做做这个实验。老师给每组同学准备了一些实验器材,请先取洁净的铜丝,在酒精灯上灼烧过后,放入装有乙醇的玻璃试管中,仔细观察实验现象,看看铜丝表面发生了什么变化,有什么声音,有什么气味,做好记录,实验时间5分钟。(教师巡视,指导……)请周炜杰组讲讲有什么实验现象。

学生:铜丝在灼烧后变黑,在插入乙醇后变光亮了,铜丝表面有许多气泡,有吱吱的声响,闻到了一点刺激性的气味。

教师:乙醛的结构式是怎样的呢? 好,下面看一个小动画。有没有哪位同学说一下乙醇是如何变成乙醛的呢?

学生:乙醇中羟基上的氧和碳连接的单键和一个碳氢单键发生了断裂,断裂的部分合起来生成了水。

教师:请同学们写出乙醛的结构式。请一位同学到前面来写。

学生上前书写。

教师:乙醛的物理性质有什么呢? 分小组观察总结,2分钟时间。

学生:无色、有刺激性气味、易挥发。

教师:有一类物质与乙醛长得很像,我们把它们叫作"醛"(读出醛的概念)。请写出醛的结构通式。

学生:R-CHO。

（四）乙酸

教师:那葡萄酒中的乙酸是如何得来的呢?

教师:葡萄酒中的乙酸是乙醛在微生物的作用下发生反应得来的。另外,在实验室中,在催化剂的作用下,乙酸可通过乙醛制得。连着双键氧的碳氢键发生断裂,插了一个氧进去。

教师:乙酸的物理性质有什么呢? 分小组讨论,2分钟时间。

学生:无色、有刺激性气味、易挥发。

教师:开盖的葡萄酒放置一段时间后,再喝会变酸。这是为什么呢?

学生:生成了乙酸。

教师:对,大量的酒精被氧化生成了乙酸。

教师:有一类物质与乙酸长得很像,我们把它们叫作"酸"(读出酸的概念)。请写出醛的结构通式。

学生:R-COOH。

(五)乙酸乙酯

教师:那葡萄酒中的乙酸乙酯是如何得来的呢?

教师:葡萄酒中的乙酸乙酯是乙醇和乙酸反应得来的。乙酸脱掉一个羟基,乙醇脱掉一个氢,结合生成一分子的水。乙酸乙酯是有香气的,酒的香味就来源于此。有一类物质与乙酸乙酯长得很像,我们把它们叫作"酯"(读出酯的概念)。请写出酯的结构通式。

学生:R1-CO-R2。

(六)烃的衍生物

教师:前面学习了乙醇、乙醛、乙酸和乙酸乙酯,大家仔细观察一下,它们有哪些共同点呢?

学生:烃基接了一个基团。

教师:我们把这一类物质叫烃的衍生物(读出烃的衍生物的概念)。

(七)应用

教师:喝了酒后有人脸会变红,有人不会,这是为什么呢?

学生:基因不同。

教师:生物体内,乙醇在乙醇脱氢酶的作用下被氧化生成乙醛,乙醛在乙醛脱氢酶的作用下被氧化可以进一步生成乙酸。如果一个人的体内,乙醛脱氢酶含量有限,那就会造成乙醛的堆积,看到的现象就是脸红了。

教师:交警在查酒驾的时候会让司机对着一个装置吹一下,这是什么原理呢?

学生:好像会变色……

教师:是的。乙醇将橘红色的重铬酸钾还原成绿色的硫酸铬,而乙醇被氧化成了乙酸。

教师:今天我们学习了烃的衍生物,乙醇可以氧化为乙醛,乙醛可以氧化为乙酸,乙酸和乙醇反应生成了乙酸乙酯。下面,请大家做一道连连看,将结构式、名字和官能团对应起来,3分钟时间。(教师巡视)时间到,看下吕佳鹭同学的答案

（同屏,逐一检查）,很好,全部正确。

六、课后反思

学生大声诵读诗词很好地融入了教学情境,同时也实现了多学科之间的融合,为学生综合能力的培养奠定了基础、营造了氛围。以乙醇、乙醛、乙酸和乙酸乙酯为主线,辅以葡萄酒酿造视频、动画和球棍模型的搭建,充分发掘了与生活的联系,增强了学习过程的生动性、直观性和可接受性。葡萄酒的酿造是化学和生物的学科融合,对于涉及的生物知识的扩展性有欠缺,可以通过向学生提问来增加对于交叉部分知识的探索,实现知识的融会贯通,增强学生的应用能力和创新能力。电子白板增加教学过程中的直观性,同屏的使用增强了与学生的互动。但电子白板和同屏使用的熟练度和稳定性不够,在影响教学过程中有点影响流畅度。课堂上,学生对于实验兴趣浓厚,反复尝试。条件允许的情况下可以多设置一些趣味性的实验,充分发挥实验在化学课堂中的重要作用。

课程进行过程中,学生提供了多次反馈,但对于反馈的评价手段、维度是有限的,应丰富对于学生过程性参与的评价,并充分带动学生参与。本节课的成功之处在于,通过教学过程的合理设计,使学生的宏观辨识与微观探析、变化观念与平衡思想、实验探究与创新意识、科学精神与社会责任感等化学学科核心素养得到了充分的培养。

基于生活场景,探究物理内在
——《力的分解》在生活中的应用

国际部物理组　闫凌加

一、背景介绍

力的分解是力的合成的逆运算。力的合成与分解是力学部分的基石,是学生能正确进行受力分析的必备知识。力的分解在中国教材中单独作为一节内容列出,而在美国教材中并没有单独的章节进行说明,但是在应用中经常出现,因而我校对中美的教材进行整合后设计了该节内容。与力的合成相比,力的分解难点是一个确定的方向可以对应无数对分解的方法,力的分解具有多解性,但是在某些限制条件和要求下分解一个力时却是唯一的,教材中指出,一个已知力根据实际作用效果分解时具有唯一结果。本节内容从实际案例出发,归纳常见的模型,最后回归实际问题解决。本节内容中体现的归纳分类、模型建立、极限法等思想方法对学生的学习有重要的意义。

二、学情分析

学生在学习了合力与分力后,知道它们之间是等效替代的关系,并且遵循平行四边形法则,熟练地掌握了三角函数的性质,这些都为力的分解奠定了基础。但是,力的分解是学生学习的难点,主要体现在学生不知道如何去分解一个力,困惑在于如何确定两个分力的方向。但是学生可以通过观察、动手实验得出力的实际作用效果,并且可以用相应的数学知识对其进行运算和求解。学生通过实例归纳模型的能力在前面的学习中进行了训练,但是还有待提高。通过本节课的学习,让学生深刻体会:物理来源于生活,最终回归生活。

三、课程具体目标

(一)知识与技能

正确理解力的分解的定义,理解力的合成与力的分解是一个互逆的过程,理解合力和分力可以等效替代的思想;掌握根据力的实际作用效果确定分力方向的原则;学会根据平行四边形定则求分力的大小。

(二)过程与方法

通过参与演示实验,让学生体会到分力可以远大于合力。通过演示和探究实验,培养学生从生活情境中建模,分析力的作用效果并且对模型进行概括的能力。通过理论模型的建立,让学生将其应用到实际问题中,提高学生的思维品质。

(三)情感态度与价值观

在从实际问题出发,建立模型到最后应用于实际生产生活的过程中,让学生体会到物理来源于生活、服务于生活的理念。通过小组合作的学习方式,学生体会自己发现和探索的过程,加深对于知识的体会和感悟,并且在协作中共同进步,提升物理思维。

四、教学重、难点

（一）教学重点

1.根据力的实际作用效果对力进行分解。

2.分析得出常见模型并将其应用于实际问题的解决。

（二）教学难点

确定一个力产生的作用效果。

五、教学过程

（一）生活情境引入、真实体验

通过一个人提水桶和两个人提水桶的实例,让学生感受两个人干活反而更加费力。通过课堂活动激发学生探究新知的热情(如表 3-7),引入力的分解的定义。

表 3-7

Teacher（教师）	Student（学生）
1.Lead in Question 1： The idiom says two heads work better than one. Is it always true? Experiment：Pick up the bucket! Assist the students with the experiment.	Answer the question according to the life experience. Observe the experiment and consider the reasons.

（二）给出定义

首先回顾力的合成的定义。力的分解是力的合成的逆过程,得到力的分解定义(如表3-8)。

表 3-8

活动内容		活动意图
Teacher(教师)	Student(学生)	
2.Definition Question 2：What is adding forces? In fact, resolving force is the opposite process with adding forces.	The effects of two forces are the same with one force, then we can use this force to substitute the two forces. The force is called resultant force. The process is adding forces.	根据实际生活中的实例，得出合理结论。
If the effect of a force F is equivalent with the effects of several component forces, F_1, F_2,… Forces F_1, F_2… are the components of F.	Given a resultant force, resolving it into component forces is called resolving forces.	小组讨论力的分解结果是否唯一，找到本节课要讨论问题的关键，如何分解才会有唯一的解。
Question 3：What rule does the resolving forces obey?	Parallelogram rule. 【Group Activity 1】 Resolve the force with different directions.	
Question 4：How to resolve a force? Show the video of resolving force.		
For a certain force, we can resolve it according to the effects of forces.	If there is no condition, the resolving ways are infinite. Think and observe the demonstrative experiment.	

（三）按照力的作用效果进行力的分解

按照力的作用进行力的分解是确定唯一解的一种方式。教师通过三个实际案例,由浅入深、由易到难让学生体会和探究按照实际作用效果进行力的分解的过程,掌握科学的方法,将其应用于生活实践,基于生活场景,探究物理内在(如表3-9)。

表 3-9

活动与任务		设计意图
Teacher(教师)	Students(学生)	
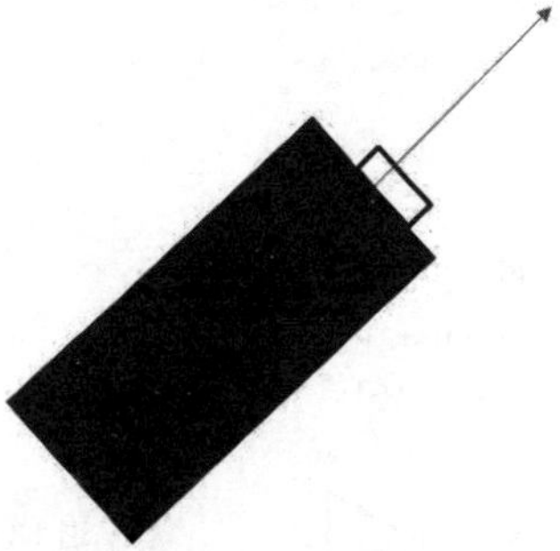 3.Resolving forces Situation 1：pull with an angle A lady is pulling a suitcase（图 3-14）	Think and observe the demonstrative experiment. Observe the experiment and find the effects of the tension. 【Group work】 Discuss the methods of resolving forces with group members. Build models. And show their results on the worksheet. Conclude the steps to find component forces. Students build the model（图 3-15）. 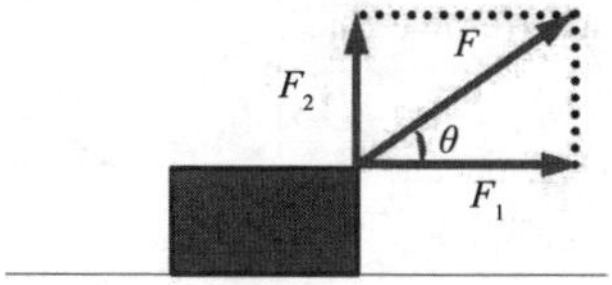	第一个实验由教师展示，引导和帮助学生探究按照力的作用效果进行力的分解的一般原则。
【Demonstrative experiment】 Pull a block with an angle above horizontal, what change will the balance have? 1. Build a model and resolve the tension. 2. Determine the magnitude and direction of the component forces.	Find the component forces $F_1 = F\cos\theta$ $F_2 = F\sin\theta$	

活动与任务		设计意图
Teacher(教师)	Students(学生)	
	【Group work】 The students design and perform the experiment in groups. Discuss together, and build the models (图 3-16).	
Situation 2: inclines A child is sitting on an incline. 1. Build a model and resolve the gravity. 2. Determine the magnitude and direction of the component forces.	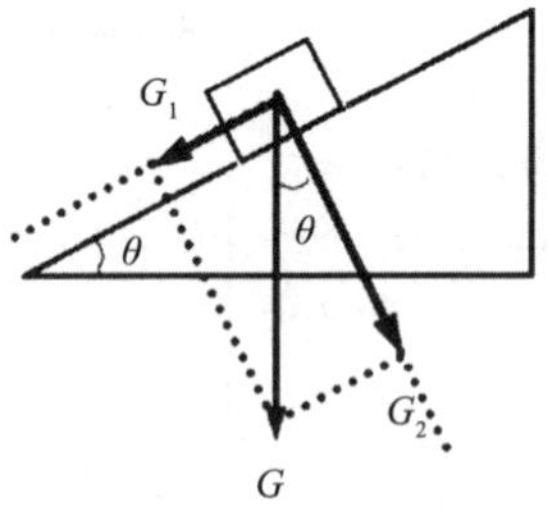	学生自主探究在滑梯这种常见模型中,重力按照作用效果如何进行分解。 在上面实例的基础上进一步熟悉按照力的作用效果对某个力进行分解的方法。
Question 5: How will the component forces change when θ increases? Question 6: How do you know the answer in physical methods?	G_1 increases and G_2 decreases. Method of limit.	
Brainstorm: Why is there a long approach bridge for the high bridge?	The smaller the angle is, the smaller G_1 is. It's easy to go upward the bridge and safe to go downward the bridge.	

活动与任务		设计意图
Teacher(教师)	Students(学生)	
Situation 3：hatchet(图 3-17) 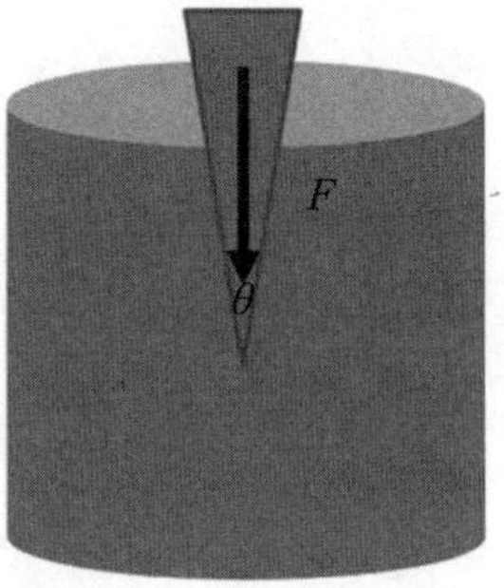 1. Resolve the force. 2. Determine the direction of the component forces. Question 7：Which force is smaller? Question 8：Could you explain the reason two forces exerted on the bucket are larger than one force? Brainstorm：If you can only exert a force with limited magnitude. Which direction of a force should be exerted on the rope to pull a truck out of mud by yourself?	【Group work】 The students discuss together, and build the models（图 3-18）. 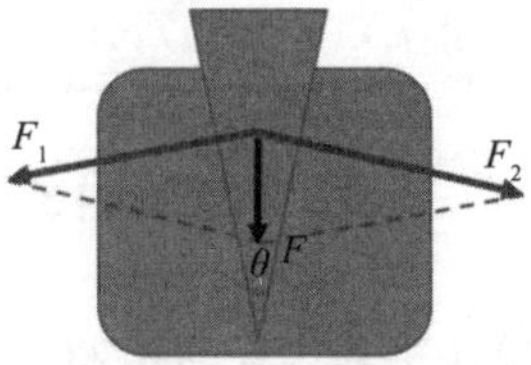 The resultant force is smaller than the component forces. The two forces exerted on the bucket is larger for the angles of two forces are large. Students solve the practical problem.	增加问题难度,提升学生的物理思维,让学生在探究之后处于真实的实际场景中,训练学生解决问题的能力。

（四）课后反馈

为了检验学生对于新知识的掌握情况，课堂进行实战演练。学生自主思考后得到答案，在教师发出指令后，学生按照教师指定的教室中的区域选择自己的站位（如图3-19）。为了避免同学们"跟风"选择，专门安排了班里学习好的两位同学作为"间谍"干扰同学们的视线。

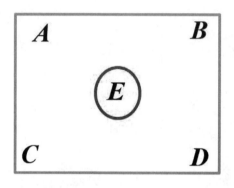

图 3-19

其中还有一个设计是利用学习中的小事，对学生进行思想教育。在生活中很多时候我们要坚持自己的选择，不要跟风，不要随波逐流。

具体的题目如图 3-20 所示。

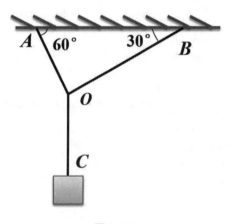

图 3-20

The block was hung still by the ropes. The rope OA is pulled 60° below horizontal and OB is pulled 30° below horizontal. The forces on rope OA, OB, OC is F_A, F_B, F_C.

Which of the following relation is right?

1. $F_A < F_B$

2. $F_C < F_A$

3. $F_A = F_C$

4. $F_C < F_B$

5. $F_B < F_A$

（五）总结分享

让学生用一句话分享本节课印象最深的地方。有学生谈到本节课的实验探究部分较为有趣,令人印象深刻;有同学谈到播放的实际拉车的视频非常震撼,让我们对力的分解印象深刻;还有学生谈到,通过分组合作进行探究促进了大家学习的积极性。

学生真实的感受和体会是本节课的点睛之笔。

（六）自主探究作业

根据力的分解的知识,探究为什么帆船要逆风行驶? 小组合作完成探究,下节课上小组分享探究结果。作业是课上探究部分的延续。让学生相互合作,进行探究,充分理解和应用课上的知识解决实际问题,提升学生的思维能力和合作意识。

六、教学特色与反思

本节课的亮点有:(1)实例丰富,结合生活实际,将物理知识应用到实际中,贴近生活,激发学生兴趣;(2)课堂引入部分扣人心弦;(3)内容设计由浅入深,环环相扣。但本节课也有可以提升和改进的地方,例如,找力的作用效果这点需要继续夯实。

本节课从生活场景出发,让学生自主探究,亲身参与体验学习的过程,从中了解物理的实质,发现和应用物理规律。让学生真的从做中学,从探究中悟。面对实际问题如何应用所学的物理知识去解决问题是本节课的核心所在,通过生活实例的探索,让学生感受物理学科的魅力。

《函数的图像变换及其应用——翻折变换》的教学案例

国际部数学组   刘维涛

一、教材分析

函数图像在函数中的地位非常重要,图像不仅可以独立作为考题,也可作为数形结合思想最好的反映,对基本初等函数图像变换的掌握可以大大降低解题的难度。含有绝对值的函数是往届北大留学生考试的重点问题之一,为此笔者将含有绝对值的函数作为授课重点;本课的知识应用选取二次函数,因为二次函数也是北大留学生考试的重点之一,学生在高一阶段将问题探究清楚可为今后的高考打下良好的基础。

二、学情分析

笔者所教学生是留学生,来自韩国,数学基础和语言水平一般。知识层面,学生已经学习了必修一前三章的内容,能够基本掌握基本初等函数的图像。本节课前复习了初中所学的函数图像变换中的平移变换和对称变换。

三、设计思路

回顾平移变换和对称变换:

1.学生探究含有绝对值的函数,总结对应的图像的翻折变换的规律;

2.翻折变换的应用举例。

四、教学目标

水平 1   了解函数图像的翻折变换规律

水平 2   理解函数图像的翻折变换规律的形成过程

水平 3.1   能够画出含有绝对值的函数的图像

水平 3.2   能够根据图像概括翻折变换规律

水平 4   能够应用翻折变换规律解决问题

教学重点:函数的翻折变换规律探究

教学难点:函数的翻折变换的应用

教学方法：探究式、讲练结合法

教学用具：PPT、学案

五、教学过程

【环节一】复习引入

能力要求：了解函数图像的平移变换和对称变换的变换规律。

生：复习回顾函数图像的平移变换和对称变换的变换规律。

师：展示平移变换和对称变换的变换规律。

设计意图：通过 PPT 展示回顾图像的变换规律，帮助学生加深印象。

能力要求：能够应用平移变换和对称变换规律解决问题。

生：利用规律解答如下问题：

$y = log_2x$ 的图像经过如何变换可以得到如下函数：

（1） $y = log_2(x - 1) + 1$

（2） $y = log_2(-x)$

（3） $y = log(-x)$

（4） $y = log_2(-x + 2)$

师：帮助学生分析(4)中的函数，可以通过先对称再平移，也可以通过先平移再对称得到。

设计意图：由浅入深，从一种变换到复合变换，学生能够通过自己动手作图，观察点的变化，总结图像的变换规律。

【环节二】知识探究

能力要求：

1.掌握函数图像翻折变换规律的形成过程。

2.能够做出含有绝对值的函数的图像。

3.能够根据图像概括翻折变换的规律。

生：

1.作出 $y = log_2|x|$ ， $y = |log_2x|$ 的图像。

2.说出函数图像与 $y = log_2x$ 的图像的关系。

师：引导学生分析不同的作含有绝对值的函数图像的方法，如图 3-21、图 3-22。

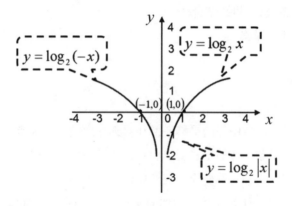

图 3-21

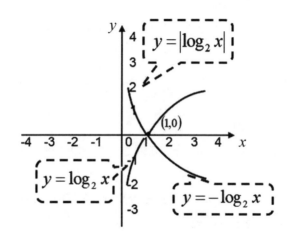

图 3-22

师生共同总结函数图像翻折变换的变换规律。

设计意图:对于含有绝对值的函数的图像可以采取去掉绝对值的方式,由对称变换得到;也可以利用函数的奇偶性分析得到。

【环节三】知识应用

能力要求:能够应用翻折变换规律解决问题。

生:已知函数 $y=x-1$ 的图像,分别做出 $y=|x|-1$ 和 $y=|x-1|$ 的图像。

师:让学生利用函数的变换规律由基本初等函数得到含有绝对值的图像。

设计意图:从简单的一次函数入手,作出含有绝对值的函数图像。

生:已知函数 $y=x^2-4x+3$ 的图像,分别做出 $y=|x^2-4x+3|$ 和 $y=$

$|x|^2 - 4|x| + 3$ 的图像(如图 3-23、图 3-24)。

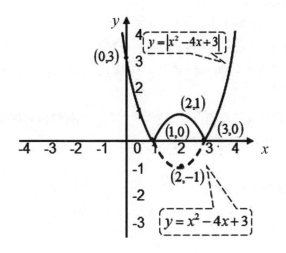

图 3-23

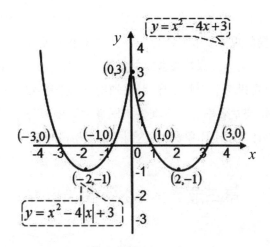

图 3-24

设计意图:利用二次函数进一步总结函数翻折变换的规律。

生:根据 $y = |x^2 - 4x + 3|$ 和 $y = |x|^2 - 4|x| + 3$ 的图像,回答如下问题:

(1)函数的单调区间;

（2）函数的最值情况；

（3）函数的奇偶性；

（4）方程 $\mid x^2 - 4x + 3 \mid = 3$ 的根的个数；

（5）方程 $\mid x^2 - 4x + 3 \mid = a$ 的根的个数。

师：教师适当给予帮助，对问题（4）问题（5），结合图像帮助学生分析得到结论。

设计意图：层层递进设置问题，使学生加深对翻折变换的理解，达到运用翻折变换解决含有参数的方程根的问题。

【环节四】课堂小结

师生共同总结含有绝对值的函数图像的变换规律

六、板书设计：（如图 3-21 至图 3-24）

七、教学反思

本节课的设计亮点是让学生亲自作图，通过亲身参与作图体会学习过程，并从中总结图像变换的规律。数形结合、函数与方程的思想是高中数学七大思想中的两个重要部分，也是本节课要渗透的主要数学思想方法。学生自己探究式的学习，强调让学生自主思考。教师主导课堂，辅助学生进行探究，这样有助于提升学生的数学思维以及课堂效率。学生在做出图像后对函数与方程的关系更加清晰了，这样的教学设计使学生印象深刻，达到了事半功倍的效果。

第三节　信息技术融合教学

为突破传统教学方式的局限，拓展课堂教育的交互性、集成性、可控性，我校将信息技术融入课堂之中。此举不仅丰富了课堂教学多样性与趣味性，更提高了学生的参与度，让教师与学生的资源共享更便捷、双向反馈更及时、学生学习更高效。

疫情背景下深度融合信息技术的实践研究
以"乙醇"为例

国际部化学组　王珩

一、研究背景分析

(一)社会背景分析

"新型冠状病毒性肺炎"的出现是对于传统线下教育教学过程的极大挑战,其中一项挑战是线上教学如何通过巧妙的教学设计来拉近师生的教学距离(如何弥补线下教学的师生实时互动环节,如何增强学生的课堂参与度,以及如何调动学生的学习积极性)。线上教学区别于线下教学的优势集中在以下四点:(1)灵活性:学生学习没有时间和地点的限制;(2)可重复性:学生可以根据自己的需求反复学习录制的课程内容;(3)环境舒适性:学生学习可以在相对轻松且舒适的家庭环境下进行;(4)趣味性:多样的线上教学手段和信息技术的应用极大地增强了教学的趣味性。线上教学的劣势在于以下三点:(1)师生互动性减少;(2)学生课堂参与度降低;(3)对于学生的学习自主性和学习积极性是个挑战。本文在教学设计中充分考虑并应用了线上教学的优势,同时,利用先进的信息技术手段尝试性地弥补了线上教学的劣势,并且进行了深入的教学实践反思。

(二)教材背景分析

本文的教学过程实施于公立高中国际部的十一年级国际文凭项目 IBDP(International Baccalaureate Diploma Program)课程。本课例"乙醇"的选定主要基于以下两个原因:学生的知识薄弱点;有机化学在 IBDP 全球统考中的重要性。本课例的教材选用 2014 版[1]牛津 IBDP 高中阶段第 10 章"有机化学"第 2 节"官能团化学",结合人教版[2]高中化学必修二第 7 章"有机化合物"第 3 节"乙醇与乙酸"。横向分析:第 10 章"有机化学"在化学教学中深刻体现了"结构决定性质,性质决定用途"的基础科学观念,同时发展"宏观辨识与微观探析"以及"证据推理与模型认知"等化学学科素养[3]。本章节的教材结构顺序为:第 1 小节"有机化学基础知识"(有机物的概念、同系物的概念、有机物的五种结构表示方法、官能团的概念以及分类、有机物的命名、结构同分异构体和空间同分异构体)。第 2 小节"官能团化学"中,学生系统地学习了烃类的结构及物理化学性质,卤代烃的结构及物理化学性质。本课时将以乙醇为例,讲解醇类的结构及其用途。后续的课程会讲解醇类的物理化学性质,以及酯类、羧酸类、醛类、酮类的结构特征以及其物理性质和化学反应。纵向分析:本章节是承上启下第 9 章电化学的内容和第 11 章化学物质分析检测仪器。

（三）学情背景分析

本教学班的学生由于从不同的十年级国际课程项目被选拔进入 IB 班,所以十年级所使用的教材不同,知识基础差异大,科学素养培养多元化,不统一。本教学班是 3 人小班教学,其中 1 人是基础班只需要掌握基础教材内容,另外 2 人是高阶班需要进一步掌握高阶教材,所以差异化明显,课上需要同时兼顾两部分学生的特点以及对于教材理解和掌握程度的不同。前期问卷调查发现,学生可以识别醇类官能团且对生活中乙醇的用途有一些基本了解,前期也掌握了极性共价键和分子间作用力的知识。但是缺乏醇类的详细结构分类知识,缺乏将分子作用力应用在性质解释上的能力,从而不能解释很多醇类的实际用途。小班教学学生们在课堂上积极主动,思维方式多样化且思考角度宽广多变,但是差异化明显,有时候思维天马行空不切实际。

二、教学设计

（一）教学目标

基于以上的教学背景分析,结合线上教学的优势和劣势,本课例制定了三个维度的教学目标:第一,宏观辨识与微观探析。通过比较醇类物质的结构,引导学生自主总结和归纳醇类物质的分类规则;通过量化计算软件,引导学生自主构建三维分子模型来从不同层次认识乙醇的详细结构特征。第二,证据推理与模型认知。通过分析解释醇类分子的结构模型与沸点数据,使学生形成结构决定性质的科学观念;通过概括关联醇类分子的性质以及在生活中的用途,进一步使学生形成性质决定用途的科学观念。第三,科学态度与社会责任。通过分析解释乙醇在人类生产生活中的广泛应用体现有机化学的重要研究价值,从而深刻认识化学对创造更多物质财富和精神财富的重大贡献。其中,教学重点放在宏观辨识与微观探析上,教学难点体现在证据推理与模型认知上。

（二）教学方法与策略

结合以上分析以及对于线上课程的前期探索,本课例的线上策略是利用信息化的技术和教学手段来拉近师生线上线下的距离,包括设计家庭实验活动、应用模型构建软件。同时,通过设计 PPT 互动小游戏、共享网络直播平台黑板和学生屏幕来拉近师生间的教学距离。

(三)线上教学过程

本课例的设计思路如下:首先,由时事热点做情景导入,通过简单有趣的家庭实验来让学生进入线上课堂环境,紧密联系生活实际来寻找醇类物质的踪迹从而强化有机物的重要性。然后,通过主线问题来引导学生进入本节课的思考环节,通过温故知新来引出新知识点的学习,通过模型搭建来深入理解物质结构进而通过一系列环环相扣的问题链来完成一步步螺旋式上升的模型推理。之后,回扣主线问题梳理逻辑,总结归纳并做课堂延伸。在课后通过问卷星来实时反馈和检验课堂效果(如图 3-25 所示)。

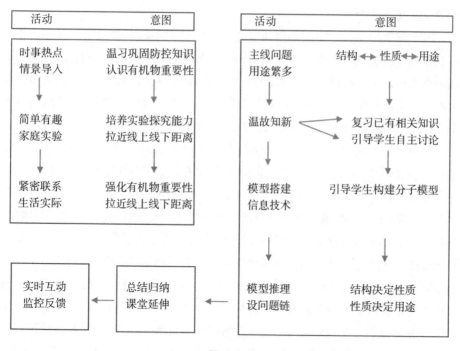

图 3-25

(四)信息技术应用分析

本课例线上教学中所涉及的信息技术有:量子计算化学软件 Gaussian 平台[4]、PPT 制作的课堂互动小游戏、会议直播平台(瞩目)、课前及课后检测反馈平台(问卷星)。

量子计算化学软件 Gaussian 是现今计算化学领域最重要且功能最强大的平

台之一,广泛应用于理论计算领域,相关文献可以在所有国际学术期刊检索。本课例所使用的 GaussView5.0 是 Gaussian 的内置分子搭建前台,可以简便地构建所有种类的有机化合物模型以及生物大分子结构模型,同时可以一键进行 Hatree-Fock 简易理论计算,瞬间得到相应分子的详细三维结构信息(键长、键角、二面角、电子排布等)。本软件具有简单易学,功能强大的特点,高中生上手较快。本软件的 GaussView5.0 部分免费,在结构的绘制上可以随意选择各种类型的模型(球棍模型、彩带模型、范德华模型等),非常适合高中生学习和感受有机物的三维立体结构。本软件可以自由旋转分子且可以任意搭建分子间作用力,非常适合高中生深入认识分子内作用力和分子间作用力的形成。接入后台云计算可以得到相应不同理论算法和基组下有机分子的详细信息(轨道信息、分子的转动平动振动信息、能量信息等),非常适合本教学班(IBDP)进行深入学习后,完成课程要求的高中毕业论文及答辩。

PPT 强大的动画功能支持教师制作简单的线上小游戏来与学生互动。本课例设计的小游戏是让学生在动态 PPT 画面中搜索和捕捉具有相应官能团的物质。在游戏的界面上,通过倒计时装置为学生营造紧张的答题比赛环境,充分调动学生的学习兴趣和学习积极性。游戏环节同时也作为一种线上课堂检测手段,寓教于乐,在兼具趣味性的同时,教师可以高效实时掌握学生的学习程度。

瞩目是一款线上会议平台,同时兼具直播和录播的功能。优势在于安装简单、占用电脑空间小、免费、可以无限时录制课程、录制所得视频清晰度高、音质好、占用电脑空间小于其他软件 5~10 倍,对于疫情期间的教学中大量的课程录制要求非常有利。其次,瞩目平台可以严格按照课表课时要求,定制直播课程时间,并智能发送直播邀请给学生,学生可以直接将直播课安排存放在个人电子日历中设定提醒。另外,瞩目独有的云+移动互联网架构,灵活适用于互联网环境下的复杂带宽,稳定性强,所以课程直播和录制中都很少出现掉线或者故障。而且其强大的录屏功能可以多功能地选择教师想要强调录制的页面和内容,非常符合线上教学的灵活要求。屏幕分享的功能可以将屏幕变成课堂黑板,学生和教师可以同时用画笔在屏幕中做题、做标记,实现线下提问让学生到黑板上展示答案的功能。尤其对于高中国际部不同国籍学生对于双语的要求,瞩目可以自由选择平台语言,并且对于学生上课的网络 IP 地址没有限制,满足了在世界各地国际学生的线上网课需求。除此之外,瞩目可以在多种终端设备上安装,电脑、手机、平板均可简单安装和使用,对于电子设备的操作系统也无强制要求,不管是 IOS 系统还是安卓系统,最大化地方便了所有电子设备用户的安装和连接。对于教学的强大支持是,本软件可以让学生随时在教师的共享屏幕上做标记和分享答案,起到了线下课程中黑板的作用。学生可以自由切换和分享自己的屏幕,起到了便捷的交互作用。

问卷星是一款在线问卷调查软件,不仅支持问卷调查,而且支持题目测评,对于教学中的课前摸底检测和课后反馈检测都非常方便快捷。另外,问卷星提供强大的功能可以支持各种题目类型,如单项选择题、多项选择题、填空题、计算题、问答题等,可以丰富课堂检验的题目形式。而且所得反馈快速便捷,对于单项选择题可以在获取学生答案的同时实时给出正确率和错误分析,高效便捷。除此之外,问卷星支持随机调整题目或者选项顺序,可以最大化还原课程检测的真实度,帮助教师在课前和课后更好地掌握班级学生的学习状态和知识获得的情况。上述所提到的一些基础功能是免费的,但是一些高级功能需要付费。

三、教学实践反思

针对本课例实际教学中的问题,以及疫情期间长期的录课和直播课中所出现并探究的教学问题,有如下几点思考:

首先,线上教学也是一个循序渐进的过程。这里的循序渐进体现在五个阶段的发展模型[5]:欢迎与鼓励;搭建文化、社会和学习环境之间的桥梁;通过学生对于学习材料的使用来促进学习任务的完成;创建、维持小组活动,促进深度交互;采用构建主义的观点支持与回应。在这个模型中,本课例关注到欢迎和鼓励对于学生进入教学情境中的重要性,也就是教师需要在前期对学生进行充分的平台使用培训和熟悉度的培养,让学生更加信赖和亲近线上平台的使用。另外,由于本教学班是小班教学(三人班),所以小组学习基本不会涉及,但是对于促进学生之间的深度交互是本课例认为非常值得继续深入思考和研究的。前期,本课例的重点放在了教师与学生的互动上。其实,还有另外一个重点就是如何做到学生之间讨论的实时高效。

其次,线上教学也是一个换位思考的过程,这是本课例在设计课堂活动中最重要的依据。在线教学的三个关键要素:社会临场感、教学临场感、认知临场感。这三个要素是对于线上教学的重大挑战。通过屏幕的交流如何顺畅自然地达到社会临场感和教学临场感是需要深入探索的过程。在本次的教学设计和课程中,本课例做了初步的探索,比如,利用家庭实验来破除线上和线下的障碍,再比如,利用课堂游戏来拉近教师和学生的教学距离,又比如,利用模型软件构建分子模型来让学生切身体会分子的详细结构信息(键长、键角、电荷分布是无法用线下传统的球棍模型套装来感受的)。

再次,作为在线教学的交互双方,学生的线上技术体验是容易被忽略的,但是这一点在交互中也是很重要的。之前,本课例把精力都放在了如何设计课堂上,从问题链到课堂活动再到思考讨论的环节依据学生的思维特点和学情特点以及认知规律来实施。现在转为线上教学,那么学生的课堂专注度、学生使用电子设备的习惯、学生对于哪些种类的视频音频的兴趣程度等其实都需要做前期的调研,这样才可以更好地吸引学生的注意力,保持线上课堂的凝聚力。

最后,关于线上教学的策略部分。在线课堂的内容,本课例认为是需要少而精的,需要高度集中于一个或两个知识点来重点突破,而不是像线下课堂中多而杂的讲解。另外,开放式的学习活动和真实的学习体验也是线上教学中非常重要的一个环节。在本课例的教学设计和课程中做了初步的尝试,比如,利用家庭实验来破除线上和线下的障碍,再比如,利用课堂游戏来拉近教师和学生的距离。

生活在一个前所未有的高度信息化的社会中,不管是学生还是教师,都需要在现有条件下最大化、最优化地利用好先进的工具,就像人类的祖先开始尝试利用石头、木头等工具一样。线上教学可以用独特的信息化的手段增强教学上的趣味性,可以用高效的检验检测的手段给予课堂反馈更深层次的合理性、真实性和实效性。这些独有的优势如果进一步与线下课堂结合会极大地改善教师的教授体验以及学生的学习体验。

参考文献:

[1] BYLIKIN S, HORNER G, MURPHY B, et al. Chemistry[M]. Oxford: Oxford University Press, 2014.

[2] 课程教材研究所,化学课程教材研究开发中心.普通高中课程标准实验教科书:化学必修二[M],北京:人民教育出版社, 2014: 66-68.

[3] 中华人民共和国教育部制定.普通高中化学课程标准[M].北京:人民教育出版社, 2017: 3-5.

[4] FRISCH M, TRUCKS G, SCHLEGEL H, et al. Gaussian 03, Revision D. 01 [Z]. Gaussian, Inc.: Wallinford CT, 2004.

[5] SALMON G. The Key to Teaching and Learning Online (Second edition) [M]. London: Taylor & Francis Books Ltd, 2003.

函数 $y = A\sin(\omega x + \varphi)$ $(A > 0, \omega > 0)$ 的图像

国际部数学组 孟杰

一、教材分析

本节课的内容出自准微积分第四章"三角函数"和人教版必修 4 第一章第八节,本节课通过图像变换,揭示当参数 A, ω, φ 变化时对函数图像的形状和位置的影响。同时结合具体函数的变化,领会由简单到复杂、由特殊到一般的化归思想以及类比的思想。

二、学情分析

学生已经学习并掌握了正弦、余弦函数的图像和性质,以及一般函数图像的平移变换、对称变换等比较简单的函数图像变换的方法。

在教学方法上,我选择了开放式探究、启发式引导相结合,学生利用小组合作实践及不同组之间的互动讨论来探索新知识,这样更能体现以学生为中心和主体,将课堂尽可能地还给学生,尊重学生的未知权。因此,我将符合八十中三维度、四水平的教学目标设定如下:

水平 1　学生能够理解平移变换的规律

水平 2　学生能够应用平移变换的规律解决问题

水平 3　学生能够理解伸缩变换的规律

水平 4　学生能够综合应用伸缩和平移变换

其中,教学重点为利用参数思想分层次、逐步讨论 φ, ω, A 变化时对函数 $y = A\sin(\omega x + \varphi)$ 的图像的形状和位置的影响,掌握图像水平方向上的伸缩和平移变换。教学难点为图像平移变换规律的理解和应用。

三、课堂实施

复习引入如下:

师:同学们,请在计算器上迅速做出 $y = \sin x$ 在一个周期内的函数图像。

学生们很快利用计算器生成如下图像(如图 3-26):

【设计意图】通过作图,回顾正弦函数在一个周期内的形状;同时熟练操作 TI

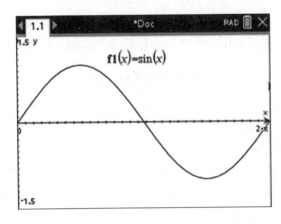

图 3-26

计算器。

师:本节课我们主要来研究这三个参数 A,ω,φ 对函数 $y = A\sin(\omega x + \varphi)$ 的影响,同学们有什么研究思路?

生:一次分析三个参数太多了,可以对参数 A,ω,φ 分别进行探究:

1.固定 A,ω 探究 φ

2.固定 A,φ 探究 ω

3.固定 ω,φ 探究 A

【设计意图】研究多个参数时,可先减少参数个数,体现化繁为简的思想。

自主探究一:固定 A,ω 探究 φ

师:请同学们在计算器的同一界面中做出 $y = \sin(x + 1)$,$y = \sin x$ 和 $y = \sin(x - 2)$ 在一个周期内的图像,观察图像,看看你能发现什么规律?

学生利用计算器作图,并迅速得到以下图形(如图 3-27):

同时,学生观察图像,寻找规律,猜想结论。

生:通过观察图像,发现三角函数满足"左加右减"的平移变换规律。

师:我们回顾 $y = x^2$ 变化到 $y = (x + 1)^2$ 和 $y = 2^x$ 变化到 $y = 2^{x-1}$ 的规律,指数函数和幂函数也满足"左加右减",现在三角函数也满足这个规律,同学们想一想,你能得到什么样的一般性规律呢?

生: 对于任意函数,当 $y = f(x)$ 变化为 $y = f(x + \varphi)$ 时均满足"左加右减"。

师:将屏幕调整为分屏模式,观察相同数值的位置变化,你能发现图像平移变化的本质吗?

学生生成如下图像(如图 3-28),观察并探寻本质。

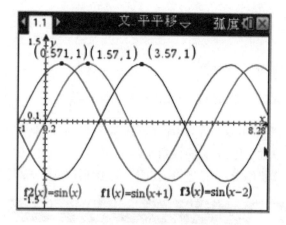

图 3-27

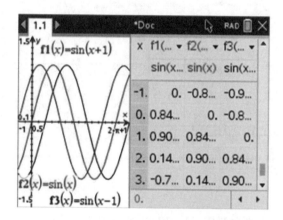

图 3-28

【设计意图】通过归纳总结,学生可以将三角函数的变化规律和所有学过的函数辩证统一,使得"左加右减"的规律更一般化,从而体会归纳的思想。此外,图像平移的本质实际上是代换,通过具体的数值显示,让学生更好地体会和理解其代换本质。

巩固练习 1

练习 1:求函数 $f(x) = sin2x$ 向左平移 $\dfrac{\pi}{6}$ 后的函数的解析式

练习 2:如何由 $f(x) = sin\dfrac{1}{2}x$ 的图像得到 $f(x) = sin\left(\dfrac{1}{2}x - 2\right)$ 的图像?

【设计意图】通过正向和反向练习,充分体会水平平移是作用在 x 上的,其本质是代换思想。

自主探究二:固定 A,φ 探究 ω

师:请同学们在计算器的同一界面中做出 $y=\sin\frac{1}{2}x$, $y=\sin x$ 和 $y=\sin2x$ 在一个周期内的图像,观察函数图像,你能发现什么规律?将屏幕调整为分屏模式后,观察相同数值的位置变化,你又能得到什么样的结论?

学生利用计算器作图,并迅速得到以下一组图形(如图3-29,图3-30):

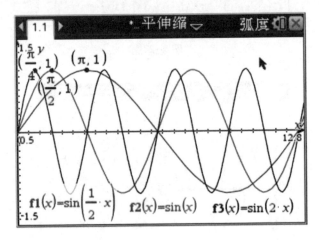

图 3-29

同时学生观察图像和数值,寻找规律,猜想结论。

生:通过观察图像,发现函数的周期与 ω 的值成反比,当 ω 增大时,周期减小,且数值变为原来的 $\frac{1}{\omega}$;当 ω 减小时,周期增大,且数值变为原来的 ω 倍。

师:仿照探究一的结论,你能猜测到什么样的一般性规律呢?

生:对于任意函数,当函数方程从 $y=g(x)$ 变化为 $y=g(\omega x)$ 时,图像中每一个 x 伸缩为原来的 $\frac{1}{\omega}$ 。

师:非常好,这个结论是否真的对所有函数都成立呢?我们不妨利用 $g(x)=2^{x}$ 变化到 $g(x)=2^{2x}$ 来验证一下(结合图像讲解,如图3-31)。

【设计意图】仿照探究一,学生自主探究图像伸缩变换的一般规律及其代换本质,得到一般结论,并利用学过的函数验证结论,使得学生对结论的认识更加形象具体。

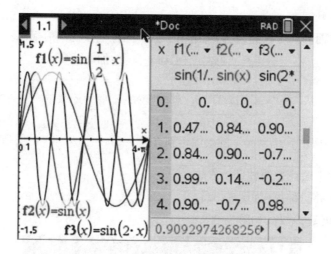

图 3-30

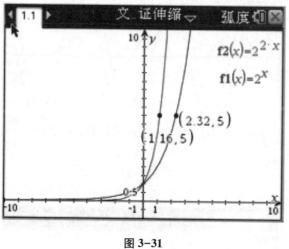

图 3-31

巩固练习 2

练习 3：函数 $g(x) = sin4x$ 的图像纵坐标不变，将横坐标缩小为原来的 $\dfrac{1}{3}$，得到新的函数图像，求函数的解析式。

练习 4：如何由 $y = sin\left(x + \dfrac{\pi}{3}\right)$ 的图像得到 $y = sin\left(2x + \dfrac{\pi}{3}\right)$ 的图像？

【设计意图】通过正向和反向练习，充分体会伸缩变换。

综合提升

通过前面的两个探究,我们总结出了如下图像变换的一般规律:

$$y = f(x) \begin{cases} y = f(x + \omega) & \text{平移变换:左加右减} \\ y = f(\omega x) & \text{伸缩变换:} x \text{ 变为原来的 } \dfrac{1}{\omega} \end{cases}$$

例 1:如何由 $f(x) = sinx$ 的图像得到 $f(x) = sin\left(\dfrac{x}{3} - \dfrac{\pi}{6}\right)$ 的图像?

预计学生会产生两种变换方法

1)先平移再伸缩(如图 3-32)

2)先伸缩再平移(如图 3-33)

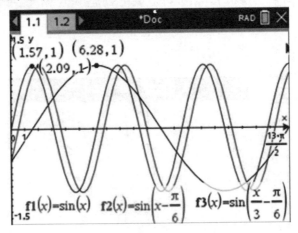

图 3-32

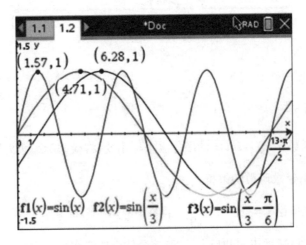

图 3-33

【设计意图】当两种变换综合使用时,根据不同顺序,会产生不同的变换结果,这里会产生激烈的冲突,学生通过实践和讨论,会更加清晰地认识到代换的本质,从而学以致用。

测试 1:如何由 $f(x)=sin2x$ 的图像得到 $f(x)=sin\left(2x-\dfrac{\pi}{12}\right)$ 的图像?

课堂小结

师:本节课我们探究了图像变换的规律,平移和伸缩,尤其是伸缩变换,是第一次接触的变换,并且分别研究了参数 ω,φ 的作用及其共同作用。提出一个问题:在 $y=Asin(\omega x+\varphi)$ 的图像变换中, A 起到的是什么作用? 更一般化, $y=Asin(\omega x+\varphi)+d$ 又是怎么变化的?

四、课后反思

本节课在设计时,没有采用传统的五点法画图教学,而是将 TI 计算器融入课堂教学之中,学生可以直观地观察图像,并且可以通过比较数值,更清晰地体会到变换思想在本节课中的核心地位。同时,通过 TI 架设的局域网,老师可以监控学生的实时操作,实时互动,并且可以随时发送问题检测并获得相应的分析和反馈数据,更好地诊断教学效果。信息技术手段的使用也大大提升了学生学习的兴趣。

利用物理上电荷吸引排斥原理对离子键的形成和性质的探究

国际部化学组　李培荣

化学学科是在物理学科建立后根据物质本身微观及宏观性质需求分离出来的一门学科。数学、物理、化学等基础学科之间是在理论上互相联系、相互利用和相互支持的。本文主题化学键之离子键是一个典型的化学课题,可以利用物理电荷"同性相斥异性相吸"的原理进行解释。

具体实施流程如下:

1.通过 NaCl 的生产为例

讲述离子键形成的过程,让学生了解阴阳离子形成的过程,学习该反应的电子式书写;学生进行小组活动,提前发放了不用颜色的纸(如表3-10)。

表 3-10

教学过程			
（三维度四水平课堂教学目标）	活动与任务		反馈与评价
	教师	学生	
引入	提问: 1. Do you know how many substances beside us? 2. How many elements are there? Show periodic table. 3. what ways are such great number of substances formed by?	回答: 1. About 30,000,000 2. 118 3. Atoms are connected in different structure and arrangement by bond.	
	介绍: Type of Chemical Bonding Ionic Bonding 2. Covalent Bonding Metallic Bonding intramolecular force or intermolecular force	记忆 化学键类型 1.离子键 2.共价键 3.金属键 分子内作用力和分子间作用力 利用 internet 互联网 互相之间区分词意	

教学过程			
（三维度四水平课堂教学目标）	活动与任务		反馈与评价
	教师	学生	
	以 Formation of sodium chloride NaCl 为例,介绍离子键和离子化合物 State of reactant Flame test White smoke	观看实验 分析现象 Solid and gas Yellow NaCl particles	
知识应用	Formation of cation Na$^+$ Na → Na$^+$ Draw the dot and cross of Na and Na$^+$ in blue paper. Notice the outer electron How does a cation form?	 A positive charged ion, or a cation, is produced when an atom loses one or more valence electrons.	用蓝色的纸画出钠原子到钠离子的电子式
	Formation of anion Cl− Cl → Cl$^-$ Draw the dot and cross of Cl and Cl$^-$ in orange paper. Notice the outer electron How does an anion form?	 An anion is produced when an atom gains one or more valence electrons.	

续表

教学过程			
（三维度四水平课堂教学目标）	活动与任务		反馈与评价
	教师	学生	
	Formation of NaCl Activity or unstable state to Stable state Octet rule 八隅体规则	Ne and Ar 2 e⁻/8 e⁻ noble gas 稀有气体结构	用橙色的纸画出钠原子到钠离子的电子式

二、氯化钠离子的空间排布方式

氯化钠微观状态以氯离子和钠离子交替的方式形成一个稳定的晶格结构。它是如何排列的,如何才是一个稳定的结构? 我们请同学按照 3 种设计的模式现场模拟,看哪种结构得到的是稳定结构,如图 3-34 至图 3-36,表 3-11。

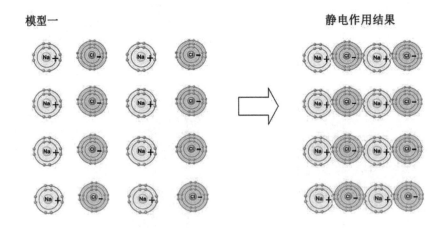

图 3-34

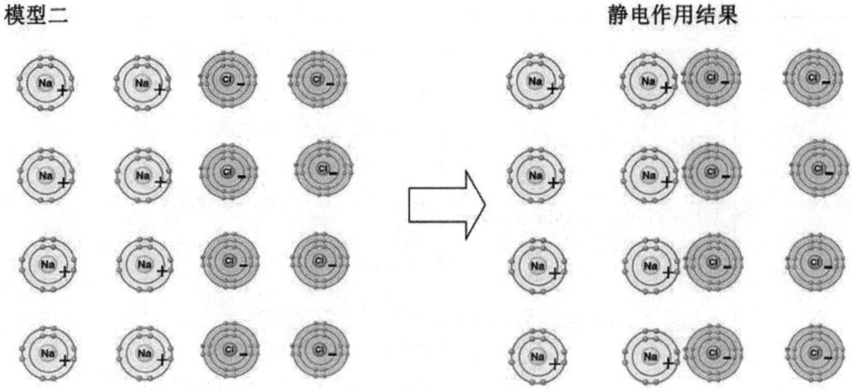

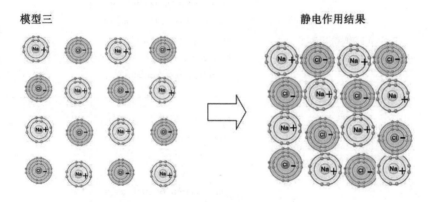

模型二　　　　　　　　　　　　　　　　　　　　　静电作用结果

图 3-35

模型三　　　　　　　　　　　　　　　　　　　　　静电作用结果

图 3-36

表 3-11

| 根据提示图片讨论结构和性质 | ［discuss］
1.Which is the best structure of NaCl among the above three structure?
Does the other two exist?

2.what happen to the graph 4 now?
What happen next step?

氯化钠晶体 晶格 | Tips：think about state and state at room temperature.
从物质状态变化和室温下的状态来考虑问题

Like charges repel, but opposite ones attract.
The third graph is best structure of NaCl | 八个学生，四个同学拿着蓝色的纸，四个同学拿着橙色的纸；按照 3 个图的排列方式根据同性相斥异性相吸的原理去靠近或远离 |

	What is ionic bond? What kind of action between them? Do there exist the repulsion?	Action between Na$^+$ and Cl$^-$ is ionic bond. opposite ones attract. Electrostatic attraction between positive Na$^+$ and negative Cl$^-$. Like charges repel. Same charge ions repel. Even nucleus of two opposite ions repel.	
解析定义	Definition of ionic bond 离子键的定义	Ionic bond is electrostatic force between positive ions and negative ions in an ionic crystal lattice. Electrostatic force includes attraction and repulsion.	
	How to become positive/negative ions in the ionic bond?	Element which is easy to give electron become cation. Such as group1 and 2 Element which is easy to gain electron become anion. Such as group 6&7	
具体一般归类和特别情况	What compound is consist of metal and nonmetal or atomic group in middle school? Two common special： 两个常见特殊情况 Ammonium salt： AlCl$_3$：	Tips：think about state and state at room temperature. 从物质状态变化和室温下的状态来考虑问题 Like charges repel，but opposite ones attract. The third graph is best structure of NaCl	

	Definition of Ionic Compound	Action between Na$^+$ and Cl$^-$ is ionic bond. opposite ones attract. Electrostatic attraction between positive Na$^+$ and negative Cl$^-$.	
	Do you think the ionic compound is charged?	Like charges repel. Same charge ions repel. Even nucleus of two opposite ions repel.	

三、离子化合物的性质

离子化合物具有的性质和离子键的存在以及离子的排列有关。我们同样利用之前设计的三组图片。第一,是离子键的存在,是紧密堆积的,离子化合物在常温下为固态;第二,开始因为离子键的存在,体现了离子化合物质的硬的特征;然后我们模拟离子键被破坏的情况,只要作用力足够大,阴阳离子排列出现了同性靠近的情况,自身内部的斥力的产生打破了较强的离子键,体现了离子化合物脆的特征。第三,离子化合物的排列不是固定不变的。状态变化,离子排列的方式是可以变化的,排列方式的变化,导致了离子运动,从而具备了导电的性能。电解质溶液的导电,无论是溶液状态还是熔融态,都使离子脱离本位开始运动(如图3-37,表3-12)。

性质二

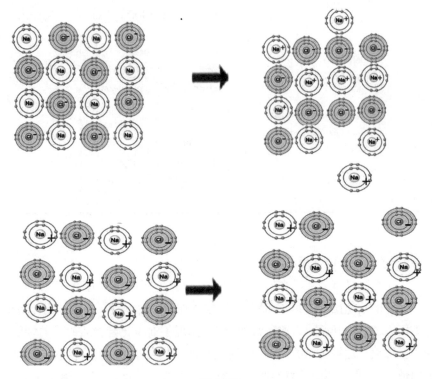

图 3-37

性质三　通电下,熔融态或溶液中的离子发生了变化。排布情况发生变化（如图 3-38）。

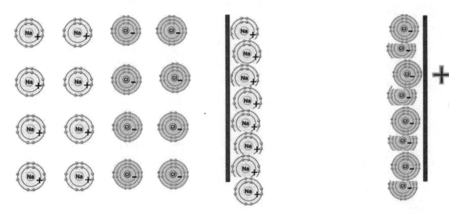

图 3-38

表 3-12

		Hard and Brittle 易碎 固态不能动 溶液和熔融态可动	离子的排布可以按照图中的方式去靠近。
性质总结	利用刚才图片讨论分析离子化合物的一些性质		
	总结离子化合物性质 Property of ionic compound 1.Most of ionic compound is Crystalline solid at room temperature. 2.Ionic compound is hard and brittle. 3. They can conduct an electric current when melted or dissolved in water.	Ionic compound has high melting point. such as melting point of NaCl is 800℃.	
板书设计	Chapter 3 Chemical bond-ionic bond Three type of bond Ionic bond, Covalent bond, Metallic bond Dot and cross diagram Def of ionic bond Ionic bond is electrostatic force between positive ions and negative ions in an ionic crystal lattice. An ionic compound Property of ionic compound 1.solid at room temperature 2.hard and brittle 3.conduct electricity in solution ormolten state		
课后作业	HW Page 51 question 1		

四、课堂反思

这堂课利用物理上的正负吸引的原理在物质化学键上的一种应用,通过学生活动,学生作为正负离子的身份参与其中,有很好的体验效果,学生对知识的学习和了解是水到渠成的,也加深了学生对离子键的理解。

我觉得这堂课设计建立了三个模型的对比,激发学生的兴趣和参与感,成功地让学生能够动起来。把抽象的微观的概念以一种学生能接受的方式体现出来,一次设计,多处使用,是一种比较成功的模型设计。教育教学中需要创新,需要灵感,这些基于人的长期思考,只有多思考,勤思考,打开思路,才会有更多的灵感和创新。

正弦函数的图象与性质教学案例

国际部数学组　黄丹婷

根据现代认知心理学的理论,最有效的数学学习活动是在教师指导下,通过学生自己观察、实验、分析、归纳、抽象、概括、猜测、验证、推理与交流等自主探索式的学习活动。这样获得的知识最深刻、掌握最牢固,最具有价值。所以对于正弦函数的图象,以及正弦函数的性质,让学生在充分讨论的基础上,借助计算机的演示,将图象的形成过程以及性质和在图象上的体现都一一展示在学生面前。这样学生不仅掌握了本节课的内容,并且为以后在研究余弦函数的图象和性质、正切函数的图象和性质做好铺垫,会利用本节课的研究方法去研究未知的函数和性质。为了达到这个目的,本节课使用问题链作为抓手,让学生主动思考,主动探索。因此,本节课的设计关键在于问题链的设计。

本节课的内容包括两个方面:正弦函数的图象和正弦函数的性质。其中图象是性质的基础,性质是图象的应用,是图象的深化,而正弦函数的图象和性质,又是一个承上启下的内容。对于正弦函数的图象,学生已经学习过三角函数线,诱导公式等知识,所以在脑海中能大致想象它的图象,将正弦函数的图象从一个周期推广到整个定义域上,使用到函数图象平移知识。对于正弦函数的性质,学生在以前已经学习过指数函数、对数函数等具体函数的性质的研究,所以对于正弦函数性质的学习,是在正弦函数图象的基础上类比以前研究函数性质的方法进行研究。在本节课中,教师利用多媒体及几何画板演示图象生成过程以及利用图象研究正弦函数的性质,收到了良好的教学效果。

本节课所教授的学生为国际部高一学生,既需要在高一下学期参加会考,又需要在高一结束后参加美国 SAT2 数学学科考试。因此,本节课结合人教 A 版必修四中正弦函数部分的内容,以及美国教材 Pre-Calculus 中"正弦函数图象与性质"一节的内容,将知识点关注在正弦函数的图象与性质上。在学习本节课前,学生已经完成了研究三角函数的准备,掌握了弧度制、任意角及任意角三角函数,并且能够利用单位圆和三角函数线准确分析正弦函数线在四个象限中的变化。为了培养学生的几何直观和数学推理的核心素养，为不同水平的学生设置了如下目标，在不同水平阶段都需要学生结合图象进行分析。

本节课设定的知识目标为用单位圆中的正弦线画出正弦函数的图象，用五点法作正弦函数的简图，正弦函数的性质：定义域、值域、周期性、奇偶性和单调性。过程性目标为通过画正弦函数的图象，以及研究正弦函数的性质，培养学生的观察能力、分析能力、归纳能力和表达能力，培养数形结合和划归转化的数学思想方法。通过本节内容的学习，使学生进一步了解从特殊到一般，从一般到特殊的辩证思想方法和分析、探索、化归的科学研究方法在解决数学问题中的应用。

本节课的主要教学流程如下，利用问题链将学生带入思考，带入自我探究的活动中。（如图 3-39）

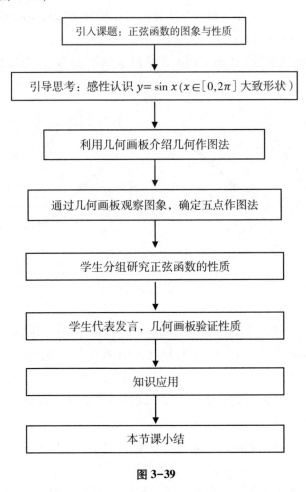

引入课题：正弦函数的图象与性质

引导思考：感性认识 $y=\sin x(x\in[0,2\pi]$ 大致形状 $)$

利用几何画板介绍几何作图法

通过几何画板观察图象，确定五点作图法

学生分组研究正弦函数的性质

学生代表发言，几何画板验证性质

知识应用

本节课小结

图 3-39

教师在课题引入之后提出问题一:对于一个新的函数需要研究什么?

学生根据之前研究函数的经历思考回答函数的图象与性质,鼓励学生从两种角度研究问题,先画图再研究性质或者通过诱导公式及单位圆判断性质后再画图。

对于要先画出图像的设计提出问题二:如何画出正弦函数的图像?

学生根据之前的函数研究经验说出点画图的步骤:列表,取特殊值点,在直角坐标系中描点连线。并让学生思考运用这种方法的困难是什么,为接下来平移三角函数线找点做铺垫。

问题三:能否利用单位圆改进这个方法?

预设一:学生可以利用正弦线找到精确值,提示学生如何解决特殊性这个问题。

预设二:学生没有思路。提示学生先思考如何能够精确表示正弦值,再思考如何解决特殊性的问题。

五分钟时间让学生小组研究画出正弦函数图象,并展示完成过程(如图3-40)。

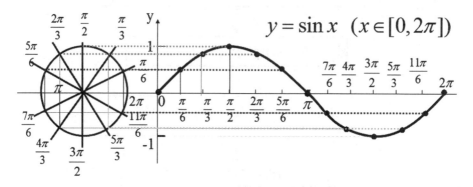

图 3-40

当学生画出一个周期内的完整图象后,提出思考问题,回顾最初的描点画图法,我们还需要那么多点吗? 从而引出在三角函数中五点画图的必要性。在这一部分中,利用问题链的形式层层深入,让学生在思考和探究中一步步改进了正弦函数的图象,接下来依旧是采用递进式的问题让学生对正弦函数的性质进行探究。问题链如下:

问题四:画出 $y = \sin x$ 在 $[2\pi, 4\pi]$ 上的函数图象。思考为什么可以将 $[0, 2\pi]$ 的图象平移至 $[2\pi, 4\pi]$,$[-2\pi, 0]$ 呢?

问题五:根据正弦函数图象,除了具有周期性,还能发现哪些性质呢?

通过这些问题的串联,达到了本节课的初始目的,让学生进行了主动的探索和研究,从而达成了建构主义学习理论中画出的意义学习。教师只是知识的呈现者,不是知识权威的象征,而应该重视学生自己对各种现象的理解,倾听他们时下的看法,思考他们这些想法的由来,并以此为据,引导学生丰富或调整自己的解释。教学应在教师指导下以学习者为中心,当然强调学习者的主体作用,也不能忽视教师的主导作用。教师的作用从传统的传递知识的权威转变为学生学习的辅导者,成为学生学习的高级伙伴或合作者。教师是意义建构的帮助者、促进者,而不是知识的灌输者,学生是信息加工的主体,是意义建构的主动者,而不是知识的被动接受者和被灌输对象。本节课通过对问题的有效设计,将监控学习和探索的责任由教师为主转向以学生为主,最终达到了学生独立学习、有意义学习的目的。

本节课的教学中我设计的亮点有以下几个方面:

1.课程主线突出:本节课主线是正弦函数的图像与性质的探究、发现、应用,在引导学生们完成主线的过程中,通过问、追问、思考、解答,纠偏巩固学过的知识,强化重点的问题,建立新旧知识间联系,更好的理解新知识。

2.共享屏幕技术与板书的结合:新技术促进专业发展,新方式创建高效课堂。运用共享屏幕,可以做到数形结合、音形兼备,为教师和学生互动搭建了有利的平台,有助于学生对数学教学内容的掌握,把"静态与动态"结合起来,让学生感知知识的生成过程,既能提高学习效率又能学得轻松愉快。

3. 课堂气氛活跃:本节课主要采用小组合作,学生主动探究的方式进行,学生的主动性很强,课堂生成效果很好,实现了课堂以学生为主,学生愿意并敢于参与到课堂的展示中来。

在本节课的教学中我还要注意到以下几个方面的问题:

1. 语言组织:在讲授过程中还要注意到说话语速适中,语言组织等讲授技巧,语言表述要简洁干净,问要掷地有声。

2. 时间把控:在给学生自主发挥的同时没有把控好时间的分配,超出了预计的时间,导致习题没有完成。以上是我对这节课的教学反思,虽然还有很多地方做得不够完善,但是通过这节课,使我对于教学目标的确立,主线的把握,数学思想方法的渗透都有了思想上的提升,我会在今后的教学中努力改进这些问题,以便更好地适应教学,努力使自己的教学更上一层楼。

第四节 项目式学习——PBL

项目式学习(Project-Based Learning,简称PBL)是一种以学生为中心的教学方式。在项目式学习过程中,学生会积极地对信息进行检索、收集、归纳、分析,通过获取的知识来解决具有现实意义的问题。因此,项目式学习不仅大大提升了学生获取知识的效率,更能让学生将课本知识学以致用。

用函数模型预测 2020 年中国大陆地区人口数量

国际部数学组 姚少魁

一、内容分析

伽利略说:"自然之书是用数学的语言写成的",数学建模搭建了数学与外部世界联系的桥梁。作为高中数学六大核心素养之一,数学建模是对现实问题进行抽象,用数学语言表达问题、用数学方法构建模型解决问题的素养。《标准(2017年版)》指出,"数学建模活动"应以课题形式开展,引导学生如何从实际问题情境中用数学的眼光发现和提出问题。"大国点名,没你不行",人口问题事关国计民生,本节以正在进行的第七次全国人口普查为契机,通过对前六次大陆地区的人口普查数据进行统计分析,让学生运用基本初等函数模型来估算第七次大陆地区的人口数量,并引导学生评价各模型的优势和不足,从数据建模过渡到机理建模。通过分析问题、构建模型、求解结论、验证结果并改进模型等活动,解决实际生活中的问题,逐步培养学生从数学的眼光、理性的角度看待和解释生活中的一些现象。

二、学情分析

学生已经学习了基本初等函数及其性质,初步掌握了 Excel 分析数据和进行数据拟合、预测的方法,具有了数学建模的函数基础。本班同学数学基础差异较大,根据同学们的意愿及后续建模比赛组队情况,分小组通过具体案例呈现本组对数学建模的理解。引导同学们共同分享,敢于质疑,不断思考,在相互学习中进一步完善本组的数学模型。最后由教师对其中的人口问题进行分析、提炼数学建模的一般步骤。

三、教学目标及重、难点

（一）教学目标

1. 会用 Excel 对数据进行分析、拟合；

2. 能选择基本初等函数刻画人口数量的规律并对人口数量进行预测；

3. 认识数学模型在科学、社会等领域的应用，增强创新意识和科学精神。

（二）教学重点

1. 将实际问题转化为数学问题；

2. 数据的收集、分析，数学模型的选择和建立。

（三）教学难点

数据的分析和模型的建立。

四、教学过程

（一）情境引入

数学是大自然的语言，数学建模建立了数学与外部世界的联系，数学建模不仅可以刻画事物的已有规律，而且可以预测事物的发展趋势，如今年因在黑洞方面的研究获得诺贝尔物理学奖的罗杰·彭罗斯，曾在 1972 年为《科学美国人》撰文《黑洞必然存在》，彭罗斯另一项工作便是彭罗斯拼砖。

同学们听过"七人普"吗？通过第一组同学介绍，我们知道了正在进行的第七次全国人口普查，前六次人口普查的大陆人口数据如表 3-13：

表 3-13

年份	大陆人口（万人）
1953	58260
1964	69458
1982	100818
1990	113368
2000	126583
2010	133972
2020	?

(二)问题提出

问题 1　大陆人口的统计数据有什么规律?

预设:

(1)大陆人口数随统计年份递增;

(2)人口数量是相应年份的函数。

问题 2　根据已有的人口数据,你能预测 2020 年人口数量是多少?

预设方法:令 $P(n)$ 表示第 n $(n \in N^*)$ 年的人口数量。

(1)画出散点图,观察数据趋势;

(2)根据平均增长率进行预测;

(3)线性函数拟合;

(4)……

(三)问题分析及数据建模

活动 1　画出人口数据散点图(如图 3-41)

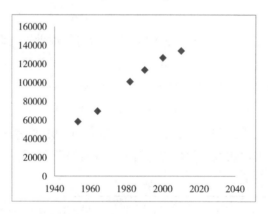

图 3-41

活动 2　选择一个函数模型刻画已有人口数量(如图 3-42,图 3-43,图 3-44,图 3-45,图 3-46)

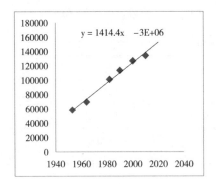

图 3-42

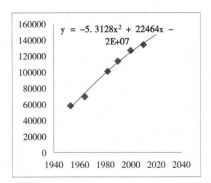

图 3-43

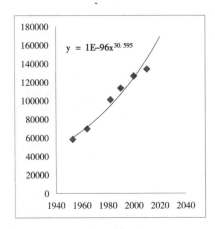

图 3-44

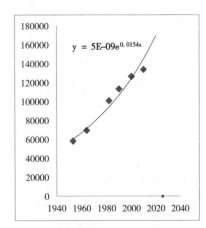

图 3-45

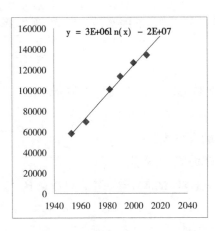

图 3-46

问题3 试根据你的模型预测2020年大陆人口数量(如表3-14)

表3-14

增长模型	预测值
线性函数	152422
二次函数	157753
幂函数	134037
指数函数	161658
对数函数	152122

如何评价不同的函数模型预测结果?

预设:比较预测结果可知不同函数模型具有如下特点

(1)线性模型:线性上升;

(2)对数模型:对数增长;

(3)指数模型:指数爆炸。

不同模型的评价:

(1)等2020年人口数据出来后进行比较;

(2)误差分析:

绝对误差:观测值-预测值

相对误差:$\dfrac{观测值 - 预测值}{观测值}$

以上是基于数据建模,下面我们考虑影响人口增长的因素有哪些?

(四)机理建模

问题4 如何将影响人口增长的因素,如出生率、死亡率、受教育程度、疫情等考虑进人口模型?

从最简单的情形入手:

假设1:只考虑出生率和死亡率,且设它们都为常数。

$$P_n = P_{n-1} + rP_{n-1} \quad n \in N^*, r > 0$$

其中P_n是第n年的人口数量;

r是出生率与死亡率的差,为常数。

假设P_0为初始人口数量,试推导第n年人口数量P_n与P_0的关系。

$$P_n = (1 + r)^n P_0$$

这是一个指数增长模型。

问题5 这个理想人口模型是否符合实际,如何修正?

对于指数增长,随着年份的增加,人口数量趋向于正无穷大。

考虑环境因素的限制,提出如下假设

假设2:受资源所限,环境能承载的最大人口数量为 M。

则人口的相对增长率与环境所能容纳的人口比率 $\dfrac{M - P_{n-1}}{M}$ 有关。

因此将理想模型修订为

$$\frac{P_n - P_{n-1}}{P_{n-1}} = r\left(1 - \frac{P_{n-1}}{M}\right)$$

$$\frac{P_n - P_{n-1}}{P_{n-1}} = -\frac{r}{M}P_{n-1} + r$$

试根据这个模型预测 2020 年人口数量,我们应对数据进行怎样的变换?(如表 3-15)

表 3-15

年份	人口数(万)	人口增长数	相对增长率
1953	58260		
1964	69458	11198	0.192207346
1982	100818	31360	0.451495868
1990	113368	12550	0.124481739
2000	126583	13215	0.116567285
2010	133972	7389	0.058372767

以 $\left(P_{n-1}, \dfrac{P_n - P_{n-1}}{P_{n-1}}\right)$ 为坐标画出散点图(如图 3-47)。

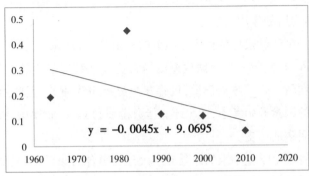

图 3-47

由此线性函数预测 2020 年的相对增长率为 3%,于是可计算出 2020 年人口数量为 137991 万人。

(五)归纳概括

问题 6　数学建模的步骤有哪些?(如图 3-48)

(1)问题重述;

(2)假设及其合理性;

(3)问题分析及建模;

(4)模型求解;

(5)模型评价及检验。

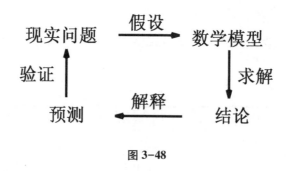

图 3-48

五、教学反思及点评

人口问题关系国计民生,本节课以正在进行的第七次人口普查为契机,通过对前六次大陆地区的人口统计数据的分析来预测 2020 年大陆地区人口数量,这个问题可以用到所学的多项式函数、幂、指、对数函数,在数据建模环节,由 Excel 拟合给出的增长模型不同于人教版的幂、指、对函数,而是其变换后的函数,因此本部分的学习是对本书函数模型的扩充,也为之后学习函数图象的变换奠定了基础,起到了承前启后的作用。

如何评价一个数学模型的优劣是本节的一个难点,在课后给同学们介绍了可以用决定系数 R^2 来判断一个数据模型的拟合优度。数据建模属于黑箱模型,依赖于数据的质和量。除了数据建模,机理建模显得更为重要,因此后半段引导同学们从最简单的因素开始考虑,逐步建立指数模型和 Logistic 模型,借此来引导同学们了解人口问题的历史。

本节计划将五个学生小组的课题分三次分别融合到课程中,但由于进度的把控、学生小组汇报时的时间控制等因素只有两个小组进行了展示,其余的三个小组在之后的第四节课完成,其中两个组已经有意识运用线性和分段线性函数进行预测。学生所做的建模问题主要是集中在理论分析、数据收集上,自己提出的观点相对较少,引用文献或网络资源不规范。这在以后的建模中需要加强训练。

作为数学学科核心素养之一,数学建模是数学应用的重要形式,通过建模可以有效促进学生的实践能力,增强创新意识,培养科学精神。

本节课从时事"七人普"出发,充分体现了数学在生活中的广泛应用,有效地引导学生用数学的方式描述和刻画社会生活,是一节数学建模的探究课,个别环节的衔接需要更流畅。2020年第七次全国人口普查显示,我国总人口为141178万人,与2010年相比,增长5.38%,尽管2015年我国全面实施二孩政策,七人普显示二孩生育率明显提升,但我国的人口总和生育率为1.3%,仍属于低生育水平。劳动年龄人口数量下降和人口老龄化程度加深都是我国社会发展面临的重大挑战。本节课容量大,可分成两节课:一节为数据建模,另一节为机理建模,学生掌握的效果应该会更好。

疫情下高中国际部语文课堂德育探索

国际部语文组　李雯

冰心先生在《忆读书》中给青少年读者写道:"读书好,多读书,读好书。"好书自然要从经典作品中筛选,对于科目众多,时间和精力都有限的高中生,可以利用好教材。教育部编写的新教材具有旗帜鲜明的时代特征,鼓舞青少年树立勤劳、自信、担当、爱国的正确价值观。来华的高中国际留学生,要通过北京市会考,并且参加各高校自主命题考试,所以使用地道的本土教材是众望所归的,部编版教材《编写说明》指出:教材的突出特点和创新之处,在于立德树人,有机融入社会主义道德观教育。增强民族自尊心、爱国情感和文化自信,梳理正确的思想观念和高尚的道德情操,最终使社会主义核心价值观内化为精神追求,外化为自觉行为。教材重视课文的经典性和时代性,高品质的选文使广大留学生对中国文化的自谦和自省有更深刻的体会,更理解疫情期间中国的伟大举措和抗疫的成功根源。

一、疫情期间阅读情况调查分析

笔者调查了北京市第八十中学国际部高二学生疫情在家线上学习期间以及开学之初的阅读情况,数据显示,阅读书目主要为教师推荐的作品或者会考要求的篇目,外国来华留学生以会考为指挥棒,以部编版教材为依托。尝试性地阅读了《红楼梦》《大卫科波菲尔》《老人与海》等教材中要求整本书阅读的小说。其中,对于大部分书目只停留在浅层阅读,尤其是难度大的《红楼梦》。中美项目班学生整本阅读了严歌苓的《陆犯焉识》、阿城的《棋王》、加缪的《鼠疫》。2020 年 8 月 31 日,当当网发布《疫情下,中小学生阅读图鉴》①调查表明:疫情期间中小学平均每人阅读课外书 6 本。28.7%的高中生一共读了 1—3 本,有 37.1%读了 4—6 本。2020 年中小学课外阅读书目中,前几名的有《三体》《红岩》《红楼梦》《夏洛的网》等。这些榜上有名的书籍主要以文学名著、科幻小说以及社科类为主。然而,真正的读书是在教师指导下整本书的深入的研读而不是断章取义的浅层阅读。当师生重新回到课堂时,我们的课堂增加了"抗疫"这个新元素,在后疫情时代,阅读教学中展现出"疫"采纷呈的特征。

二、教学与德育教育相融合的策略

抗"疫"不能只靠医务科研人员的奋斗,亦要靠每位师生以"天下为己任"的关切,抗"疫"绝不是一个口号,而是每个读书人面对是非曲直的理性思考。

(一)重温经典理念,增强甄别信息能力

瘟疫在历史上不曾断过,一个突发事件让我们睁大眼睛,看清生命的真相。疫情暴发以来,国人们看到了光怪陆离的众生百态,有超越民族隔阂,理性伸出援手的"山川与共,日月同辉"的同抗疫,共患难;有无视科学真相,对中国的甩锅中伤;还有西方主义国家的各自为营。面对政客鼓吹的阴谋论,面对互相矛盾的专家观点,面对情绪贲张的报道,面对结论完美的推断,我们怎么判断消息的真假优劣呢? 哪个是谣言呢? 哪个更接近真相呢? 我们该如何思考呢?

首先,我们要直面一个问题"认识自己无知"的重要性,即古希腊哲学家苏格拉底所言"我知道我不知道"。这和中国先哲孔子教导学生 "知之为知之,不知为不知,是知也。"(《论语为政》)有异曲同工之妙,二者都强调了独立思维的第一步要从对"未知"的反思开始的重要性。在《论语十二则》的教学中,让学生利用孔子名言联系生活现实,形成正确的价值观和思维方式。

留德哲学博士王歌在他的《当社会生病的时候》一文中写道:"德国关于疫情的报道,不是急于提供解决方案,而是告诉公众,哪些情况尚不清楚,他们介绍一项最新冠状病毒的病理研究,不会只给结论,同时也会研究忽略了哪些要素,统计存在哪些问题。连公共场合是否有必要戴口罩,都要从各个角度论证一番。'知

---

① 疫情下,中小学生阅读图鉴[DB/OL].当当网,2020-09-01.

道'若是没了边儿,常常导致自欺和欺人,无论无心,还是有意。"①

其次,谣言止于智者,不信谣不传谣,病毒带来的是全人类的危机,我们要站在更高远博大的立场认识到"人类命运共同体"的重要与可贵,继续拥有超越国界的人道主义大爱,将过往的历史纠纷、民族纷争抛诸脑后,秉承几千年中华民族文化血脉中长存的道义和仁爱。利用《论语》中"不患人之不己知",来告诉学生要以自信的姿态面对反对的声音,做好我们自己,这就是智者的风度。

人生至暗时刻并不是暮夜漫漫,而是你在黎明到来之际,早已疲惫至极,只能在浑浑噩噩中度过崭新的一天。在疫情后相对隔绝的境地里,社会人的角色更多的淡出,独处时你是否自律了,你是否有合理的作息,把握住守护健康的权力了吗? 新冠病毒让我们看到医学的有限,生命的脆弱,"活着就是王道"。疫情提醒我们放下手机早睡,提醒我们放弃野味,提醒我们健康饮食,提醒我们分餐、用公筷,提醒我们爱护我们的环境,提醒我们保持适度锻炼,保持和周围人的关系融洽,唯有这些才是真正治愈的灵丹妙药。

(二)研读文本,找准德育的切入点

在高二语文部编版选择性必修上册整本书阅读单元,对《大卫科波菲尔》的教学中,笔者尝试提出问题引导学生思考大卫读书对他的成长有什么作用,明确读书与理想的关系,书籍对于人走出困境的引领作用。

例如:"大卫被继父摩德斯通虐待,甚至被关禁闭,他是靠什么力量支撑自己度过这段绝望的时光的?"

学生齐读狄更斯的这段叙述:"我父亲在楼上的一个小屋子里,留下数量不多的一批藏书。从那间天赐的小屋里,罗德里克·兰登、派里戈伦、皮克尔、赫姆夫里·克林克、托姆·琼斯、堂吉诃和鲁滨孙·克鲁索等一群赫赫有名的人物,出来给我做伴儿。是他们使我的幻想不致泯灭,使我还残留着一星半点超越彼时彼地的希望。这就是我唯一的、一成不变的慰藉。现在我只要一想,当时的情景就会在我脑海里升起。夏天晚上,别人家的孩子都在教堂墓地里做游戏,而我却坐在床上,拼命看书……我想,现在读者已经和我一样清楚,我所回忆起来的那段童年生活是什么样子了。"②

师生讨论后明确:读书。启发同学们思考在足不出户的时刻,在网络课堂,腾讯会议成为日常的今天,如何安之若素,有条不紊地学习工作。正确的做法是利用自由的时间去阅读,从书籍中寻找力量,充实精神世界。

---

① 王歌.当社会病了的时候[J].三联生活周刊.2020(6):54-55.
② 狄更斯.大卫科波菲尔[M]李彭恩,译.北京:燕山出版社,2000:57-58.

但读书不尽是"两耳不闻窗外事",鲁迅先生曾在《且介亭杂文末集·这也是生活》中写道:"无穷的远方,无数的人们,都和我有关",我们每个人都身处疫情局内,我们四周弥漫着躁动的浮气,喧嚷的怨气,靡靡的哀气。笔者提出一系列问题:我们是否能守住方寸清净,做静心自若的管宁? 我们是为了考试、为了前程、为苟活而学,还是为了责任和担当而学? 鲁迅先生曾"弃医从文",笔者引导学生思考:"你们是否萌生起成为"中国的脊梁"的勇气和决心呢?""你们是否也拥有'为中华崛起而学'的理想?"为了谁呢? 为了一个更好的国家、民族、人类,为了和我们命运与共的未来而学!

(三)小课堂,大情怀——从文学形象联想到时代的英雄群像

在《老人与海》的整本书阅读教学中,笔者以《老人与海》中的象征意义为题,讲述老人桑地亚哥在经历了 84 天劳而无获的出海后依然满怀信心筹备第 85 次出海,历尽艰难捕获的马林鱼被鲨鱼吃光,在得而复失的至暗时刻,老人在睡梦中依然梦到了象征勇气的狮子,期待着下一次的出海。笔者由苍老、疲惫却不服输的桑地亚哥的形象出发,引导同学们思考身边的老人形象。同学们联想到了抗击疫情中涌现出的不孚众望,名副其实,逆行出征力挽狂澜的钟南山、张伯礼、张定宇和陈薇,以及许许多多的医生护士等抗疫英雄。大海使同学联想到,危机四伏的国际社会和突发的灾难,想到了中国人民表现出坚强不屈的抗疫精神;小男孩马诺林对老人的信任和支持,让同学联想到医生、护士、火神山和雷神山的建设者,民警社区工作人员、快递小哥、志愿者等各行各业每一个默默战斗在自己岗位上的普通人。老人与马林鱼三天三夜的较量以及和鲨鱼的殊死搏斗使人联想到全国人民在党和政府的领导下,团结一心,不获全胜绝不收兵的坚定信念。这样的解读,赋予经典的文本强烈的时代感,润物无声地引导学生关注生活,关注社会,还有什么比如此学以致用更有意义呢?

(四)聚焦时代精神,架起文本世界与现实生活的桥梁

2020 年 11 月我校和十一学校对海外留学 A-level 项目教学大纲所要求的必读篇目《封锁》进行了同课异构,来自十一学校的孙淑娇老师将课题定为《软弱凡人的"好"与"真"》中,将因疫情封城的武汉与战时封锁的上海进行联结,张爱玲在战时的上海写下小说《封锁》,她将目光聚焦在隔绝的时空中——停滞的电车上,吕宗桢和吴翠远由一场搭讪而吐露心声,经历了一场短暂的人性解放或是所谓的爱情,但随着封锁结束,两人又回归了原本的生活轨迹,像行驶在铁轨上的电车,循规前行。2020 年 1 月 23 日,"人传人"的新冠肺炎疫情暴发,武汉封城,有序的生活被按下了暂停键,全世界的人将目光投向了中国,中国与世界隔绝了,中国

人也开始了以家庭为单位的孤岛式隔绝。

因此,孙老师以问题链导入新课。

问题一:我们先抛开小说《封锁》的内容,来想想 2020 年我们身边有哪些封锁?

学生 A:“武汉。”

问题二:对,疫情下的武汉被封城了,一切停摆了,时空的隔绝形成了一个封闭真空的状态,那么,如果你是一个文字工作者,你笔下的武汉,聚焦点投向哪里?

学生 B:“空无一人的街道。”

学生 C:“疫情中平凡的个人。”

问题三:那么张爱玲将目光放在了哪里?她写了什么?

学生 D:“放在电车上。”

问题四:“电车上发生了什么?用时间,地点,人物,事件来说。”

学生 E:“日军占领的上海电车上的一场搭讪。”

问题五:“主人公叫什么?”

学生 F:“吕宗桢和吴翠远。”

孙老师利用牵动人心的武汉封城作为切入点,聚焦时代热点,创设情境,运用抽丝剥茧的系列问题,巧妙地由此及彼、由浅及深、由熟悉到陌生拉近现实与文本的距离。这符合学生思维规律,使学生走近了文学作品,目光聚焦文本内容,架起文本世界与现实生活的桥梁。

A Level 中文课程不提供统一规范的教学材料,提供指导性的课程大纲(Syllabus)。《CIE AS/A Level 中文课程大纲(2020—2022)》(Syllabus Cambridge International AS and A Level Chinese(9715) for 2020—2022,简称“CIE 中文大纲”),我校校本教材在指定作家作品名单列表中,选取了艾青的诗歌选集、舒婷的诗歌选集、王安忆的小说《本次列车终点》、高行健的话剧《绝对信号》、阿城的小说《棋王》,张爱玲的小说《封锁》、严歌苓短篇小说等。教师在教学中使用教学策略引导与当前生活紧密相连,使学生不因作品年代背景的差异而产生陌生感,无论是抗日、文革,还是改革开放,任何时期为背景的小说,都丰富和增强了学生的历史知识、民族自尊心。严歌苓小说的海外留学和移民生活体验使即将留学的学生产生共情,形成文化实践场,帮助学生正视中西文化差异,在“文化震荡”中坚定民族文化自信,对新冠疫情带来的国际关系变化有更多思考和认识。

(五)拓展教学资源,促进德育的延伸

在项目班教授《月亮与六便士》,毛姆写道:满地都是六便士,他却抬头看见了

月亮。学生展开了关于金钱与梦想的探讨。疫情前,人们看到的是医生的高工资,差服务;疫情后,人们看到了这个行业的危险和高尚。有学生更坚定了自己报考医学专业的志向,立志做科学家的梦想又重新燃烧起来。

笔者在这篇小说的教学中设计了问题:"你们生活中有没有像斯特里克兰遇到不被理解一样的时刻,拥有自己喜欢的专业,想主动走出生活的舒适区,却遭遇家人的反对。"多数同学都会有这样的两难境地,他们有的热爱音乐,想做歌手;有的热爱绘画,想从事绘画工作,但又担心没有"钱"途;有同学说真正的热爱是可以超越这些,同学们想到了高分报考北京大学考古专业的钟芳蓉,想到了一生坚守大漠的敦煌女儿樊锦诗。

笔者引导学生思考《月亮与六便士》与《老人与海》中的两位主人公的共同点。同学们认识到斯特里克兰和桑地亚哥一样,他们是普通人,但他们更是英雄。他们坚持自我价值的认同,英雄是孤独的,落寞的,不被世俗所理解的,就像带着一副鱼骨归来的老人桑地亚哥。同学叩问内心,以情激情,以心换心,他们真正认识到拥有崇高的理想的人生才是更有意义、更有价值的人生。

生物学家施一公发出呐喊:"我们大学现在基础研究能力太差,转化不出来,不是缺乏转化,而是没有可以转化的东西! 中国大学出了问题! 所有精英都想干金融了,这是中国潜藏的最大危机。人人向钱看了!"①他呼吁中国要建立研究型大学,不以就业为导向,从来不该在大学里谈就业。就业只是个出口,大学办好了自然就会有就业。施一公鼓励每个人都要承担一点社会责任,尽一点义务,劝告大学生不要把收入作为唯一衡量。

作为即将迈入大学的高中生,高中阶段是最好的世界观形成时期,他们在走向成熟。利用课堂阅读经典渗透德育理念会得到事半功倍的效果,不同作品风格迥异,但仍可通过积极解读,寻找到其中蕴含的正能量。学生们真正理解"无穷的远方,无数的人们,都和我有关"的含义,将自己的前途和社会、国家、自然联结起来。

《管子·权修》有言曰:"十年树木百年树人",对国家而言最重要的是培养人才。作为一线语文教师,不但要带领学生走进文学经典的殿堂,领略语言之美,还要时刻勿忘传道的重任,引领学生洞察人性的光辉,生出思维之花,结下理想的果实。

---

① 王育琨.施一公的呐喊:我国潜伏的最大危机 [N].经济晚报速新闻,2020-10-12.

实验:验证机械能守恒定律

国际部物理组　孙敏

一、教学背景分析

机械能守恒定律是对功能关系的进一步认识。这一节课的学习需要运用到以往学习过的大部分运动学和动力学知识,是对以往知识的综合应用和考查,将高中阶段经典力学的学习推上顶峰,故在高考中是重点。前一节课已经讲解了机械能守恒定律的主要内容,本节课要求通过实验,验证机械能守恒定律。并由此体会守恒观念对认识物理规律的重要性。能用机械能守恒定律分析生产生活中的有关问题。

高一学生尚处于由"形象思维和感性思维"到"抽象思维和理性思维"转化的阶段。实验验证机械能守恒定律这节课,学生的思维障碍点之一即要理解能量的概念及势能和动能的相互转化和守恒。所以教学时,应从生动有趣的生活实际事例入手,使学生易于接受和理解。同时学生们通过自主建模和设计实验,可以在实践探索中,自我顺应或同化,逐渐构建自己的知识体系。本节学生的思维障碍点之二在于如何将实际生活中物体的运动过程转化成理想物理模型。这需要在课堂中不断引导学生形成体会抓住本质和主要矛盾,忽略次要矛盾,并将问题简单化的科学思想。

本节课教学中引导学生将实际问题中的对象和过程(如游乐场中的秋千或蹦床)转换成理想物理模型,结合先进的电子信息技术如电脑、手机等,对综合物理问题进行分析推理,验证机械能守恒定律。这体现了"从生活走向物理"的理念。同时充分利用现代资源,培养激发学生的多元智能。

我们还可以通过利用动能和势能相互转化的原理,让学生分组尝试自己设计一个安全的蹦极装置,并对结果进行交流、解释和反思,这培养了学生在生活中的动手能力,也体现了"从物理走向生活"的理念。

二、教学目标

(1)启发是否可以使用手机、电脑设计实验,验证在只有重力或弹力做功时机械能守恒,并说明原理和步骤。

(2)提问了解学生预习动力学分析软件 Tracker 使用方法的情况,为稍后实验的顺利实施做铺垫;启发学生回忆生活中可以看作只有重力或弹力做功的运动过程;引导学生将实际问题中的对象和过程转换成理想物理模型(难点);提问学生如何使用 Tracker 研究这些物理过程,并验证其是否符合机械能守恒定律。小组合作,学生自主搭建模型和录制视频,完成实验及实验报告(重点)。由此培养学生能将较复杂的实际问题中的对象和过程转换成物理模型的科学思维以及灵活选用合适器材进行科学探究的能力及实际生活中的动手能力。

(3)根据以前学习的运动学、力学和动力学知识及机械能守恒定律,让学生以小组合作的方式,初步尝试设计一个安全的蹦极装置。由此培养激发学生的多元智能,培养学生灵活应用所学的物理知识解决生产生活中实际问题的能力。

三、教学活动设计

(一)回顾机械能守恒定律内容及成立条件

内容:在只有重力或弹力做功的物体系统内,动能和势能会发生相互转化,但机械能的总量保持不变,这 称为机械能守恒定律。

成立条件:物体系统内只有重力或弹力做功,没有非保守力做功。

(二)回顾以往使用手机慢拍功能研究自由落体运动的实验

问题 1:使用手机慢拍功能研究自由落体运动的原理及步骤是什么? 总结思考使用手机慢拍功能研究物体运动的局限性有哪些?

首先使用手机记录物体运动轨迹,然后记录物体在每增加相同时间间隔 Δt 后的位置,进一步计算出每一个时间点的速度,并由此判断该运动是否符合匀加速直线运动的运动规律。局限性有:不知道录制视频画面的尺度比例,无法准确得到物体位移的真实数值;每一个时间点速度和加速度的计算较为烦琐。

(三)提问了解学生预习动力学视频分析软件 Tracker 使用方法情况

问题 2:通过提前学习,哪个学习小组可以说一下 Tracker 软件的优点有哪些?

前面提到的使用手机研究物体运动有很多局限性,Tracker 软件可以帮助解决这些问题。Tracker 是一个免费的视频跟踪分析和建模工具软件,是国外针对物理教育而设计的,可以自动或手动跟踪对象的位置、速度和加速度并动态显示。Tracker 可以设定尺度比例,可以准确得到物体位移的真实数值。它解决了过去物理教学过程中所呈现的视频只能看现象,不能定量分析的问题①。

问题 3:通过提前学习,哪个学习小组可以说一下 Tracker 软件有哪些局限性?

Tracker 的使用,要求运动物体的背景单一,运动物体与背景颜色对比明显。视频拍摄条件有时难以满足。

---

① 中国邮电大学.Tracker 软件下载[EB/OL].大学物理实验网站,2020-03-16.

问题 4:你能回忆一下游乐园中有哪些可以看作只有重力或弹力做功的运动过程(如秋千、蹦床、蹦极等)?

问题 5:拿荡秋千举例,在荡秋千的过程中只有重力做功吗? 如果不是的话,那是怎样的呢?

相比于重力,人在荡秋千过程中受到的空气阻力等可以忽略不计。这种抓住主要矛盾,忽略次要矛盾,将问题简化进行分析的科学思维方法同样适用于生活中的其他方面。补充:在荡秋千的过程中,人如果暗自使劲,人的重心随着秋千的高度不停变化的话,则人会做功,机械能不守恒。我们不考虑这种情况。

问题 6:是否可以使用手机和软件 Tracker 来验证其是否符合机械能守恒定律? 会遇到哪些困难?

问题 7:Tracker 软件要求运动物体与背景颜色对比明显,如何满足这个要求? 为了更方便地研究物体运动规律,你是否可以将实际问题如荡秋千、蹦床和蹦极等过程简化成可以在物理实验室中研究的物理模型? (如图 3-49,图 3-50,图 3-51)

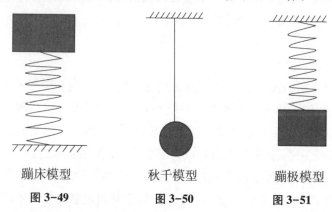

蹦床模型　　　　　秋千模型　　　　　蹦极模型

图 3-49　　　　　图 3-50　　　　　图 3-51

(四)小组合作完成实验(如图 3-52)

1.每一个小组选取一个简化的理想模型,在实验室中寻找器材,自己搭建模型。

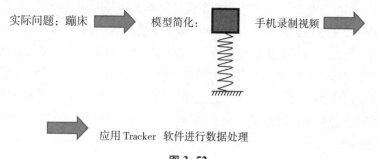

图 3-52

2.使用手机录制视频。

3.将视频导入 Tracker 软件,使用 Tracker 验证机械能守恒定律。

实验要求:

每个小组自己设计实验报告,内容应至少包括实验目的、原理、步骤、需要测量物理量、数据处理过程及实验结论。说明在实验中你们遇到了哪些问题? 是怎样处理的?

(五) 小组展示实验结果

四、家庭作业

请学生根据以前学习的运动学、力学和动力学知识及机械能守恒定律,让学生以小组合作的方式,尝试设计一个安全的秋千、蹦床或蹦极装置。先简单说明思路,在下一节课要求小组间对各自的设计结果进行交流、解释和反思。

在前一节课中,也进行了课本中验证机械能守恒定律的传统实验,请比较两种实验方法各自的优点和局限性。

五、教学特色与反思

本节课以发展物理核心素养为教学理念,以科学思维和科学探究为主要落点,以现代化的信息技术创新课堂。在开展知识教学的同时,将物理观念、科学思维、实验探究、科学态度与责任等物理核心素养,化大为小、变虚为实,自始至终贯穿在教学活动之中,从而使教学过程成为学生核心素养的形成过程。

本节充分重视实验的作用,通过从实际问题中抽象物理模型,加强学生体验,从而帮助学生自主构建知识。培养学生从物理学视角观察自然和生活的习惯,培养学生将物理学知识与实际相联系的意识。

本节没有要求学生机械重复课本给出的实验方案,而是鼓励通过学生使用先进的信息技术手段,自主建模和设计实验,用他们自己的思维方式,重新构建有关物理知识。引导学生对常见的生活现象进行简单的物理分析,培养学生初步的物理建模思想。在建模的过程中,培养学生抓住主要矛盾,忽略次要矛盾,将问题简单化的科学思想。培养学生的动手能力,提升创造性,激发学生的多元智能。

将学生置于更开放、生动、多元的学习环境中,鼓励学生将学习的物理知识应用到生产生活中去。培养学生的问题意识,能在他人的指导下使用简单器材,建立模型,收集数据,并对数据进行初步整理。培养学生与他人合作、交流成果、讨论问题的意识。

基于项目的教与学——雅思口语教学课例

国际部英语组　王洋

假期研读了英语工作坊（Project-based learning）一书，收获很多。项目式教学是以学生为中心的教学法，符合语言学习的规律，是英语教学活动中一种体验式的教学模式。在教师的指导下，学生在学习过程中自主组织安排学习行为，解决遇到的困难，提高英语学习兴趣，调动学习积极性，培养自主学习、独立分析和解决问题的能力。同时项目式学习能够锻炼学生英语应用能力，提升自身的知识体系，增强实践体验，获得更加适合自己的学习方法。

我从事国际部 ESL 英语教学近十年，项目式教学已经在我们的英语课堂中高效地应用。以下是雅思口语教学的课例描述和分析：

一、教学目标

水平 1：了解熟悉雅思口语第二部分描述人物的话题及要求。

水平 2：列举描写人物外貌特征的词汇，并通过汉译英练习学习使用这些词汇。

列举分析描写人物的句型——定语从句，并练习使用定语从句描写人物外貌。

水平 3：分析比较两位考生的回答，认识到回答较好的考生的语言技巧及特点。

分析案例，总结描述人物外貌的方法流程。

水平 4：根据给出的图片描述人物外貌，应用已学习的外貌词汇、定语从句句型及描述人物外貌的方法流程。

学生描述班里一位同学，让其他同学猜"这是谁"。

二、教学内容

（一）教师引导学生了解、熟悉雅思口语第二部分描述人物的话题

Describe a person you admire.

Describe a person who helped you.

Describe a person who are successful.

Describe a person who greatly influenced you.

…　…

(二)教师给出学生一个历年雅思口语第二部分的考试题

组织学生讨论,并分析两位考生回答案例,总结回答该话题的语言技巧及特点。

Describe a person you know well.

You should say:

  who the person is

  who he looks like

  who he takes after

and how his upbringing has determined his character

1.学生以小组形式讨论该话题,理解题目要求及部分词汇。

looks like – physical character

take after – personalities and habits

upbringing – your parents treat you and show you how to live

2.学生听两个考生针对该话题的回答录音,然后以小组形式讨论以下问题:

(1)对比分析哪个回答更好

(2)分析较好的考生回答的语言内容及特点

内容: Who the person is – friend Ivana

Who he/she looks like – her mother, she has her eyes and her smile

Who he/she takes after her father – very ambitious, determined to do well, a serious person, very friendly and kind

How his upbringing determined his character – be confident, to do well, be happy

特点:clearly plan her answer   回答清晰有条理

use a rich range of vocabulary   使用了丰富的词汇

accurate grammar   准确的语法

response appropriately and enthusiastically to the examiner's question

             回答恰当有激情

(三)学习用定语从句描述人物

1.回答"who the person is"问题,教师带领学生复习定语从句的使用。

The person is my friend Ivana who has her mum's eyes and smile.

先行词

Ivana who has her mum's eyes and smile

关系词   定语从句 Attributive

2.教师给每组一张卡片,要求各组学习将描述人物的简单句转化为定语从句形式的复合句。

卡片一

Harry Porter is a boy.

He has a scar on his forehead.

(×)Harry Porter is a boy, he has a scar on his forehead.

(√)Harry Porter is a boy who has a scar on his forehead.

卡片二

Hermione is a girl.

She always gets good grades.

(×)Hermione is a girl, she always gets good grades.

(√)Hermione is a girl who always gets good grades.

卡片三

Ran is one of Harry's friends.

His hair is red.

(×)Ran is one of Harry's friends, his hair is red.

(√)Ran is one of Harry's friends whose hair is red.

(四)列举学习描述人物的词汇

1.学生小组讨论总结:描述人物外貌的词汇,包括:Face shape,Skin and Complexion,Hair,Eyes,Mouth and Lips,Body,Clothing。

2.教师给学生描述人物外貌的词汇表。

3.以小组形式做汉译英练习,学习使用外貌词汇:

Complete sentences

他有着一头金色而卷曲的头发。

His hair is _____.

她天生是高鼻梁。

She was born a _____.

他最近吃得太多,有双下巴了。

He has been eating too much that he has got_____

当女孩笑的时候,我们看见她有一口整齐的牙齿。

When the girl laughs, we can see her _____.

(五)阅读文章,小组学习表述图片人物外貌(Describe a people in the picture)

(教师展示一位老人的图片)

This looks like a small, elderly, Asian man. He may be rather poor who is wearing a battered hat, but his eyes look cheerful. He has a big grin! He is wearing an old-looking, dark jacket and looks like a happy, kind-hearted sort of man.

1.小组讨论分析:描述人物外貌的方法流程

Step 1:Start to describe the person in general terms.

(body shape, age, nationality, title)

Step 2:Start at the top of the person's head and work your way down for a description.

Step 3: Tell a little bit about the person's clothing.

Step 4:Give a general statement.

2.小组学习:描述一位熟悉的人物

(任务一:描述一位老师)

例文:My foreign teacher is over 50 years old who has neatly cut short snowy hair. He always has a pleasant face with sparkling blue eyes and a broad friendly smile. He is wearing a gray suite and looks a little bit overweight. He is considerate and thoughtful, and always cares about other people.

(任务二:描述一位邻居)

例文:She is not very tall about 155 centimeters at most. She wears a pair of golden glasses, who looks professional and knowledgeable. She is always wearing a cute hat and a colorful Chinese style clothes. She is very nice, talkative and easygoing.

(六)活动:让一位学生描述班里的一位同学,其他学生根据表述猜测这个人是谁

(七)作业:描述一位你熟悉的人的外貌

第五节　基于学生审辩思维培养的教学

当代学生获取信息来源广泛,思维具有独立性与批判性,因此教师在授课过程中,除了课本知识之外,更注重思维能力的培养,让学生在课堂中多角度思考问题、理性质疑,从而促进创新思维的发展。

审辩式思维在英国剑桥考试局 A Level 中文教学中的运用

国际部语文组　刘博蕊

审辩式思维是一种开放、独立的思维方式。目前学界普遍认可美国学者恩尼斯的总结,认为审辩思维是一种具有推理的审辩过程,通过信息搜寻、分析、综合、推理、解析和评价来建立自己的论点,找到支持论据,同时要在考虑反方论点(论据)的基础上,不断调整自己的观点,最后得出结论。用最简单的表述反映审辩式思维就是:不懈质疑,包容异见,理性担责。

一、在 A Level 中文教学中贯彻审辩思维的必要性

在学校的教学过程中,不同的教学方针、教育理念和教育制度对培养和训练学生的审辩式思维的要求有很大的不同。在传统应试教育的影响下学生更多的时候是相信权威,喜欢倾听,喜欢接受,很少能够主动思考,表达自己的观点,更不用说质疑权威的观点。这将严重影响国家创新型人才的培养。而国际课程体系,要求教师特别关注学生个人的思考,注重小组讨论,交流看法,在交流中倾听他人的观点,反思自己的论证。这在 A Level 中文考试中也有明确的要求。

例如,在中篇小说《棋王》的阅读中是这样设置问题的:小说中,为什么作者反复写到了"吃"? 试举例分析"吃"在文中的重要性。如何理解王一生的"为棋不为生"? 小说中的"我"和"王一生"有哪些不同? 为什么? 又如,在短篇小说《受戒》的阅读中是这样设置问题的:举例分析庵赵庄和荸荠庵的生活、环境的特点。再如,《十八岁出门远行》中"我"为什么要出门远行? 请用文中的例子分析"我"这个人物。请说说"我"在远行中经历了什么样的情绪变化,并分析其原因。

对阅读的要求如此,在写作考试中对 A Level 中文的要求也是这样。

在其历年全球的考题中就出现过:你对网上交友的态度是什么? 人类在保护环境方面所做的努力,你怎么看? 如何评价团队精神在体育中的重要性? 人口老龄化给人类社会带来的影响是什么? 一个人的能力决定了他成功的高度,你怎么看? 发展旅游业必定会影响地方的生态平衡,你怎么看?

通过以上题目的设置,我发现考官非常注重考察学生的审辩式思维和国际视野,希望学生积极思考个人与社会的关系,有责任意识。

笔者从 2016 年开始指导学生 A Level 中文,在对教学内容和评估试题的分析、解读的过程中,深深感受到了审辩式思维的培养对学生成长的重要意义。接下来本文将从阅读和写作两方面谈一谈审辩式思维在 A Level 中文课堂的运用。

二、审辩思维在名篇阅读教学中的运用

审辩思维具体包括解释、分析、评估、推论、说明和自我调控六项认知技能,体现在阅读过程中,要求对文本持理性的怀疑和反思的态度,能发现问题、提出问题、质疑观点、自主分析,最后通过缜密的推理解决问题,学会概括、推理、分析、比较、评价文学作品。

在舒婷"朦胧诗"专题学习的过程中,我使用了如下策略:

(一)学生在阅读过程中的自主策略

在这一部分教师布置预习作业,让学生在课前自行搜寻作者舒婷的生平、代表作、创作风格等。粗读诗歌,做批注,没读懂的部分进行标注,便于进行课堂讨论。这样的任务布置就让学生带着问题走进了课堂。例如,有同学在了解了"朦胧诗"的特点之后对舒婷的《祖国啊,我亲爱的祖国》是不是朦胧诗产生了质疑,这个问题引发了全班同学的思考,有很多同学在进一步查阅资料之后有理有据地论证了这不是朦胧诗。理由有二:其一,主题单一,不多元;其二,意象清晰,不朦胧。

(二)讲授时的提问策略

我在不同阅读阶段,适时提出不同性质的问题,请同学思考后回答。

1.定义性问题

例如:"什么叫作朦胧诗?"针对这一单元的核心概念,请同学们说明自己的理解,并进行解释或举例,同时鼓励其他学生补充或给出不同解释。

2.证据性问题

例如:在《惠安女子》"幸福虽不可期,但少女的梦像蒲公英一般徐徐落在海面上"这一句中,为什么"少女"的梦像"蒲公英一般"? 请在文本中找到可靠的证据来支持自己的观点,并鼓励其他学生加以质疑与挑战。

3.价值型问题

例如:怎么评价舒婷在《神女峰》中的女性意识? 教师应鼓励学生列举事例与道德价值观去思考相关答案,让学生从各种角度作开放性思辨。

4.假设性问题

例如:假如你是"惠安女子",在读完舒婷的《惠安女子》后给舒婷写一封信,你将怎么写? 请学生综合各种信息及思考技巧,针对假设性的问题,给出合理答案及理由。

(三)诗歌专题学习完后的综合性策略

比较论文写作。分析比较能力非常锻炼学生的综合能力,也是对学习过的内容进行进一步的反省。例如:请比较《赠》和《双桅船》在表现爱情主题上有什么不同。再如:舒婷常常用普通事物来表达深刻思想,你同意吗? 请用两首诗为例说明。

这样的练习让学生建立整体意识,有充分的表达空间完成对诗人思想的解读;同时也有独立的自主意识,让学生可以在表达中逐步完善论证过程。

三、审辩思维在写作教学中的运用

写作是一个思维外放的过程,对其的教学不能脱离思维的训练,只有思维能力提高了,书面表达能力的提高才是可以期待的事情,因此在我的课堂上,思维的多元训练就成了重点。

我会就时下的热点问题让学生们展开讨论。比如:你对人工智能持乐观还是悲观态度? 大学生选择专业是兴趣第一还是薪资第一? 北京公交车该不该涨价? 屠呦呦研究的青蒿素的成功可能改变有些人对中医的偏见吗? 如何看待共享经济给人带来的便利及负担? 通过这些话题的深入讨论逐渐帮助学生对现实生活的方方面面进行辩证地思考,树立责任意识。

学生通过这样的训练,会积极主动地发现问题并进行深入思考。例如:学生在校内应不应该买外卖? 对学生中午在食堂占座的行为持支持还是反对的态度? 在教学区禁止使用手机,利大于弊还是弊大于利? 学生在讨论后还没有结束思考,他们行动起来,积极投入到学校制度的完善队伍中,其中两位男生起草了一份《中午食堂用餐高峰期间占座问题的解决意见书》,已经上交学校等待批准实施。这样就践行了审辩思维"理性担责"的理念。

审辩式思维的过程就是学生对知识习得的过程,掌握了这种思维方法会提升学生的学习能力。"授之以鱼,不如授之以渔",在教学中教师注重思维方式的训练能够让学生具备举一反三的能力,最终实现学生素养的提升。通过师生的共同努力,参加考试的 2017 年 10 月的 A Level 中文考试中 16 名学生取得了 15 人 A ＊,1 人 A 的好成绩。2020 年 A Level 中文考试全员 A ＊。我想无论是国际课程还是国内课程,育人的核心是一样的,我们都希望把学生培养成知识渊博的、富有爱心的、有责任感、有探究精神的世界人,审辩式思维就是一把特别好的利器,帮助我们实现这一育人目标。

参考文献:

[1]谢小庆.审辩式思维[M].上海:学林出版社,2017.

[2]刘葳.审辩式思维:教育最核心的内容和最值得期待的成果[J].内蒙古教育,2014(10).

在阅读中提高学生的思辨能力
——以《封锁》为教学案例

国际部语文组 李晶红

一、案例背景

(一)当前的语文教学现状

A Level 大纲中有明确指出要通过不同体裁的作品,来促进学生对作品所处时代的了解,并以此为纽带,联系历史与现代,感受中国的文化与文明。要想实现这一目的,学生既要有思维的深度还要有思维的广度。但是,实际的语文阅读的教学存在着学生感受能力弱、分析问题不够深入等问题。这也使得笔者不断思考:学生的感受的能力为什么被束缚了? 学生是否真的缺少深入分析文本的能力呢? 要想培养学生的感受、分析能力,必须要打破学生固有的思维,让他们有思辨性。

(二)课程标准、A Level 中文考纲的要求

语文的阅读教学是整个高中语文教学中最重要的一部分,而在阅读过程中思维的培养是重中之重。2003 年出版的《普通高中语文课程标准》曾指出:"语文教

学应在继续提高学生观察、感受、分析、判断能力的同时，重点关注学生思考问题的深度和广度。"2017 年出版的《普通高中语文课程标准》也提出应该在真实的语言运用情境中，发展思辨能力，提升思维品质，把"思维发展与提升"作为核心素养的四个方面之一，并认为"思维发展与提升是指学生在语文学习过程中，通过语言运用，获得直觉思维、形象思维、逻辑思维、辩证思维和创造思维的发展，以及深刻性、敏捷性、灵活性、批判性和独创性等思维品质的提升"。

A Level 大纲要求学生能通过学习来促进思维与智力的发展。A Level 中文的教学要以语言为基础，了解中国的文化与文明，以此促进个人的发展。其对小说的考察主要是要求学生具有通过知识组织材料的能力，对语言和作者意图有相当的敏感度，具有理解文学手法的卓越的能力。语言是思维的外化，对作者语言和意图的理解的过程实际上是思维在运转的过程，只有思维品质提升，才能具有大纲要求的敏感度和卓越能力，才能加强学生的审美感受以及对文化的理解。

二、思辨阅读教学的界定

要想界定思辨阅读教学，首先要了解思辨的定义，思辨可以看作是哲学逻辑思维方式的重要体现。这种思维方式可以概括为哲学对无限事物普遍本质的辩证理解。① 思辨是通过抽象的思考、推理、论证得出结论的哲学，也是一种思维能力，是对世界本质的理性的辩证性的理解。

余党绪老师将"思辨性阅读"定义为："指导学生以批判的态度阅读理性的文本。"②《普通高中语文课程标准（2017 版）》提出"思辨性阅读与表达"学习任务群，该任务群的目标是"发展实证、推理、批判和发现的能力，增强思维的逻辑性与深刻性"。从这个角度来理解的话，具有理性的、批判的、反思的阅读就可以称作是思辨性阅读。

思辨性阅读教学就是在教师的引导下，学生通过对文本进行理性分析，通过已有的阅读能力来对文本的事实性信息进行筛选、质疑、实证与表达，形成对文本的理解，产生自己的观点，并且有理有据地表达自己的看法。思辨性阅读教学的目的就是要让学生在阅读教学的指导下，能够有辩证思维，学会批判与反思。

---

① 陶富源.哲学思维方式的思辨性[J].赣南师范学院学报,2000(1):13-17.
② 余党绪. 我的阅读教学改进之道:思辨性阅读[J]. 语文教学通讯, 2014(28):4-7.

三、文学类文本思辨性阅读教学策略

(一)提高学生实证能力

文学类文本的阅读教学一般重视情感体验,往往轻视了阅读理性、时代的延展性以及学术性。阅读不能脱离时代,更不能脱离整个民族的历史与文化,要通过课外学术性资料的查阅,在历史的长河中,在时代的大背景下分析文本,并产生能证明自己对文本的独特理解。

(二)设计有效问题,加强学生推理能力

思辨性阅读教学既然是在教师的引导下进行的,那么教师对于文本问题的设计尤为重要。大多数文学类文本中作家都带有强烈的个人情感,个人对时代的深度关照,但又不会直抒胸臆,而是通过各种文学技巧来间接表达。教师提出符合教学内容和学生认知水平并带有指向性的问题,才能够使学生进行有效的思维推理。

(三)提升学生批判能力

在文学类文本中,随着时代的发展,作者的情感态度价值观与读者的情感态度价值观经常会存在分歧,作者也可能由于时代的局限性,某些观点在现在看来颇有不妥之处,这就需要我们学生具有批判意识,用辩证的角度看待问题。

(四)培养学生发现能力

探究式教学法,是培养学生质疑、发现能力的有效方法,教师创设情境,并结合学生查找的学术性、史实性资料,提出有效问题。通过小组讨论和教师的点播,学生及时发现问题,并提出质疑,之后才能进行反思。

四、案例分析

(一)教学内容分析

《封锁》是 2022 年 A Level 考纲中小说部分的指定篇目,张爱玲的另一篇《留情》也被选入,并且与《边城》构成了现代小说任务群。所以《封锁》的学习对于了解现代文学以及时代背景有重要意义。《封锁》是张爱玲作品中最精致的一篇,钱理群先生认为它是"文坛最美的收获之一"。①封锁本身就具有时代的特殊性,以《封锁》为切入点更能了解张爱玲小说的时代主题。

---

① 迅雨.论张爱玲的小说[M]//钱理群.20 世纪小说理论资料(第四卷).北京:北京大学出版社,1997:258.

（二）明确教学目标和重难点

1.梳理小说封锁前后的主要情节

2.封锁前、封锁中以及封锁结束后吴翠远与吕宗桢的变化

3.分析封锁的含义

4.探讨《封锁》的现实意义

封锁是小说的题目,同时也具有丰富的内涵,因为在作品中平凡软弱的人们无时无刻不在封锁中,所以从封锁切入,以封锁为线索直指小说主题,把封锁前、封锁中以及封锁结束后吴翠远与吕宗桢的变化作为本课的重点。学生在分析文本的过程中,会发现在封锁中吴翠远由一个教会派少奶奶,一张脸都是松弛的、没有轮廓的,毫无生气的少女变成了一朵白牡丹花,恢复了 25 岁应该有的神采,她敢于与家庭对立甚至愿意做妾的真实女人。可是当封锁结束后她又成了教会派少奶奶。吕宗桢在这个封锁的空间内,脱离其原有的身份:一个老实本分、没有思想、没有生活目的的会计师。他只是一个有缺点,会花言巧语,会调情的纯粹的男子。可是封锁后他又成了那个没有思想的乌壳虫了。由此可见,无论封锁前、封锁中还是封锁结束后,封锁无处不在,在此基础上理解本节课的难点——封锁的含义就水到渠成了。《封锁》这篇小说具有很强的时代性,对人性的全面封锁也是特殊时代的产物,当然在当今社会也不乏吕宗桢吴翠远之流,所以讨论《封锁》的现实意义对学生的情感价值观也是有重要影响作用的。

四、教学过程

（一）创设情景,设计有效问题,提高学生的实证能力和推理能力

课前导入能有效地创设情景激发学生的学习兴趣,在阅读中提高学生的思辨能力,至关重要。我从上海在《南京条约》签订,作为通商口岸成了半殖民地,日本占领上海后成为孤岛引出封锁,也恰恰是封锁把电车里的人们隔绝在了一个狭小而密闭的空间,其中两个陌生的男女吕宗桢和吴翠远,在这个封锁的空间中相识,并不可思议地相恋了。此时我提出问题——他们真的相爱了吗? 在课堂中,有的学生认为是,有的学生认为不是,这就需要学生进一步去思考,去寻找有效证据,以此来证实自己的观点。导入的目的是让学生能够产生探究的动力,带着思考去探究,能够使得学生的思辨性在上课伊始就被调动起来。

在第一个疑问的基础上我又提出问题:请大家从小说中找到主人公吴翠远与吕宗桢在封锁前后分别有什么变化。这个问题实际上对学生思维的广度是一个巨大的挑战,因为文本比较长,学生的认知能力有限,所以我让小组合作填写表

格,这种有指向性的提问使得学生的思维有方向,直指学生思维发展的下一个阶段。(如表3-16、3-17)

表 3-16

吴翠远	外貌	精神状态	神态	人物特点
封锁前				
封锁后				
总结				
封锁结束后				

表 3-17

吕宗桢	行为动作	精神状态	人物特点
封锁前			
封锁中			
总结			
封锁结束后			

表格中虽然为学生提供了思维的方向,但是并没有让学生在筛选有效信息时一蹴而就。因为在小说中吴翠远与吕宗桢的外貌、精神状态、行为动作等并不是按照时间顺序展现在读者面前的,而是在封锁中或借作者之口,或是在主人公的内心独白中,或是对话中一一展开的,所以学生在筛选过程中还需要思考,推理,再经过小组的合作探究,不断的反思才能确立最终的论证,所以此问题旨在提高学生的实证能力和推理能力。

对上一个问题的思考,自然会引出另外一个问题:在封锁前、封锁中和封锁结束后吕宗桢和吴翠远封锁的是什么,释放的是什么? 此问题的设置是为了增加学生散文思维深度,也是为了学生能够理解封锁的含义。通过小组合作探究可以发现:封锁前吴翠远和吕宗桢把七情六欲埋藏在心底,不敢打开,他们的精神状态是麻木的,空虚的,他们都是尘世认定的好人,他们看似没有缺点,但是确是虚伪的。封锁给予了他们"出轨的机会"、叛逆的机会,让他们在这个特殊的空间内以真实的面目示人,让他们暂时摆脱了家庭、工作、人际关系等一系列因素,把社会规范抛之脑后,让深藏在内心深处的七情六欲释放,大胆地向对方吐露心迹,表达了各自对情感的渴望,对生活和婚姻的不满,压抑的心灵获得了片刻解放。可是封锁结束后,一切回到原点,吴翠远知道这是一个梦,她势必将回归于自己好女儿、好学生的身份中去,不再是那个可爱的,有喜怒哀乐的真实女人,吕宗桢的一切又恢复到庸常状态。短暂的电车恋情,虽曾一度闪现,但已被空虚所置换。他就像乌壳虫一样继续过忙碌而没有思想的生活。此时导入学生们的疑问也就迎刃而解了。此问题的设计主要是训练学生的实证推理能力。

从以上分析学生自然可以得出结论:在那个特殊的时代封锁无处不在。教师继而发问:封锁的深刻含义是什么? 学生经过之前有效的思维训练,可以直接答出其深刻含义是社会对个人的封锁,以及个人对自己的封锁。而难点在之前问题的有效铺垫下,顷刻解决。

(二)结合史实,合作探究,提高学生的发现能力和批判能力

学生参与小组探究活动,可以使得学生的思维多次活跃,在探究中不断去质疑、发现、实证、推断,探究活动是语文思辨性阅读教学的有效手段。

通过封锁含义的总结学生可以体会到封锁是对人性的一种封锁,对某些人来说非常态的封锁中的人性是开放的,可是小说中电车里的夫妇、医科学生、公事房的上班族、搓核桃的老头,他们并没有因为封锁而释放自己的真情,在那个特定的时代,生命常处于封锁状态不能自已,偶尔的一刻解封,并不是长久的结局。由此也能理解小说的主题就是张爱玲借"封锁"来描摹乱世中琐碎、平庸的生活,揭示特定时代里小人物在婚姻家庭、社会生活中的无力反抗与痛苦挣扎的荒凉,用小市民挣扎的灵魂去诉说浮沉的身世感与生存的困境,深刻地揭示人性深层幽暗的本质,并叩问生存的真相和生命的意义。当学生的思维达到一定深度时,他就会跳出文本,联系自我去思索其现实意义。因此根据思维惯性,我提出了最后一个问题,封锁的现实意义是什么? 我们社会中是否也存在吴翠远和吕宗桢这样的人呢? 这个问题主要是提高学生的批判能力,以张爱玲的时代来反思与审视当今社会,让学生领悟到那个封锁人性的时代已经过去,封锁是有时代局限性的,学生们需要用辩证的眼光去看待小说的主题,而我们的现实生活中当然也存在封锁,面对这种封锁有的同学认为要打破封锁,有的人认为要做真实的自我。这堂课引导学生们积极生活,做最真实的自己,这种思考和启发具有超越时空的永恒魅力。

五、小结

思辨能力是语文素养的核心能力之一,因此教师要对思辨性阅读教学不断探究,通过提出行之有效的问题,在横向和纵向上拓展学生思维,提高学生的实证、推理、批判和发现的能力,解决语文课堂的思辨困境。

漫谈中学留学生写作入门课的教学策略
——从四次作文课谈起

国际部语文组 李雯

留学生把汉语作为第二语言来学习的最终目的是能够运用汉语口语或书面语顺利地进行交际,交际能力的最终体现形式不是一个个的句子,而是用句子组织成的口头或书面语篇,因此熟练地运用语篇表达是留学生学习汉语的最高追求。留学生在初级阶段对汉语基本知识进行了学习,到了中高级阶段,汉语学习者"已经积累了一定数量的词语,练习过众多的表达形式,接触了大量的语法项目,积淀了一些文化背景知识,尤其渴望……有效地提高成段表达的能力"。① 因而,帮助学生养成良好的写作习惯,上好写作入门课是至关重要的。

本文是基于对国际部高一(1)班十余名留学生四次作文课的教学成果来谈中学写作入门课的教学策略的。这里所说一次课是指两周时间里四个课时。包括写作前指导、当堂写作和写后讲评三个部分。在这四次作文课中,学生经历了对写作文的惧怕、逃避到主动期待的过程。纵观这几次学生作文可以发现他们无论是在谋篇布局方面,还是在语言表达角度上都有了较大进步。笔者在欣喜之余,希望将成果与大家一起分享,并期望收到大方之家的指点。

一

在选用教学策略前,我先利用第一次课对学习者的知识背景和写作水平进行了摸底:高一(1)班12名学生均为韩籍学生,这些学生大都是由语言班直升至学历班的,来中国仅一两年的时间,因为年龄升至高一班。很少有人真正动笔写过一篇像样的文章,他们对待写作课都有些惧怕和反感。

因此,我的第一次写作指导课按照传统的"以读带写"的方法来进行教学。我们自编的语文教材和课程设置也是遵循这个思路,一个单元,一组文章在前,写作知识和写作要求则置于后。一周十节语文课,将作文课设置在中间时段。这种读

---

① 杨翼.培养成段表达能力的对外汉语教材的结构设计[J].汉语学习,2000(4).

在前,写在后的方式是以读引路,用由浅入深、以旧带新的策略,便于学生从所学的课文(即写作的范文)中学习优点,使写与读之间的关系在不知不觉中得到了沟通。

当时我刚讲过《羚羊木雕》和《风筝》这两篇文章。学生们分别讨论了友谊和儿童的天性这两个主题。于是,我结合课文内容利用移情的作用,将学生带入了他们儿时的世界中,同时我通过投影仪向大家展示了自己手写的一篇"下水文",题目是:《我的童年》,并提出几点基本的要求,诸如:注意作文的格式、字迹工整、选材围绕中心等。我认为教师此时不必说太多道理,关键是让学生动笔动脑去做。这个阶段的教学重点就是让学生暴露问题,教师总结规律,解决问题。事先,我已在教室壁报的显眼位置留下了一个学生作品展示园地,起名"牛刀小试"。写作前强调每次作文都是要在这里展出的。学生当时很为难,纷纷不同意展示。我鼓励他们借助于字典和其他同学的帮助,并承诺将帮助他们反复批改文章,而且一旦展出会在期中考试成绩中得到加分。韩国学生非常在意成绩,因而他们欣然接受任务。

写作过程中学生对于自己不会表达的语句,向老师和其他同学求救。我将他们需要的一些基本表达方式分类写在黑板上,鼓励他们借鉴的同时写下自己的句子。作文起步最重要,在作文起步时教师宜多鼓励,少限制。让学生大胆写作,教师当慎重评点。这主要是为了让学生"倘见为文之易,不见为文之难"。

二

第一次作文讲评课前,我对这次的作文整体面貌做了记录,对错误情况进行了标注和分类:(1)字数均在400字左右,只有两篇写了500字;(2)格式错误的占到了一半以上,仍习惯按韩国写作格式段首第一行空一格;(3)错字最少的也有5个;(4)结构不清晰,叙事大都似流水账,不分段的占了5人;(5)开头和结尾不明确的占到了90%。课上,我采用"照镜子"的策略,使用投影仪将班中学生作文展示给大家。以教师点评为主,鼓励大家发现优点,指点学生找出语病和不足。首先选择了班中优秀作文带路,给学生们树立榜样。身边的榜样更能调动学生的兴趣,学生们在美文中感悟着,并开始思考一些问题:如何选材,怎样表达真挚的情感,怎样描写才细腻感人。教师与学生共同修改,也起到了示范修改的作用。中学生的身心发展特点决定了他们的好奇、好胜、见贤思齐、善于模仿的特点,他们需要在一定的环境中展示自己。

在这次赏析和交流中,学生们发现自己作文中许多啼笑皆非的错误。在谈笑中,学生对写作产生了浓厚的兴趣,也找到了自己文章需要修改的地方,所以重写作文的愿望愈加强烈,课堂充满民主气息,师生平等对话,甚至争鸣,在形式上新颖生动活泼,学生的态度是积极的主动的,情绪是饱满的高涨的,思维是活跃的开放的,他们真正成了学习的主人,课堂的主人,他们有平等参与的机会,有自主活动的时空,有思维碰撞的契机。

此时我给出充足的时间让学生自己修改,或自由结组互改,取人之长,补己之短。课后学生重新写了作文,我将作文张贴在班中"牛刀小试"栏目中,为他们创设了展示成功、激励创新、鼓励模仿的情境,发挥了学生的主体作用。

三

俗话说:"兴趣是最好的老师",在当众或当面批改学生作文时,我尽量肯定他们的优点,用委婉的话语指出不足之处。有些学生的习作并不见佳,但在用词、组句等方面有一点值得学习和借鉴的,我会当众给予赞美,激发其创作的兴趣。这样,即使是写作基础很差的学生,也不会认为写作是件"高不可攀"的事,他们反倒像初生的牛犊,乐此不疲地投入写作。

第二次写作课,我采取了"以说促写"的教学策略。首先分析了课文《小麻雀》和《珍珠鸟》的写作特点,配合了一些动物图片让大家口头谈论自己熟悉的小动物。发给每人一个写作大纲,该大纲是个非常细化的结构框架,包括:外形特征、生活习性、我和动物间有趣的故事等。让学生自主把这个框架填充完整。我发现孩子之所以下笔难是因为他们缺少对生活的观察,缺乏我手写我心的能力。作为留学生,他们的口语远达不到出口成章、滔滔不绝的程度,但通过说话过程中对口头语言的组织和叙述,可以促使学生思考所观察过的动物,做到中心明确、条理清楚,从而提高书面语言表达能力。这样学生磨刀不误砍柴工,基本可以做到胸有成竹、下笔成文。

这次我放宽了对题目的限制,围绕写小动物,给出了几个题目:1.可爱的_____;2.动物趣事;3.题目自拟。要求:讲清楚动物的特点,内容必须围绕题目写,段落清楚。从这次作文的收缴情况来看,学生在题目上有所创新,例如:臭金丝熊、可爱的按摩猪、我的小狗等;格式正确无误的占了三分之二以上,学生学会了分段表达,注意开头结尾的学生增加;字迹更加工整和错字也有减少。但普遍存在的问题是结尾无力,文章没有抓住题眼,详略不当。

因此,作文点评课上我拿了几篇题目新颖、内容充实的范文给大家讲解,指出"良好的开端是成功的一半",一篇文章的开头是很重要的。文章有了好的开头,不仅能带动全篇,使文章顺利展开,而且能吸引读者,引人入胜。古人说的文章的"凤头、猪肚、豹尾"就含有这个意思。与开头一样,文章的结尾也是相当重要的。成功的结尾,能使读者更深入、更透彻地理解文章内容,进一步领会文章的中心思想;精彩的结尾,能唤起读者的思考与共鸣,增强文章的感染力,结尾当如撞钟,"清音有余"。选择结尾的方法,也必须从全局来考虑,要使记叙的事件完整清楚,使文章的结构首尾呼应,以求得更好地表达中心,达到写作的目的。随后,通过阅读范文和学生一起归纳出了几种作文开头和结尾的常用方法。课后,学生对自己的作文进行修改再次上交,我将改后作文张贴于班级板报中。

四

接下来的第三次和第四次作文课我如法炮制,使用投影仪让学生互相"照镜子"。每次集中力量解决学生作文中一两个最大的问题。先后安排了"《羚羊木雕》的续写"和"人生就是_____"这样两个题目。目的是让学生将想象融入文章,思考自己的人生态度。学生写的文章往往显得"干",内容空洞,毫无形象生动可言。譬如抒情,往往用什么"多么美丽""非常伟大"等概念化的语句凌空地抒情,让人读了味同嚼蜡,寡淡无味。而崇个性、重创新,是作文的生命和灵魂。文章要写得丰满动人,就要从观察实物出发,开展想象。这样,文章才能有血有肉,生动形象。

在对《羚羊木雕》的续写中,学生联想丰富、故事情节和结局出人意料。字数也有了明显增加,大多数作文写到了 600 字,基本可以抓住中心有详有略地表述。虽然表述仍有不清,语法错误也不少见,但是,令人鼓舞的是学生的作文开始有了模样。除了常见的肖像、对话和心理的描写外,学生使用了更多的写作技巧,如开头利用梦境,引人入胜;利用环境描写展开故事情节;结尾留下空白,即让人感到文章余音袅袅等等。篇幅所限,此处不再举例。

在"人生就是_____"这篇文章中,学生的题目就很出彩,比如,"人生就是一棵树的变迁史""人生就是逐梦""人生就是一支风险股"等。虽说这是一些经过查字典才写出的题目,但是此时学生的想象已经开始飞翔了。我鼓励他们思考人生的意义和自己生活的目的。学生的文章中出现了前所未有的哲理思考,学生为了让文章有说服力,开始采用比喻、引用和打比方的修辞手法,至此,一些学生的作文已经能够写出真情实感了,那种生编硬套,像挤牙膏似的情况不见了。可以说一些学生已经"登堂入室",找到了写作的路子。

当然,课堂上的时间是十分有限的,教师的作用只是培养他们对写作的兴趣,给予一些指点。时至今日,学生的作文中仍会出现许多让人头疼无奈的语法错误,言语表达的能力还有待不断地练习和提高。但是,让人欣慰的是一些学生开始期待上作文课了。

在今后的课堂中我打算展开专题讲座,主抓语言的文采。古语云:"言之无文,行而不远",语言要有文采,才会富于影响力。所谓文采的界定,我参照了高考说明中对作文语言的要求,将"文采"一词概括为下面四点:(1)词语生动。(2)句式灵活。(3)善于运用修辞手法。(4)文句有意蕴。作为留学生,如若达到这一更高的目标今后的路还很长,需要不断地积累和练习。作为教师,更需要夯实自己的文学功底,提高动笔能力和鉴赏水平。相信在师生的共同努力下,学生的写作能力定会更上一层楼!

参考文献:

[1]杨翼.培养成段表达能力的对外汉语教材的结构设计[J].汉语学习,2000(4).

[2]林芳艳.韩国学生作文中的语言偏误研究[J].对外汉语教学论文专刊,2007.

读《审辩式思维》有感

国际部英语组　王洋

认真阅读了谢小庆老师的《审辩式思维》一书,启发良多。审辩式思维源于英语单词"critical thinking",英文释义为 examining and judging something carefully(仔细检查和判断)。在原来的中文译文里,大多被称作"批判性思维"。相比较而言,我更认同将 critical thinking 译作"审辩式思维"。在进行批判性思维的过程中对已有现实质疑和论证,最后对其进行肯定或创新。

21 世纪是创新型人才培养的时代,具有审辩式思维是创新型人才重要的心理特征。如同谢老师所分析的那样,教育思想的改革,要求我们从"知识传授"向"能力培养"转变;从"教师为主"向"学生为主"转变。语言教学已不是单纯的知识传授的学科,而是一个技能训练的学科。培养学生不懈追问的能力,双向质疑的能力,凭证据说话的能力。换句话说,教育思想的转变,对老师提出了更高的要求。我反复地咀嚼着这段话,在心里不断地问自己:"我准备好了吗?"

每当读到书中触发我共鸣的文字时,我不由地联系到了假期赴加拿大参加教学策略的学习培训。整个培训是愉悦、自由而不乏思考探讨的过程。三位主讲老师 Nieken,Sharon 和 Jenice 渊博的知识,有趣、多变的教学策略,对待教育的激情和热情让我深深地折服了。

其中我们学到的很多教学策略无不体现了审辩式思维的理念。

策略 1 差距分析(Gap Analysis)

主讲老师给每位学员发了一份带有关键词组的材料,要求我们把自己的理解通过绘画的形式表现出来,相关词组列举如下:

light through a leaf　(一缕阳光穿过树叶)

peace is gratitude　　(和平是一种感激)

calm my fears　　(让泪珠平静下来)

sing to the sun　　　(给太阳唱歌)

catch a falling star　　(抓住一颗流星)

在不知背景资料的情况下,我们画出了自己的理解。

接下来,老师跟我们分享了一首诗以及配图。诗作者是经历了美国"9·11"事件后,把所有的情感都赋予到了这首诗里。而我们最开始做的理解练习中的词汇,就出自这首诗。生命与和平对于身处灾难的人们来说是多么的可贵。此时此刻,大家对这些词汇有了更深层次的理解和认识。

这确实是一个很好的锻炼学生发散思维能力的活动,从思考、理解到认知。

策略 2 A/B 谈话 (A/B Talk)

两个同学一组,根据一个问题交换个人意见。老师会随机请 A 或 B 同学复述同伴的观点。语言模式如下

My partner is _____. He or she believes that _____.
My view is similar to / different from _____, for _____.

根据这个活动,学生不仅要认真倾听,训练组织语言的能力,表述的规范化,还要对比思考自己与同伴的观点。培训归来后,我迫不及待地把 A/B 谈话应用到了自己的英语课上,实践证明,有助于学生高效的学习。

策略 3 里圈外圈 inside/outside circles

组织全班学生站成两个圆圈,外圈套里圈。老师会发指令,问与话题相关的问题,里圈同学与外圈相对的同学一组,互相交换意见,时长大概一分钟。接下来里圈同学不动,外圈同学集体向左侧挪一个位置,变换结组,仍然讨论同一个问题。该活动通过多次结组,让学生有更多的机会交换意见,吸取新知。第一个问题讨论完后,老师可以给出第二个、第三个问题,学生在分析交换观点的同时,通过改变同伴而总是充满参与的积极性和活力。

策略 4 旋转木马 Carousel

这是一种头脑风暴活动,通过交流反思等方式,帮助学生发现问题,联系已有的背景知识,把新知识构架起来。

我们培训课上的讨论话题分享如下:

What do they look like in an excellent teachers' class?
(一位优秀老师的课上,以下四方面是如何做的?)

classroom arrangement	课堂安排
assessment and evaluation	评估评价
curriculum and student activity	课程设置和学生活动
relationships with students	与学生的关系

活动形式是学生以小组为单位,讨论一个话题或者观点并记录下来。当每个小组观点都列在了海报纸后,以组为单位,在教室换组,对另一个组的讨论结果给予评价,用特定颜色的笔标注出同意或不同意,以及观点。通过这样旋转的形式,每个组都要停留 1~2 分钟,给予书面评价,最后回到本组最初的位置。老师再给所有组 2~3 分钟讨论其他组给予的评价,最后每组选出代表分享。

策略 5 Gallery Walk

这个活动要求足够的教室空间。通过"Gallery walk"的形式,教师把多张引发大家审辩式思考的图片文字有秩序地粘贴在教室墙上,让学生在教室通过参观浏览的方式认真理解每一张贴图。接下来,老师让学生站到最感兴趣的图片旁,与同兴趣的同学分享观点,并联系新认识。

我们每位学员都找到了自己产生共鸣的内容。我选择的是一张"smart learning"的图片,它认为:听,看和听,写和视觉展示;说,复述和有能力教其他人是学习层级递进的关系。其实这个活动的设计就是 smart learning 理念的体现,并处处渗透着审辩式学习的理念和方法。

以上是结合加拿大培训学习的教学策略,对审辩式思维能力培养方法的再认识。培养和训练人的审辩式思维,主要体现在学校的教学过程中。不同的教学方针,教育理念和教育制度对此有相当大的影响。中国学校教育的方式再不是过去的一言堂。我们看到更多的是孩子独自思考,自主学习能力的提高:课前充分的准备,课堂上的各抒己见,积极地参与讨论以及小组活动的高效。

记得在加拿大培训的第一天,Nieken 老师就跟我们分享了一句与中国教育界达成共识的一句话:"We can't pour from an empty cup. Take care of ourselves first",即我们不能试图从一个空杯子里倾倒知识,首先应该做好自己。

在我们引导培养学生审辩式思维的同时,应不断地修炼自己。备好每一门课,不断地创新、再创新。Nieken 老师只是给我们讲授了半天的课程,但我相信她是提前做了多次的修改和完善的。她尽力把最精华的,最能引发我们思考的内容传授给了我们。

这里引用谢小庆老师的建议,帮助我们革新教育教学理念:"以培养优秀的审辩式思维者为目标,即学生能够积极、自信、理性地运用审辩式思维的各种认知技能,解决学习和日常生活中的各种问题。"

作为教师,我们有责任帮助学生将自信建立于自身的理性力量之上,而不是建立在那些死记硬背的教条之上。教师应努力帮助学生形成开放的心态,习惯于考虑多种可能性。教师应成为审辩式思维人格气质的模范,成为有效运用审辩式思维认知技能的模范。只有在教师榜样的带动下,才可能使学生的审辩式思维得到较好的发展,才能培养出具有审辩式思维的学生。

第六节 基于科学素养与思维能力培养的教学

在教学改革的背景下,我校教师将教学落脚点逐步由"学什么"转变为"怎么学",落实为思维、创新而教。教师以知识内容为基础,将科学素养的培养融入教学,确保学生在完成学习任务的同时能够优化自身学习能力、提升科学思维能力、培养各学科的科学素养。

批判性思维浅见——用一个化学问题进行简单诠释

国际部化学组　李培荣

批判性思维(critical thinking)是现代教育中经常出现的一个词。每到诺贝尔奖颁奖时,中国人一直都希望能有一个中国人获奖,范围从华裔到中国籍的中国人。华人大师杨振宁,李政道,丁肇中,李远哲以及近二十年的朱棣文、崔琦、钱永健和高锟等都获得过诺贝尔奖。2012年,千呼万唤始出来,莫言先生成为第一个中国国籍的诺贝尔文学奖的获得者。我们的国家同时也很需要获得一个理学类的诺贝尔奖。2015年化学家屠呦呦女士获得了诺贝尔生理学或医学奖。这时有人常常就会提到一个词——"批判性思维",人们认为中国教育当中缺乏批判性思维。但是到底什么是批判性思维呢? 我第一次见到这个词的时候,想到的是提出自己的观点,批判批评别人的观点,否定别人的观点。这种观点是一种字面的印象,当然非常片面和肤浅。我在美国的高中看到了一份学校让指导老师给其负责的学生发的材料,让他们进行学习和讨论。材料的题目是《如何变成一名公正的批判性思维者》①(How to become a fair-minded critical thinker) 。上面是这样解释批判性思维的:

思维的公平、公正和诚信。己所不欲,勿施于人。

思维的独立性。即使别人(老师和同学)已经给出了他们的意见,你也应该描述和提出"自己"的观点。

思维上能够持之以恒。不要轻易退缩。当你一开始觉得这件事真的好难啊,不要轻言放弃,而是在心底对自己说:"我行的。"

思维的同理心。保持理解别人心理的思维。"你可以不同意别人的观点,但你要誓死捍卫他人说话的权利。"这也是现在非常流行的一句话。这里讲的是无论你是否同意别人的观点,要学会从别人的视角来看问题,能够并愿意从别人的角度去思考和感受问题是一种重要的生活态度。

思维要保持谦虚的态度。没有人是万能的,可以了解和懂得任何事情。不要对自己不了解的事物"想当然地肯定"。要时刻提出疑问:为什么我觉得这是对的? 为什么你觉得这是对的?

---

① ELDER L,PAVL R.The Aspiring Thinker's guide to critical thinking [M] Dillon Beach,CA: Foundation for Critical Thinking,2009:8-9.

思维的勇气。敢于提出自己的观点,即使你身边的人或朋友不一定赞同。不要害怕有不同的观点,敢于面对质疑,通过解答疑问和讨论论证的过程,寻找更好的更合理的观点。中国人常说"理不辩不明"就是这个道理。

理智的自信。当出现观点不同时,不盲目崇拜固有信念,不表达个人色彩(比如,对方不同意,感觉很愤怒),要提供论据去证明你的观点。以德服人,以理示人。

公正的心。试图去寻找每种情况下解决问题最公正合理的方法。考虑问题要考虑别人的感受,而不是只考虑自己,三思而后行。当别人的需求更需要实现的时候,有时候能放弃自己的利益或观点去帮助别人,成就别人。送人玫瑰,手留余香。

我觉得这里讲到的批判性思维很好,不仅是在教学中提出批判性思维的观点,也在教育学生中起到很好的作用,三思而后行,为人为己。从我的解释中大家不难看出,批判性思维其实和我们中国古代的很多哲学理念是不谋而合,相得益彰的。

那么在教学和教育中如何体现批判性思维呢?我以化学教学中遇到的一个问题来作为一个范例。金属铝在化学上有一个特别的性质,它是两性金属,既能和酸(或显酸性的物质)反应也能和碱(或显碱性的物质)反应。关于它的题目五花八门。其中的一道是:

在一个充有二氧化碳气体的铝制易拉罐里加入 10mL 的浓氢氧化钠。现象是

_____。

一般来说,这是基于铝作为两性金属的一道"定性"的推理题。标准答案是易拉罐先变瘪,再鼓起。原因是氢氧化钠先和易拉罐中的酸性气体二氧化碳反应,罐内气体体积减小,压力减小,所以易拉罐先变瘪了;然后易拉罐本身的铝发生反应,放出氢气,气体体积又增大,压力增大,所以易拉罐又鼓起来了。我教了两个班,一个入学成绩高一些,一个成绩低一些。成绩高的班很多同学都认同了这个答案,没有异议。但是成绩低的班级就提出疑问。"你怎么知道氢氧化钠是足量的,一定能和二氧化碳反应完后还有剩余呢?如果反应没有剩余,不就不会鼓起来了吗?"还有一个思路是两个班同时各有一个同学的答案是易拉罐漏了。作为新教师,我没解决过这样的问题,因为我认为这样的答案是理所当然的,这很明显考的就是这个知识点嘛。但是,我没有这样说。凭着初生牛犊不怕虎的心理,我和同学们进行了讨论和从定量的角度进行了分析。在这里反映了我们的学生是有思维独立性和思维的勇气的。我呢,作为老师要有同理心和用谦虚的态度来应对学生的质疑,因为我自己没有想到学生会从这样的角度进行分析。那么我们就试一

试,看能不能用"定量"的方法,有理有据地证明这个观点——易拉罐到底会不会鼓起来。

核心是计算二氧化碳和氢氧化钠量看它们哪个是过量的。

1. 计算二氧化碳的物质的量

我们利用在物理上学习过的理想气体状态方程:

$PV=nRT$

$P=1×10^5\,Pa$ $R=8.134J/mol$ $T=298K$

V 就是易拉罐的体积,一般为335mL左右。

$n=0.0135mol$

2. 计算氢氧化钠的量

$n=CV=0.01LC$

题中给出的是氢氧化钠浓溶液并没有给出具体的浓度。那么什么是浓溶液呢? 是90%还是50%。

新的问题需要确定:什么是浓溶液? 实际上物质不同,它所形成的浓溶液的浓度并不相同。比如,浓硫酸的浓度可以达到98%以上,而浓盐酸的浓度仅为37%。

这样我们就需要知道在常温下,氢氧化钠的溶解度是多少(如表3-18)。

表 3-18

温度(℃)	0	10	20	30	40	50	60	70	80	90	100
溶解度(g)	42	51	109	119	129	145	174	299	314	329	347

25℃ 氢氧化钠的饱和溶液浓度可到达26.4mol/L。(它的质量百分比 W%=51%)

$n=CV=26.4mol/L × 0.01L=0.264\ mol$

3.比较哪个过量

$2\ NaOH +CO_2 = Na_2CO_3+ H_2O$

                  2   1

            0.264   0.0135

很明显 10mL 浓氢氧化钠溶液与 335mL 的二氧化碳比较,氢氧化钠是过量的。所以能够使易拉罐变瘪,继续与铝反应会使易拉罐再鼓起来。

其实上面的方法,我没有做过实验,也只是一种理论上的假设。从理论计算上是可行的,但操作起来需要条件。比如:(1)开启的易拉罐如何保证易拉罐的密封,会不会漏气,能不能很明显地出现先瘪了,后鼓起的现象,不得而知,不知道有没有人尝试过。是否要向易拉罐制造的工厂求助呢?(2)现在如果没有泄露,那么增大浓氢氧化钠的体积会不会漏出呢? 这就需要我们做更多的实验去验证了。

批评性思维也许就在我们的身边,在我们忽略的不经意错过的念头中,在我们本想争辩又放弃的观点中。我们要有勇气去思考,相信自己能独立思考,并能加以证明。同时,也要尊重别人的观点、思考的角度和立场,为他人考虑,做事先做人。教学中有教育,教育中有教学。这里引用文章中的一句话作为结束:"如果人人能多思考,考虑自己也考虑他人,世界将变成美好的明天。那么这个世界就会少一些痛苦和磨难。"这何尝不是人类教育的本质呢?

批判性思维是一个国家教育教学发展中的长期课题。教育教学需要和学生的思维发展联系起来,不能脱离学生去研究,从学生中学来,到学生中去。不断提高自己的学习能力,更新知识结构和体系,知识虽然类似,但是需要随着时代而更新,随着学生知识体系的变化而改变,以学生发展为本,不忘教育教学中需要引导思维的初心。

三角函数的诱导公式

国际部数学组　彭莉

一、教学背景

(一)教学内容分析

本节课取自人教 A 版第五章第三节诱导公式第一课时,探究诱导公式。本节课既是之前利用单位圆研究三角函数定义知识的延续与拓展,又为之后进一步研究三角函数的图像与性质奠定基础,在本章中起着承上启下的作用。

诱导公式可以实现把任意角的三角函数值转化为锐角的三角函数值。虽然现在的函数型计算器可以对任意角的三角函数值进行计算,但三角函数诱导公式的本质是让学生发现直观背后的数量关系,学会将几何特征数量化。让学生在由几何关系探讨数量关系式的学习过程中,感受数形结合、类比、抽象和划归等数学思想,对学生的能力提升和思维发展都起着积极的作用。

因此本节课把"怎样研究问题"放在核心地位,重点是让学生掌握研究问题的方法和提升抽象的思维能力。

(二)学情分析

在本节课之前,在知识层面上,学生学习了基于单位圆的三角函数定义,以及终边相同的角的概念,能够基于单位圆,得到任意角的三角函数值,且能够基于终边所在的象限,准确得到三角函数的符号。在思维层面上,学生能够基于几何图形来探讨对应的数量关系,能够将几何特征数量化。

本班学生思维活跃,课堂参与积极度高,同时也需要老师给予部分引导。

二、教学目标

经历分析终边所在的象限,能够完成角度之间关系的转化。

经历分析单位圆对三角函数的定义,能够将角之间的关系转化为三角函数值之间的关系,发展数形结合的思维。

经历由特殊到一般的推导过程,能够完成三角函数诱导公式的推导,发展推理能力。

经历化简和求值过程,能够理解诱导公式应用。

三、教学重难点

教学重点:发现相应角和其三角函数之间的关系,建立联系。诱导公式的应用。

教学难点:发现相应角和其三角函数值之间的关系,建立联系。

四、教学过程

(一)环节一:新课引入,设置问题情境

创设情境,引发学生思考求取三角函数值的过程。

【问题一】如何利用三角函数的定义,求取如下三角函数的值。(如图 3-53)

1)$\sin 45°$

2)$\sin \dfrac{7\pi}{6}$

3)$\sin \dfrac{2\pi}{3}$

追问一:在求取方法中用到的关键锐角的值是多少?

学生:在求解过程中都使用了关键的锐角 $30°$ $30°$ 和 $60°$ $60°$。

追问二:将关键锐角表示在第一象限后,待求取角度和第一象限对应锐角的

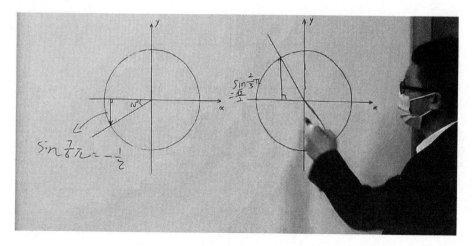

图 3-53

关系是什么？

学生：角度关系如下。

$$\frac{7\pi}{6} = 210° = 180° + 30°$$

$$\frac{2\pi}{3} = 120° = 180° - 60°$$

追问三：待求取的三角函数值和第一象限对应锐角的三角函数值之间有什么关系？

学生：对应函数关系。（如图 3-54、3-55、3-56）

设计说明：从形的角度入手研究，并进一步将形的关系代数化，并从不同角度进行表示，体现了数形结合的思想，进一步建立三角函数值的联系时，体现了联系性。

（二）环节二：探究诱导公式

【问题二】结合问题一得到的规律是否适用于其他的锐角 α？

教师引导学生将问题一结论的特殊角转化为任意锐角，发现如下正弦规律：

$$\sin(\pi + \alpha) = -\sin\alpha$$

$$\sin(\pi - \alpha) = \sin\alpha$$

$$\sin(-\alpha) = -\sin\alpha$$

追问一：上述转为锐角 α 的规律是否适用于余弦和正切函数？

追问二：若 α 的范围不局限于锐角，对终边为其他象限的象限角，上述正弦、余弦正切规律是否适用？

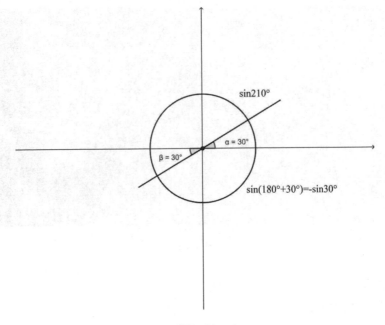

图 3-54

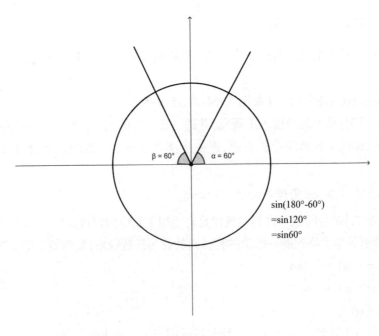

图 3-55

$$\sin(180°+30°)=-\sin30°$$

$$\sin(180°-60°)=\sin60°$$

图 3-56

追问三:所有上述规律有什么规律?

此时提出追问二和追问三,学生可以发掘问题本质,即用终边形成的三角函数线来确定函数值及符号之间的关系,推断出可以为任意角,且对余弦函数也适用。

在进一步研究正切函数时发现,可以通过同角三角函数的关系,推理得到其诱导公式,从而提高学生多角度思维能力。

学生在思考追问三时,也要引导学生探究发现,符号由象限决定。(如图 3-57)

$$\cos(180°+\alpha)=-\cos\alpha$$
$$\sin(180°+\alpha)=-\sin\alpha$$
$$\tan(180°+\alpha)=\tan\alpha$$

$$\sin(180°-\alpha)=\sin\alpha$$
$$\cos(180°-\alpha)=-\cos\alpha$$
$$\tan(180°-\alpha)=-\tan\alpha$$

$$\cos(-\alpha)=\cos\alpha$$
$$\sin(-\alpha)=-\sin\alpha$$
$$\tan(-\alpha)=-\tan\alpha$$

图 3-57

设计说明:通过将特殊情况转化为一般情况,培养学生类比和抽象能力。通过推理得到正切公式,培养学生的逻辑思维能力。

（三）环节三：学以致用

【问题一】化简

$$\frac{cos\,(180°+\alpha)\,sin\,(\alpha+360°)}{tan\,(-\alpha-180°)\,cos\,(-180°+\alpha)}$$

学生尝试进行代数运算，出现不同答案，以此对公式应用进行分析。（如图3-58，图3-59）

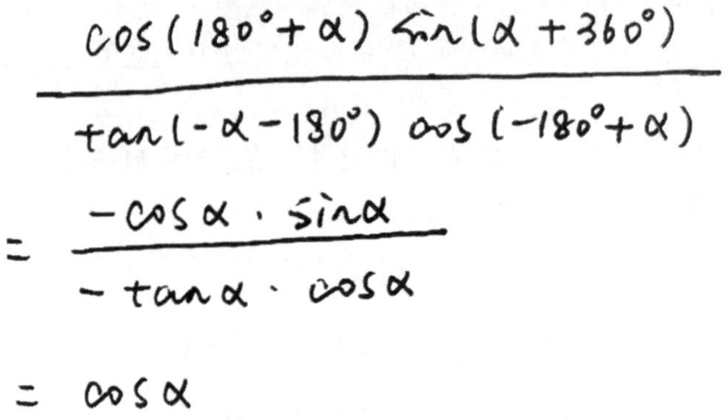

$$\frac{cos(180°+\alpha)\,sin(\alpha+360°)}{tan(-\alpha-180°)\,cos(-180°+\alpha)}$$

$$=\frac{-cos\alpha\cdot sin\alpha}{-tan\alpha\cdot cos\alpha}$$

$$=\;cos\alpha$$

图 3-58

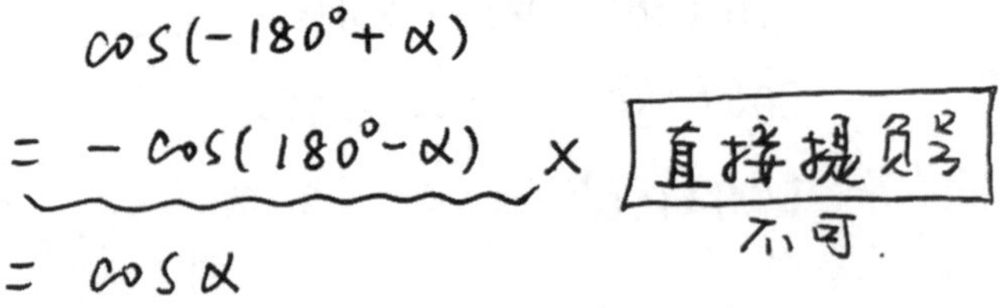

$$cos(-180°+\alpha)$$

$$=-cos(180°-\alpha)\;\times\quad\boxed{\text{直接提负号}}$$

不可

$$=\;cos\alpha$$

图 3-59

设计说明：通过分析运算对象，选择运算规则，计算并判断问题结果等环节，提升学生数学运算能力。

（四）环节四：思维提升

【问题一】能否找到下列问题的答案？（如图3-60）

$$\sin\left(\frac{\pi}{2}-\alpha\right)=\sin\left(\frac{\pi}{2}+\alpha\right)=$$

$$\cos\left(\frac{\pi}{2}-\alpha\right)=\cos\left(\frac{\pi}{2}+\alpha\right)=$$

图 3-60

设计说明:留给学生思考空间,应用本节课研究问题的方法,落实本节课教学目标。

五、教学反思

1.本节课设计突出探究问题的过程,应用还有待加强。

2.本节课通过小组探究,逐步发现本质,并完成抽象推导,充分发展学生思维,同时也需要提高课堂效率,注重小组活动的衔接和推进,以及给予所有同学展示的空间。

六、板书设计

诱导公式

(一)诱导公式

$$\alpha\text{ 看作第一象限}\begin{cases}\sin(180^\circ+\alpha)=-\sin\alpha\\ \cos(180^\circ+\alpha)=-\cos\alpha\\ \tan(180^\circ+\alpha)=\tan\alpha\\ \\ \sin(180^\circ-\alpha)=\sin\alpha\\ \cos(180^\circ-\alpha)=-\cos\alpha\\ \tan(180^\circ-\alpha)=-\tan\alpha\\ \\ \sin(-\alpha)=-\sin\alpha\\ \cos(-\alpha)=\cos\alpha\\ \tan(-\alpha)=-\tan\alpha\end{cases}$$

(二)例题展示

$\cos(180^\circ+\alpha)=-\cos\alpha$

$\sin(\alpha+360^\circ)=\sin\alpha$

$\tan(-\alpha-180^\circ)=\tan[-(\alpha+180^\circ)]=\tan(\alpha+180^\circ)=-\tan\alpha$

$\cos(-180^\circ+\alpha)=\cos[-(180^\circ-\alpha)]=\cos(180^\circ-\alpha)=-\cos\alpha$

据上可得：

$$\frac{\cos(180°+\alpha)\sin(\alpha+360°)}{\tan(-\alpha-180°)\cos(-180°+\alpha)}=\frac{(-\cos\alpha)\cdot(\sin\alpha)}{(-\tan\alpha)\cdot(-\cos\alpha)}=-\cos\alpha$$

从 Buffon 投针说起

国际部数学组　熊家永
美国 Bates College　　Wu Xiong

古老的圆周率 π，几乎贯穿了整个数学。从"周三径一"开始，中国有最常用的徽率 3.14、最自豪的约率 $\frac{22}{7}$ 和密率 $\frac{355}{113}$，外国有鲁道夫数、谢克斯墓碑和后来居上的"808 位"。为了准确计算 π 值，古今中外的数学名家孜孜不倦、各显神通，你方唱罢我登场。

如果说"投针实验"是最为怪诞的方法，那么笔者认为"滑块碰撞"就是最为滑稽的物理实验。信不信由你，物理实验也可以求 π！

一、Buffon 投针问题

"投针问题"记载于 Buffon1777 年出版的著作中："在平面上画一组间距为 d 的平行线，将一根长度为 $l(l\leq d)$ 的针任意投在这个平面上，求此针与平行线中任一条相交的概率。"

解：如图 3-61，我们设一枚针被投下后与平行线所成的角为 θ，其中 $\theta\in[0,\pi)$，

由几何概型公式可知，$\theta\in[\theta,\theta+\Delta\theta)$ 的概率为 $P_1=\dfrac{\Delta\theta}{\pi}$。

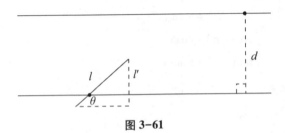

图 3-61

如果我们设此针在平行线垂直方向的投影为 l'，那么 $l'=l\sin\theta$，其中 $l'\in[0,l]$。

此时针与平行线相交的概率为：$P_2 = \dfrac{l'}{d} = \dfrac{l\sin\theta}{d}$。

当 $\theta \in [\theta, \theta + \Delta\theta)$ 时，我们设该针与平行线相交的概率为 $P(\theta)$，则有：

$P(\theta) = P_1 P_2 = \dfrac{\Delta\theta}{\pi}\Delta\dfrac{l\sin\theta}{d}$。

我们设 Buffon 投针问题所求的概率为 P，那么由定积分的定义和牛顿–莱布

尼茨公式有：$P = \displaystyle\int_0^\pi \dfrac{l\sin\theta}{\pi d}d\theta = \dfrac{-l\cos\theta}{\pi d}\Big|_0^\pi = \dfrac{2l}{\pi d}$，因此 Buffon 公式为 $P = \dfrac{2l}{\pi d}$。

【注1】：这是一个简洁的结论，当实验用针的长度 $l = \dfrac{d}{2}$ 时，有 $P = \dfrac{1}{\pi}$，这是

Buffon 公式的特例。

二、投针实验求 π

第1步 取一根长为 l 的大头针备用；

第2步 取一张 A3 的白纸，在上面画上许多条间距为 $2l$ 的平行线；

第3步 随机将备好的大头针向 A3 纸上投掷 n 次，记录针与直线相交的次数

m；然后，根据 Buffon 公式计算：$\pi \approx \dfrac{n}{m}$。

【注2】：投针实验计算的 π 值并不一定很精确，但这次实验是数学史上第一次使用随机实验来解决确定性数学问题，也是公认的计算 π 最为怪诞的方法。

三、G.G 碰撞实验

有时候，数学和物理的默契简直令人难以置信。下面笔者介绍的物理实验，其实也是一个数学游戏。

在你的眼前，假设有一个无限光滑的平面。在平面的左侧立有一堵高墙，这堵墙表面无限光滑且质量无限大。平面上静置着两个理想的滑块。

如图 3-62，设这两个滑块分别为 m, M，现在我们赋予 M 以 v_0 的初速度，使它向左滑行，由于 m 位于高墙和 M 之间，它势必与 M 和墙发生若干次碰撞。假设每一次碰撞不存在任何能量损失，甚至连声音都没有发出，由于左边高墙质量无限大，经过若干次碰撞以后，右边的滑块终将调转方向，缓缓向右滑行，直到 m 再也不发生任何碰撞，直到永远……

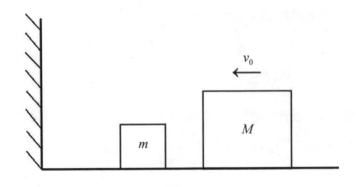

图 3-62

物理实验也好,数学游戏也好,需要我们干什么呢?作为观察员,我们要做的就是:数一数 m 与 M 和高墙究竟发生了多少次碰撞。我们可以借助一切现代科技手段,一定要数清楚究竟发生了多少次碰撞。因为这直接关乎 π 值计算。

为什么 π 会出现在这里呢?是不是太不可思议啦?

Grant Sanderson 毕业于斯坦福大学计算机系,目前在 3Blue1Brown 负责制作数学视频。他利用数学家 Gregory Galperin 于 2003 年发表的论文《一个计数谜题的意外答案》制作出一个生动的视频:《为什么方块碰撞能够用来计数 π》,视频精彩地再现了 π 一定会出现在这里。更为惊奇的是,其证明过程中所用理论全部来自高中数学和物理教材。根据动量守恒和能量守恒定律得出的表达式,巧妙建立平面直角坐标系,利用直线和圆的方程就破解了这个有趣的难题。

考虑到二位原创者都是字母 G 打头,我们不妨将这种计算 π 值的方法称为"G.G 碰撞实验"。

(一)周三径一

在 G.G 碰撞实验中,我们设两个滑块的质量分别为 m, M,当取 $M = m$ 时,M 以 v_0 的初速度向左滑行,与 m 发生弹性碰撞后立即静止,m 获得初速度 v_0 继续向左滑行,当 m 与左边高墙发生碰撞后,由于能量和动量守恒,它会立即掉头向右开始滑行,直到与 M 发生碰撞,这时 m 静止,M 获得速度 v_0 继续向右滑行……

在整个过程中,m 与 M 和高墙一共发生了 3 次碰撞,根据 Gregory Galperin 理论,$\pi \approx 3$,这也是公元前 1 世纪《周髀算经》所记载的"周三而径一"。

(二)徽率 3.14

在 G.G 碰撞实验中,我们取 $M = 1.0 \times 10^4 m$,M 以 v_0 的初速度向左滑行,与 m 发生弹性碰撞后继续前行,m 获得初速度向左快速滑行,当 m 与左边高墙发生碰撞后，它会立即掉头向右滑行，直到与 M 发生第二次碰撞，由于 $m < M$，m 会再次掉头……就这样，m 在 M 和高墙之间来回震荡，直到 M 获得足够的能量掉头缓缓向右滑行……

在整个过程中，Grant Sanderson 用先进的电子技术手段，做出动画形象真实地记录下 m 与 M 和高墙一共发生了 314 次碰撞，根据 Gregory Galperin 理论，$\pi \approx 3.14$。这也是魏晋时期《九章算术注》所记载的圆周率。由于该书作者是大数学家刘徽，我国称 3.14 为徽率，这是中小学最常用的圆周率。

（三）祖率

约率 $\frac{22}{7}$ 和密率 $\frac{355}{113}$ 都是由南北朝数学家祖冲之提出的，这是表示圆周率最棒的两个分数。

祖冲之更伟大的成果领先世界将近 1000 年！他准确地计算出 π 的小数点后七位，并且告诉世人 π 的精确值位于 3.1415926 与 3.1415927 之间，即 $\pi \in$ (3.1415926, 3.1415927)。时至今日，这也是一个正确无误的结论。因此国际数学界曾提议将圆周率定名为"祖率"，记为希腊字母 π。

如果要达到祖冲之的高度，根据 Gregory Galperin 理论，必须取 $M = 1.0 \times 10^{14} m$ 进行滑块实验。我们假设小滑块是一个水立方，即 $m = 1.0\ m^3$，那么大滑块必须取 $M = 10^{14}\ m^3$。

这样说你也许没什么感觉，举例来说，长江是世界第三长河，亚洲第一长河。长江的年均输水量约为 10000 亿立方。也就是说大滑块必须取长江 10 年的总水量，才可以达到祖冲之高度。

结语：就算可以找到这样大的滑块，世界上也存在质量无限大表面无限光滑的高墙，碰撞试验一切都在最理想的状态下进行，但是需要我们在短短数秒之内，准确地数清楚已经发生的 31415926 次碰撞，这如何才能做到？

如此看来，"G.G 滑块碰撞实验"理论意义大于现实意义，它称得上计算 π 的最偏门、最滑稽的方法！

参考文献：

[1]熊家永.圆周率 π 之最[J].数学教育研究,2008(6).

[2]GALPERIN G.Playing Pool With π (The Number π From A Billiard Point of View)[J]. Regular and Chaotic Dynamics,2003,8(4).

[3] SANDERSON G.为什么方块碰撞能够用来计数 π [EB/OL]. 3Blue1Brown, 2019-01-26.

在新的环境中赋予三角函数以新的生命
——基于《任意角三角函数》的课堂探索

国际部物理组　闫凌加

一、背景介绍

本节课程设计基于美国 Pre AP 数学课程对学生的能力要求进行设计,着眼于对学生的逻辑思维能力训练和培养,并且在课程中通过学思结合、课堂反馈提升学生的科学素养。

(一)教材分析

任意角的三角函数定义是平面三角的基础概念。理解、巩固该定义为三角变换、三角函数图象性质、解三角形的学习奠定基础。

(二)学情分析

初中学习了锐角三角函数的定义,并能进行初步应用。同时前一节也对角的概念进行了推广,借助平面直角坐标系学习了任意角。这些为任意角三角函数定义学习奠定了基础。

学生具备一定的探究能力,可以在初中定义的基础上探索并理解"终边定义法"。

二、课程具体目标

1.学生理解并掌握任意角三角函数的定义

2.学生可以根据任意角三角函数的定义求三角函数值

3.学生理解并掌握三角函数在各象限的符号,培养其归纳概括能力

4.学生理解体会数学概念拓展的思路和方法,确定性和包容性

三、教学重难点

重点:任意角三角函数的定义。

难点:由锐角三角函数定义推广到任意角三角函数的定义。

四、设计思路(如图 3-63)

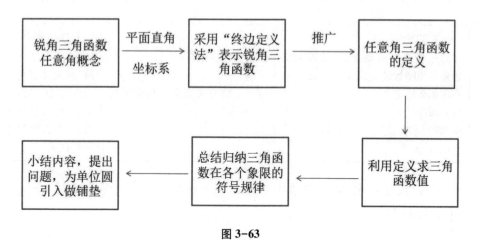

图 3-63

五、教学过程

(一)复习引入

回顾学过的知识,为引入任意角三角函数做铺垫(如表 3-19)。

表 3-19

教师	学生
1.温故知新 初中在直角三角形中是如何定义锐角三角函数的? Hypotenuse Opposite Adjacent	回顾初中锐角三角函数的定义。 $sine\sin\alpha = \dfrac{opp}{\Delta py}$ $cosine\cos\alpha = \dfrac{adj}{\Delta py}$ $tangent\tan\alpha = \dfrac{opp}{adj}$

(二)提出问题,引发学生思考和探究;由锐角三角函数定义推演得到任意角三角函数的定义。(如表 3-20)

表 3-20

活动内容		活动意图
教师	学生	
2.引出课题 学过了任意角的概念后,是否能将锐角三角函数的定义推广到任意角三角函数的定义? Eg: $sin120° = ?$ $cos120° = ?$ $tan120° = ?$	学生思考后作答: 不能。 因为不能满足直角三角形的这个"环境"。	引发学生思考,探究新的"环境"研究任意角三角函数的定义,突破现有锐角三角函数的局限性。

（三）理性推理,掌握科学探究的一般方法和步骤。培养学生的数学素养(如表 3-21)。

表 3-21

活动内容		活动意图
教师	学生	
3.引导学生,巧用工具 回顾任意角的学习中,借助了直角坐系这个新"环境",探究任意角三角函数的定义时,可以借助什么新的"环境"或"工具"? 4. 探究定义 引入直角坐标系后,如何表示锐角三角函数? 	学生思考后作答: 同样可以借助直角坐标系这个新"环境"。 学生小组讨论,展示方法: 将原来的直角三角形"移入"坐标系中,P 点坐标(x, y)。 由图可知:$OM = x, MP = y$。根据勾股定理,可知直角三角形的斜边长 $OP = r = \sqrt{x^2 + y^2} > 0$ $sin\alpha = \dfrac{opp}{yp} = \dfrac{y}{r}$ $cos\alpha = \dfrac{adj}{py} = \dfrac{x}{r}$ $tan\alpha = \dfrac{opp}{adj} = \dfrac{y}{x}$	用熟悉的三角函数边之比得到坐标之比,在直角坐标系中赋予了三角函数新的"生命";由边之比上升为实数之比。这是质的飞跃。

活动内容		活动意图
教师	学生	
5.加深理解 如果改变角 α 终边上点 P 的位置，三角函数值是否会改变？ [强调]P 点位置与 α 角的三角函数值无关。换言之，α 角的终边一旦确定，那么三角函数值随之确定。 定义：在 α 终边上任取一点 P（除了原点）的坐标为 (x,y)，则它与原点的距离为 r（$r=\sqrt{x^2+y^2}$），那么三角函数值分别为： $sin\alpha=\dfrac{y}{r}$ $cos\alpha=\dfrac{x}{r}$ $tan\alpha=\dfrac{y}{x}(x\neq0)$	学生小组讨论，得出结论：根据三角形相似，可判断当 P 点位置发生改变时，比值将不会发生改变。 学生理解和记忆定义。体会新定义的便捷，同时涵盖了原有锐角三角函数的定义。感悟研究科学问题的一般方法。	三角函数值的计算不再依托于三角形，新的工具具有更为广阔的应用空间。 为了加深对任意角三角函数的理解，用相似三角形可以证明随着 P 点位置发生改变，比值不会发生改变。

（四）加深对定义的理解，终边确定，利用终边上一点坐标的比值即可得到三角函数的值。（如表3-22）

表 3-22

活动内容		活动意图
教师	学生	
6.推广定义 将这种方法推广到其他象限角的三角函数定义中。将角 α 的终边落在第二象限,求出角 α 的三角函数值。 7.解决问题 回到上课时提出的问题,利用定义如何解决? i. $sin120° = \dfrac{\sqrt{3}}{2}$ ii. $cos120° = -\dfrac{1}{2}$ iii. $tan120° = -\dfrac{\sqrt{3}}{3}$	[学生小组活动] 探究第二象限三角函数的值。 依据上述坐标之比,可知: $sin\alpha = \dfrac{y}{r}$ $cos\alpha = \dfrac{x}{r}$ $tan\alpha = \dfrac{y}{x}$ i. $sin120° = $ $\dfrac{\sqrt{3}}{\sqrt{(-1)^2 + (\sqrt{3})^2}} = \dfrac{\sqrt{3}}{2}$ ii. $cos120° = $ $\dfrac{-1}{\sqrt{(-1)^2 + (\sqrt{3})^2}} = -\dfrac{1}{2}$ iii. $tan120° = \dfrac{\sqrt{3}}{-1} = -\sqrt{3}$	推广了任意角三角函数的定义,由具体到抽象。让学生体会和感悟研究科学问题的一般方法,培养学生的数学素养! 回归上课时提出的问题,利用推广的三角函数定义解决问题。

（五）总结归纳三角函数在各象限的符号规律(如表3-23)。

表 3-23

活动内容		活动意图
教师	学生	
8.三角函数在各象限的符号 提问:由三角函数定义可知,三角函数的值有正有负。通过上述题目也得到验证。那么三角函数在各象限的符号有什么特点? 记忆法则: American Students Teach Calculus. 例:判断满足下列要求的 α 角所在的象限。 Determine which quadrants α belongs to? $sin\alpha < 0$ and $cos\alpha < 0$(Ⅲ) $cos\alpha < 0$ and $tan\alpha < 0$(Ⅱ) $sin\alpha tan\alpha > 0$(Ⅰ & Ⅳ) 9.探究终边相同的角的三角函数值的特点 给出的三个角度与120°有何关系?写出与其终边相同的角的集合。用弧度制如何表示?分析终边相同的角的三角函数关系。 $sin480° =$ $cos（-240°）=$ $tan(-600°) =$ 10.探究轴上角的三角函数值 Evaluating Trigonometric functions of Quadrantal Angles by using definition. 11.小结 1)任意角三角函数的定义; 2)本节课体现了科学研究的一般方法,由具体到抽象。提出问题,大胆猜想,推理论证,得出结论; 3)既然 P 点选择任意,如何简化任意角三角函数定义?	【学生小组活动】分析结论。 学生小组讨论,探究三角函数在各个象限的正负,最终总结规律。 $sin\alpha > 0$ 　 $All > 0$ $tan\alpha > 0$ 　 $cos\alpha > 0$ 通过小组讨论,得到终边相同的角的三角函数值也相同。 $sin(\alpha + k\cdot 2\pi) = sin\alpha$ $cos(\alpha + k\cdot 2\pi) = sin\alpha$ $tan(\alpha + k\cdot 2\pi) = sin\alpha$ 【学生分组活动】 讨论结果。	总结三角函数在各象限的符号。在理解的基础上熟悉并记忆。 对各象限三角函数的符号进行练习。 通过探究发现,终边相同的角的三角函数值也相同。 探究轴上角三角函数值的特点。 回顾本节课内容,同时为下一节单位圆的引入埋下伏笔。

六、教学反思

本节课的主线以问题引出,教师提问,学生作答。学生可以很好地进行思考并反馈。今后的课如果可以变成学生提问,注重课堂的生成性会更好。让学生自己提出问题,寻求解决问题的方法和途径,教师真正发挥主导作用。在日后的教学中,培养学生发现问题和提出问题的能力,让学生可以养成良好的思维习惯。

国际课程物理教学中科学素养的培养
——《平抛运动》

国际部物理组　孟庆楠

高中阶段物理课程核心素养指出不仅要注重学科知识和技能的训练,更要注重对学生科学思维、科学探究、创新思维、实践和解决问题能力的培养,引导学生在了解科学本质及科学与社会关系的基础之上形成正确的世界观和价值观、培养科学的责任感和使命感。要实现以上目标,离不开具体的教学实践,本人以《平抛运动》一课的准备过程为例,浅析如何尝试在教学实践中落实课程理念,发展学生的物理科学素养。

美国 AP 课程物理教材与英国 A Level 高中物理教材都把平抛运动这一节放在运动学部分,也就是学生在本节课之前只学习了一维运动及相关规律,还没有动力学知识基础,所以本节课对平抛运动的规律探寻以探究为主。教学设计依次包括四个环节,首先以"定点投球"游戏让学生体验平抛运动,激发学生的学习兴趣,活跃课堂气氛,让学生亲身体验平抛运动;其次是总结提升形成物理概念的环节,学生在生活中看到很多抛体运动,但哪些是平抛运动,从生活现象中归纳一般规律,总结提炼平抛运动的概念和特点,培养学生形成科学物理观念的素养;再次,从篮球的平抛运动引导学生采用矢量分解的方法研究平抛运动,设计实验方案,提升学生科学思维的相关素养;最后是实验探究环节,学生小组合作,记录平抛运动轨迹,探究水平和竖直分运动的运动轨迹,体验一般的物理实验探究过程,培养学生科学探究能力、实践与解决问题的能力,提升科学思维和科学态度的相关素养。

一、要发展学生的物理科学素养,课堂以教学生"学会"转向引导学生"会学"

新老师在备课时存在心理上的共性,怕自己无法掌控课堂而不敢放手让学生自主学习。以体验平抛运动的教学活动设计为例,我在备课过程中经历了从不放开到半放开,再到全放开的过程。最初,我设计了用电脑动画投射炮弹的游戏,看谁能投中目标,非交互式的体验形式使得学生对体验环节没有太多的热情;与指导老师交流后,我采用实体投篮的形式,以问题"看谁能以平抛运动投中目标"引导学生发现,学生的学习兴趣得到了一定的调动;最后,我完全放开,让多组学生体验不同物品进行投掷,并对发现的现象进行归纳,学生在投掷过程中归纳物理现象,学习热情高涨,课堂气氛十分活跃。对于这种接近学生最近发展区的问题,采用开放式的体验活动,减少教师教授,能更好地让学生从"学会"转变为"会学",而这种"会学"的能力对学生日后学习活动的方方面面都有帮助。

【教学活动】体验平抛运动

设计意图:学生亲身体验不同物品的平抛运动,观察实验现象得出平抛运动的特点。本环节让学生从生活中的实例出发,构造物理模型,体会从实际问题建立物理模型解决问题的方法。

教师提供橡皮、网球、纸团、糖果,选四个学生到教室中间,让学生充分体验,并思考:观察到哪些现象?

【学生活动】学生用他们认为的平抛运动将物体投向网兜。

学生总结:

a)物体水平抛出去;

b)运动轨迹向前向下是个曲线。

二、科学探究是科学学习的主要方式,也是形成物理科学素养的主要途径

科学探究对学生提出问题、研究问题、交流和合作能力等的形成具有十分重要的价值。本节课在研究平抛运动水平和竖直方向分运动的运动形式环节主要采用的是科学探究的教学方式。

本环节,我们先引导学生分析研究平抛这种曲线运动的研究方法,针对问题提出猜想和假设,小组讨论设计实验方案,结合现代化的传感器设备,进行实验探究获得清晰的实验数据,处理得到数据图像,分析论证得到结论。(如图3-64)

【教学活动】实验平抛运动的运动规律(如图3-65)

设计意图:培养学生科学探究的素养和结合现代化实验设备进行实验操作的能力,掌握平抛运动的规律。

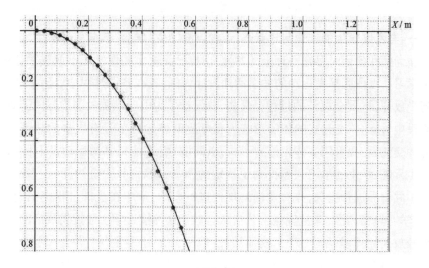

图 3-64

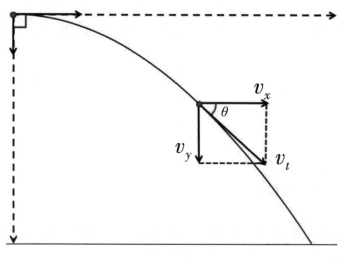

图 3-65

（提问）水平抛出的篮球运动轨迹是一条曲线,篮球为什么一直向前的同时又一直向下呢?

（学生猜想）水平方向篮球不受力,竖直方向受重力。

（提问）对于这种曲线运动,我们去研究它是非常困难的,目前我们只学习了一些有限的直线运动,那我们如何将复杂的运动转化为简单的运动呢?

（学生猜想）篮球运动的位移和速度都是矢量,可以对它的运动进行分解。

（提问）那如何分解,猜想一下分解之后的两个方向分别为什么运动。

（学生猜想）水平方向和竖直方向，水平方向为匀速直线运动，竖直方向为加速运动。

实验活动：小组讨论设计实验方案，探究平抛运动的运动规律，画出装置简图。

教师提供传感器实验装置，用二维运动传感器来记录平抛运动的运动轨迹。

学生分组实验：依据学案步骤进行实验，得到实验图像，分析从中能得到什么结论。（如图 3-66，图 3-67）

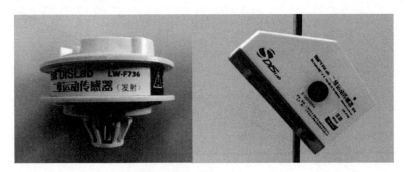

图 3-66

图 3-67

　　教师在学生实验的基础上,对得到的物体运动轨迹进行分解,分别画出水平速度分量随时间的图像和竖直速度分量随时间的图像,引导总结出平抛运动的水平方向为匀速直线运动,竖直方向为自由落体运动。(如图3-68)

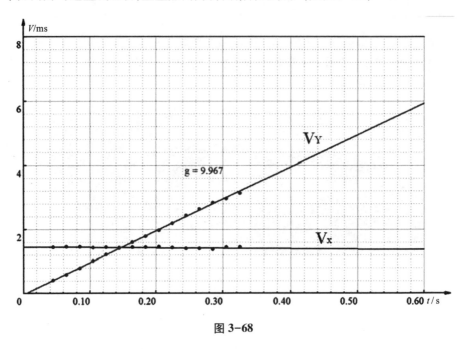

图 3-68

三、本节课堂教学中的收获和感悟

　　对于一个新教师我最担心的是课堂把控能力,在引课环节,对于学生活动我从不放开到全放开,学生在实际体验过程中归纳物理现象,提高学习热情,也活跃课堂气氛;同时本节课使用了二维运动传感器,让学生课下自己去查阅二维传感器的原理,来与我讨论。

　　期末复习时,学生们对这节平抛运动的课印象非常深刻。

　　人教版教材《平抛运动》这一内容是在学生学习完牛顿第二定律之后接触的,这时候学生可以运用已学知识对平抛运动进行理论猜想,再用实验进行验证。但美国和英国物理教材内容的安排是考虑到让学生用一维运动学习的运动规律探究二维运动,虽然此时学生没有学习牛顿第二定律,但仍可以从实验上总结出相应规律,也为后面牛顿第二定律的学习做了铺垫。

　　我们高中物理新课标同样要求物理教学让学生较独立地进行科学探究,培养学生的自主探究、自主学习、自己解决问题的能力,让学生在学习物理知识与技能的同时,培养一定的科学探究能力、科学态度与精神。我的反思目的是想将基于本节课的收获和体会,用于平时国际课程物理课堂教学过程中,在引导学生学习知识的过程中渗透科学思维的教育,为提升学生科学核心素养这一目标而努力实践。

思维导图在化学复习中的初步应用

国际部化学组　王方

中学化学对于很多学生来说,是非常头疼的一门学科,有些同学甚至放弃了对理科的学习,因为学起来知识点多,内容庞杂,系统性差,抽象性强,不易理解,很容易遗忘。如何帮助学生排除这些烦恼是化学老师教学研究的永恒课题。化学学科内容与生活生产实际联系紧密,因此在学习化学知识以及对化学知识的考察中都突出了对化学知识的理解,注重培养学生的各种化学品质,最终让学生能够运用所学的化学知识解决实际问题。因此,在面对化学学科知识点多、散,在解决问题时需要综合考察学生的学习能力和素养的情况下,我觉得应用思维导图辅助教学,可以帮助学生将知识形成联系,提高学生的化学学习效率,从而提升学生化学学习能力,让更多对化学又爱又恨的学生走出"化学困境"。

一、有关思维导图

思维导图是英国人东尼·博赞于20世纪60年代提出,它是表示知识结构关系的图示,是表达发散性思维的有效的图形思维工具,即思维导图是用图表表现的发散性思维。

发散性思维过程是大脑思考和产生想法的过程。通过捕捉和表达发散性思维,思维导图将大脑内部的运作过程进行了可视化呈现。本质上,思维导图是在重复和模仿发散性思维,反过来又放大了大脑的本能,让大脑更加强大有力。

思维导图运用图文并茂的技巧,把各级主题的关系用相互隶属于相关的层级图表现出来,把主题关键词与图像、颜色等建立起记忆链接,能准确地、清晰地表达我们的思维。

若能教会学生使用思维导图,并将其应用于化学的学习中,不仅可以帮助学生强化记忆,加深对知识的理解,重要的是能帮助学生更好地巩固和理解知识之间的关联,在头脑中形成化学的知识网络,让感觉杂乱无章的化学知识点不再散碎一地,这无疑会大大提高学生学习效率,激发学生学习兴趣,并得到好的学习效果。

二、思维导图在化学复习中的应用

(一)思维导图在课堂回顾中的应用

每次接手新一拨学生,我都会告诉他们,化学学习没有你想象的那么困难,新的学习开始了,每个人都给自己一次新的学习机会。化学学习不需要很多的时间,也不需要大块头的整时间,只要你能每天或者每节化学课后复习一下,独立完成作业就可以,重点在于坚持。

我指导学生们课后复习,在写作业之前进行复习,复习的方法很简单,首先回顾当天上课学了哪些内容,再使用思维导图把它画出来。让学生以自己的思维方式以图表形式将当堂课所学内容表达出来,忘了的部分可以看书,看课堂笔记进行补充,并细化,然后标注出哪些是已经非常清楚并掌握的,哪些是知道但不明白与主体或其他内容之间的关联的,哪些是有疑惑、没有弄明白的等。做完这些任务后,再写作业,已经掌握了的部分,可以在作业中进行熟悉和运用,对于不是非常清楚的部分,可以在练习中结合应用再理解再学习,能明白就算掌握了,如果还不明白,就要重点标记,然后找同学讨论或者找老师请教,最终把问题解决。对于本来就不理解不明白的,可以找同学请教或者找老师问,最终解决问题。

通过这样的课后回顾,可以帮助学生对知识进行复习、巩固、提升。对很多知识的学习可能并不是一听就能够理解的,恰恰是在不断地重复中加深印象,而后加强理解的。学生通过这种方式,除了可以收获以上的效果外,还可以清楚地知道自己掌握了什么,还不清楚什么,补习起来也会有针对性,避免某些学生一遇到一点挫折就说"我什么都不会!"的情况,打击自己的信心,使自己逐渐处于一种消极被动的学习状态中。

(二)思维导图在章节复习中的应用

《普通高中化学课程标准(实验)》指出"高中化学课程应有助于学生主动构建自身发展所需的化学基础知识和基本技能""要使学生具有较强的问题意识,敢于质疑,勤于思索,逐步形成独立思考的能力""能运用比较、分类、归纳、概括等方法对信息进行加工""能对自己的化学学习过程进行计划、反思、评价和调控,提高自主学习化学的能力"。而对知识的复习,正是培养学生思维能力、信息处理能力、构建学生自身知识体系的重要途径,并通过有效的复习途径不断提高学生自主学习能力。

在现实状况中,很多同学并不明白复习的目的和复习的重要性,在复习的方法和途径上有着很多理解上的偏差。比如,我们不乏这样的学生,笔记记得特别全,特别细,但是脑子中什么都没记住,随时随地都要翻看笔记本,才能在头脑中再次找到相关内容的影子,笔记成了离不了的拐棍;还有的同学一复习,就是看一遍笔记,认为复习就是把讲过的记过的内容再看一遍;偷懒的同学就觉得不用复习,复习浪费时间,直接做题就行了等。以上种种都是对复习的一种误解。

复习是巩固知识的一种重要手段,但它不应该仅仅是单纯地再看一遍笔记,或者再看一遍书,而应该是一种有意识的行为、一个深入的思考的过程,将我们需要掌握的东西进行加工整理的过程,以便我们更好地掌握、记忆。

在学完一节内容、一章内容后,将这一节、一章内容,通过思维导图的形式进行整理、再现、加工、分析,认识知识间的关系,发展知识间的联系,让所学知识不再支离破碎,形成一个一个的小的知识体系。通过关键词、概念间的归属关系、图形、符号、颜色等帮助学生在头脑中形成立体的、生动的、感性的、具有视觉冲击效果的知识认知。从而避免了那种千篇一律地看了忘,忘了看,看了再忘,忘了再看的恶性循环,提高了学习的效率,升华了学习效果,避免了时间的浪费,提升了生命的质量。

每位学生的资质不同,思维方式不同,学习习惯不同,所展现出来的思维导图也不尽相同。因而思维导图是没有标准的,只要是有助于学生自己理解和记忆相关的知识,该思维导图就是一幅好的思维导图,就值得鼓励和倡导。

(三)思维导图在高三复习中的应用

在高三的总复习中,学生需要站在一个更高的高度上去全面地感知化学知识,深刻地理解化学知识,并综合地运用知识解决复杂的化学问题。

在高三的总复习资料中,第一部分是基本概念部分,往往都会有一张大的图示,将中学阶段所有有关化学概念做一个图,那其实就是一张总结得非常全面细致的思维导图,然而遗憾的是学生们往往直接跳过了这张图,而去看后面的具体的知识点罗列。重点知识点罗列固然重要,但是对知识的整体性把握恐怕才是学生建立化学观念的最关键点。有些学生在遇到较难题目时,往往答不到点子上,或者不知道从什么角度去思考,其实都是因为缺少这种对化学知识的总体认识,缺乏对化学思想的总体把控,"不识题目真意图,只缘身陷(知识)点穴中"。以前我自己也没有好好地把这些图加以利用,现在想想真是浪费,也反映了自己的认识上的不足。有了对思维导图的学习,可以让学生自己通过总复习,绘制出属于自己的导图,然后对比,讨论不同的导图差异所在,与复习资料上教师专家们给出的导图进行对比,寻找差异之处,从而更深刻地理解知识体系,并让这样的方法深入学生的认识意识中,从而获得更好的复习效果。

除此之外,关于元素化合物知识的思维导图的制作,对学生的复习也是大有益处的,可以帮助学生将散乱的知识串联起来,厘清学习元素化合物知识的基本方法,明确解决具体问题的思路,完善学生思考问题的角度,提升学生的思维品质。

思维导图可以应用的地方很多,但是对于初期学习来讲,我觉得不用急于求成,可以先在部分领域试用、摸索、完善,乃至成熟运用。

当运用思维导图的形式变成了我们的思维习惯最佳代言的时候,思维导图就会充分地展示它的作用和魔力,真正地起到拓展人类大脑的作用。

学好、用好思维导图,学习化学将不再是很多人的难事。教师培养学生的能力、学生提高自身的学习素养都会变成现实。

第七节　差异化与分层教学

我校针对所有学生都开具分层教学课程。根据学生的不同基础、不同学习能力,制订相应的学习计划、学习大纲、学习目标,因材施教,循序渐进,分学科为每一位学生量身定制适合他们的各学科难度水平,学生在分层的学习中,有动力、有规划。在不影响学生积极性的前提下有的放矢,逐步提升学生的学业水平。各学科老师针对不同学生的学习能力,结合课程要求,不断改进授课方式,提高课堂效果,增加课后反馈,使各学科、各层次学生都能取得自己满意的成绩。

《影响化学反应速率的因素》教学设计

国际部化学组　邵蕾

一、教学背景分析

（一）教材分析

1.教材来源

本节课的教学内容属于 2014 年版剑桥 AS & A Level 高中阶段化学教材，是第九章"化学反应速率"的内容。

2.深入分析本章节（反应速率）教学内容的结构与地位

本教学设计主要依据美国著名教育学家布鲁纳的结构主义教学理论和 2017 版普通高中化学课程标准来合理构建各个教学环节，通过遵循"动机原则""结构原则""程序原则"和"反馈强化原则"来循序渐进地引导学生对知识产生系统性的思维架构，并且帮助学生完成原理和态度的迁移。

横向分析教学内容的结构与地位。第九章"化学反应速率"在化学教学中体现"宏观辨识与微观探析"以及"证据推理与模型认知"等化学学科核心素养。本章节的教材结构顺序为：反应动力学、浓度对反应速率的影响、温度对反应速率的影响、催化剂、酶。

纵向分析教学内容的结构与地位。"反应速率"在"摩尔和方程式"章节和"平衡"章节之间，起到了承上启下的重要作用。学生在"摩尔和方程式"章节中从宏观角度认识了化学反应的基础上，在本章将学习影响化学反应速率的因素，更进一步会在"平衡"章节中认识化学变化所遵循的基本原理，初步形成关于物质变化的科学观念从而发展"变化观念与平衡思想"等化学学科核心素养。

3.深入分析本小节（影响化学反应速率的因素）教学内容的结构与地位

本节的教学内容对于学生分析玻尔兹曼分布图起到重要作用，本课时的教学内容对学生设计实验提出了高要求。引导学生设计实验探究影响化学反应的因素，并进一步体会化学与生活的联系，培养合作精神。

（二）学情分析

1.学生背景

国际部高一年级中英项目班学生的初中学习背景相当复杂。部分学生来源于我国境内或其他国家的初中国际部,一直学习某个国际课程体系(AP项目、A Level项目或IB项目);部分学生来源于京内初中国内部,一直学习人教版初中教材,但是由于选课制度的因素,有的学生没有化学基础;还有的学生来源于京外初中国内部,一直学习人教版以外的其他教材。学生的不同背景导致他们对于化学基础知识的掌握程度和学习的方式方法迥异,更重要的是,在前期对于科学素养方面的培养非常多样化。

2.已有基础

学生在本章之前对于基于摩尔计算的化学反应类型有所认识,了解化学反应速率的概念。

3.思维基础

高一国际部中英班学生的特点是由于学习背景不同,思维方式非常多样化,思考的角度非常宽广且多变。但是,在教学过程中也发现,有些学生的思维过于发散会显得不切实际。

4.探究基础

由于国际部学生之前的学习背景复杂多样化,所以他们所具备的动手操作能力和实验分析能力差异化明显。另外,对于自主设计实验的理解绝大多数学生不够成熟,证据意识偏弱,没有系统地建立观点、结论和证据之间的逻辑关系。

5.学习障碍

学生的抽象思维还不够成熟,难以建立宏观现象与微观解释之间的联系,稍不留心,就会走进思维的"死胡同"。另外,学生进入高中后基本没有接触过实验探究,因此对于自主设计实验比较陌生。

二、教学目标

(一)教学目标

宏观辨识与微观探析:

1.通过实验探究催化剂、浓度、温度和表面积对反应速率的影响。

2.通过碰撞理论解释催化剂、浓度、温度和表面积是如何影响反应速率的。

证据推理与模型认知:

1.通过实验探究影响反应速率的因素。

2.初步掌握实验探究的一般思路方法。

科学态度与社会责任:

1.将化学知识应用于生产生活实际,加深对影响化学反应速率的因素在日常生活中的理解与应用,从而体会到化学与生活息息相关。

2.通过小组合作实验和交流探讨,体验科学探究过程,形成大胆创新、严谨求实的科学态度,培养合作精神和与人沟通交流分享的精神。

(二)教学重难点

教学重点:

浓度、温度对化学反应速率的影响及其原因,并能用于解释相关问题。

教学难点:

1.能通过实验探究温度、浓度、催化剂、表面积对化学反应速率的影响。

2.从活化分子的角度解释外在条件对化学反应速率的影响。

3.通过生活实例和实验现象分析温度、浓度、催化剂、表面积对化学反应速率的影响。

三、教学过程

(一)问题导入——提出主线问题

资料:

$$2H_2O_2(aq) \xrightarrow{catalyst} 2H_2O(l) + O_2(g)$$

演示实验:等体积、等浓度的 $CuSO_4$、$CoCl_2$、KI 溶液,分别加入等体积过氧化氢。

提问:

1.预测会有什么现象?

2.通过实验现象,可以得出什么结论?

学生:催化剂种类会影响化学反应速率。

教师:还有哪些因素有可能影响化学反应速率呢?

学生:浓度、温度。

设计意图:从问题入手,启发学生深入思考,激发学生深入发掘问题本质的兴趣和求知欲。

(二)实验探究影响化学反应速率的因素

1.浓度

不同浓度的 $Na_2S_2O_3$ 溶液中加入等体积等浓度 HCl 溶液,记录十字消失的时间。反应在锥形瓶中进行,将画十字的纸压在锥形瓶下。(如表3-24,图3-69)

表 3-24

Volume of sodium thiosulfate solution / cm^3	Volume of water / cm^3	Time taken for cross to disappear / s	Original concentration of sodium thiosulfate solution / g cm^3	1 /time taken / s^{-1}
50	0	50		
40	10			
30	20			
20	30			
10	40			

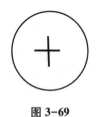

图 3-69

2.温度

仪器和药品:水浴、温度计、秒表、锥形瓶、Na$_2$S$_2$O$_3$溶液、HCl 溶液。

3.催化剂

仪器和药品:铁架台、固定夹、锥形瓶、MnO$_2$粉末、CuSO$_4$溶液、Co(NO$_3$)$_2$溶液。

设计意图:通过实验探究浓度、温度、反应物表面积对化学反应速率的影响。

(三)通过碰撞理论解释浓度、温度、表面积对化学反应速率的影响

教师活动:我们用碰撞理论解释浓度、温度、表面积和催化剂对反应速率的影响。

设计意图:运用简单碰撞理论解释浓度、表面积、温度对化学反应速率的影响。

四、总结提升

1.总结

教师活动:提出问题——影响化学反应速率的因素有哪些,是如何影响的?

学生活动:归纳并解释原因。

2.反馈提升

教师活动:

(1)回到最开始的演示实验,解释出现不同现象的原因。

(2)用碰撞理论解释把食物放进冰箱里能够防止变质。

(3)提出问题——如何让消毒泡腾片迅速和水反应。

学生活动:讨论并回答。

设计意图:运用简单碰撞理论解决实际问题。

板书设计(如图3-70):

图3-70

五、教学反思

教学中要注意在学生分组实验和设置问题时要考虑学情,问题设置有梯度,使不同层次的学生在学习过程中体验到学习的成就感,从而培养学科兴趣、学科素养。

培养学生的化学学科核心素养要以知识教学为载体,因此,化学学科核心素养内隐在化学教材之中。教师要结合教学内容,根据学生的实际情况,围绕发展学生化学核心素养这一目标,创造性地开发和使用教材,挖掘教材内容所包含的素养,达成发展核心素养的目的。如化学反应速率影响因素如何应用于生活和实验中,要突出化学学习的社会价值,从而培养学生的社会责任感;引导学生通过探究实验的设计,培养学生寻找证据进行科学推理的核心素养。

化学是一门以实验为基础的学科。化学学习过程中,经常需要以实验为手段,通过实验现象探讨化学本质或通过实验现象进行分析推理。对照法和控制变量法是进行实验探究法的有效方式,教学中提供相应的仪器和试剂,引导学生设计,并动手操作,完成所设计的探究性实验,进而验证结论,充分突出学生主体地位。学生在探究中自然形成推测、探究、验证、归纳、应用的化学学科思维。

Curve sketching 画函数图象

国际部数学组　姚少魁

一、教材分析

本节内容为 Calculus of a single variable for AP（11 版）第三章第六节的内容，旨在应用微分的知识研究函数性质并画出函数图象。函数性质的研究是中学数学学习的重点内容之一，本节主要以微分为基本工具研究函数的性质。具体地讲，利用极限给出函数的水平和竖直渐近线（这里暂不涉及斜渐近线）。借助渐近线可以更直观地展现函数在特定极限下的变化趋势。利用函数在某区间上一阶导数的符号与二阶导数的符号可以分别判断函数的单调性和凹凸性，进而可以确定函数的极值，为后续优化问题及微分的实际应用奠定基础。

这种利用代数的精确性与几何直观性研究问题的方法历来受到大家的重视，是中学乃至大学数学学习的重点之一。我国著名数学家华罗庚对此有过精辟的论述："数缺形时少直观，形少数时难入微，数形结合百般好，割裂分家万事休。"

二、学情分析

学生在初中、高一时已经学习了基本初等函数及其性质，具有了初步研究函数性质的一般思路和方法。本节课是在已经学习了函数的单调性与一阶导数、凹凸性与二阶导数关系基础上进行的，具备了以微分为工具从而更精确地刻画函数图象的知识基础。思维是智力的核心，处于这一阶段的学生思维比较活跃，并乐于表现，但运算的准确性与灵活性、思考问题的全面性和书面表达的规范性有待加强。

三、三维度四水平教学目标及教学重难点

（一）三维度

1.知识与技能

通过画具体的四次多项式函数、有理型函数、超越函数的图象，体会极限、导数在函数作图中的应用。

2.过程与方法

通过具体函数的分析作图归纳总结绘制函数图象的一般方法和步骤；能够有意识地利用极限、一阶导数和二阶导数确定函数图象的渐近线、单调性和凹凸性。

3.情感态度与价值观

通过四次函数图象的绘制树立学习数学的信心，通过有理函数图象的绘制体会发现的乐趣，通过四次函数的具体应用体会数学的普遍性。

（二）四水平

水平一：学生会求多项式函数、有理型函数的一阶和二阶导数；学生能判断一阶导数和二阶导数在相应区间上的符号；学生能够根据函数一阶导数的符号判断函数的单调性、二阶导数的符号判断函数的凹口方向。

水平二：学生利用分析所得的信息描绘出多项式和有理型函数的图象；学生能够归纳画函数图象的一般步骤。

水平三：掌握分析函数特征的步骤与方法，并将其应用于画超越函数图象。

水平四：学生能有意识地利用微分的工具解决有关优化、极值问题。

（三）教学重难点

1.教学重点

能够用极限、导数等代数工具刻画函数的性质；能利用函数的性质画出不同类型函数的图象；分析并归纳画函数图象的方法和步骤。

2.教学难点

运算的准确性与灵活性，较复杂函数特征的分析。

四、教学过程

（一）课题引入

微积分是继欧氏几何之后数学中最伟大的发明（M. Kline）。微积分是有两个主要分支：微分学和积分学，微分学用极限和导数来研究函数性质。

Question 1 What properties of function can be deduced from its derivative ?

（1）Limits to understand the asymptotes.

（2）The first derivative to determine the monotonicity.

（3）The second derivative to investigate the concavity.

Question 2 Make your judgement and explain.

（a）If f has local extrema at $x = c$, then $f'(x) = 0$.

The converse proposition is true or false?

(b) If $f''(x) = 0$, then f has local extrema at $x = c$.

(c) If $f'(c) = 0$ and $f''(c) = 0$, then $f(c)$ is a local extrema.

设计意图:本节是微积分中导数部分的最后一节课,通过问题 1 让学生体会极限、导数在函数性质研究中的应用,同时为后续具体函数性质的研究做理论准备。

通过问题 2 辨析,引导学生明确对于可导函数,在某点一阶、二阶导数为零是在该点存在极值的必要条件,体会数学的严谨性,对于一个假命题可以通过举出反例的方法来判定。

代数运算有助于更精确地刻画函数的图象,函数图象可以直观地反映函数的性质。下面我们以多项式函数,有理函数和超越函数为例来体会函数和图象的结合。

(二)尝试应用

Example 1 Analyze and sketch the graph of $f(x) = x^4 - 4x^3 + 10$.

Solution(如图 3-71,表 3-25)

Domain:$x \in (-\infty, \infty)$

y -intercept: $f(0) = 10$,

First derivative:$f'(x) = 4x^3 - 12x^2 = 4x^2(x - 3)$

Critical number $f'(x) = 0$ $x = 0, x = 3$

Second derivative $f''(x) = 12x^2 - 24x = 12x(x - 2)$

Possible inflection point:$f''(x) = 0$ $x = 0, x = 2$

Test intervals $(-\infty, 0)$ $(0,2)$ $(2,3)$ $(3, +\infty)$

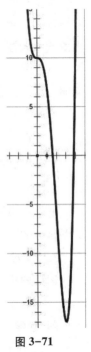

图 3-71

表 3-25

x	$(-\infty,0)$	0	$(0,2)$	2	$(2,3)$	3	$(3,+\infty)$
$f'(x)$	−	0	−	−	−	0	+
$f''(x)$	+	0	−	0	+	+	+
$f(x)$	Decrease Concave up	Inflection point	Decrease Concave down	Inflection point	Decrease Concave up	Local minimum	Increase Concave up

设计意图:这是一个学生目前不能直接求出 x-intercept 四次多项式函数,需

要通过介值定理估计图象的横截距。通过其图象的画法,让学生体会导数在刻画多项式函数的单调性、凹口方向等特征方面的应用。初步提炼总结画函数图象的一般步骤。

Example 2　Analyze and sketch the graph of rational function $f(x) = \dfrac{2x^2 - 18}{x^2 - 4}$.

(如图 3-72,表 3-26)

Solution

Domain：All real numbers except $x = \pm 2$

Symmetry：With respect to y −axis

x −intercepts：$x = \pm 3$　　y-intercept：$y = \dfrac{9}{2}$

Vertical asymptotes：$\lim\limits_{x \to 2^-} f(x) = -\infty, \lim\limits_{x \to 2^+} f(x) = \infty, \ \lim\limits_{x \to -2^+} f(x) = \infty, \lim\limits_{x \to -2^-} f(x) = -\infty$

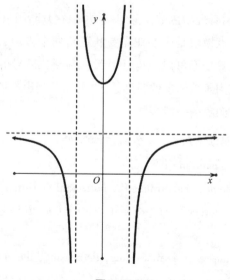

图 3-72

Horizontal asymptotes：$\lim\limits_{x \to \infty} f(x) = 2, \ \lim\limits_{x \to -\infty} f(x) = 2, \ y = 2$

First derivative：$f(x) = \dfrac{2(x^2 - 4) - 10}{x^2 - 4} = 2 - \dfrac{10}{x^2 - 4}$

$f'(x) = \dfrac{20x}{(x^2 - 4)^2}$

Critical number：$x = 0$

Second derivative: $f''(x) = \dfrac{-20(3x^2+4)}{(x^2-4)^3}$

Possible points of inflection: None

Test intervals: $(-\infty, -2), (-2, 0), (0, 2), (2, +\infty)$

表 3-26

x	$(-\infty, -2)$	-2	$(-2, 0)$	0	$(0, 2)$	2	$(2, +\infty)$
$f'(x)$	$-$	undefined	$-$	0	$+$	undefined	$+$
$f''(x)$	$-$	undefined	$+$	0	$+$	undefined	$-$
$f(x)$	Decrease Concave down	Vertical asymptote	Decrease Concave up	Local minimum	Increase Concave upward	Vertical asymptote	Increase Concave down

设计意图:通过画有理型函数图象,体会极限在判断函数渐近线方面的应用,需要注意的是对于一点极限是否存在需要从正负两个方向去判定。计算导数时对函数进行恰当的恒等变形可以减少计算量。判断二阶导数符号时要注意分母对函数值的影响。利用函数图象的对称性,也可以只列出一般的区间进行画图后再补全。完善画函数图象的一般步骤。

(三)概括画函数 $y = f(x)$ 图象的一般步骤

(1)Identify the domain and the range of f.

(2)Determine whether f has symmetry, horizontal or vertical asymptotes.

(3) Calculate the derivatives $f'(x)$ and $f''(x)$, find critical numbers and possible inflection point.

(4) Find where the curve is increasing, decreasing, the concavity of the curve.

(5) Plot key points, such as intercept and local extrema. Sketch the graph of f.

设计意图:通过画四次多项式函数、有理函数图象,经讨论交流后各组归纳画函数图象的方法,然后由教师统一归纳并板书。

(四)继续挑战

Example 3 Sketch the graph of function $f(x) = xe^{-\frac{x^2}{2}}$ (如图 3-73,表 3-27)

(1) Solution Domain: $x \in (-\infty, \infty)$

Symmetry: $f(-x) = -f(x)$ is an odd function

Horizontal asymptote: $\lim\limits_{x \to \infty} f(x) = 0, \lim\limits_{x \to -\infty} f(x) = 0$

First derivative: $f'(x) = (1 - x^2)e^{-\frac{x^2}{2}}$

Critical number: $f'(x) = 0 \quad x = -1, 1$

Second derivative: $f''(x) = e^{-\frac{x^2}{2}}(x^3 - 3x)$

Possible inflection point: $f''(x) = 0 \quad x = 0, \pm\sqrt{3}$

Test intervals: $(-\infty, -\sqrt{3}), (-\sqrt{3}, -1), (-1, 0), (0, 1)(1, \sqrt{3}), (\sqrt{3}, +\infty)$

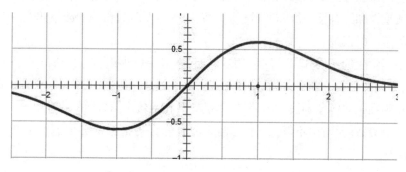

图 3-73

Since the graph of $f(x)$ is an odd function, we only consider the intervals of right hand side of y-axis.

表 3-27

x	0	$(0,1)$	1	$(1,\sqrt{3})$	$\sqrt{3}$	$(\sqrt{3}, +\infty)$
$f'(x)$	+	+	0	−	−	−
$f''(x)$	0	−	−	−	0	+
$f(x)$	Inflection point	decreasing Concave down	Local maximum	decreasing Concave down	Inflection point	decreasing Concave up

设计意图:这个乘积函数里涉及一个超越函数(正态分布),求导需要更仔细些。鉴于本节主要是利用函数的导数性质作图,故而以提供部分信息的方式让学生将重点放在画图上。第(1)个利用奇函数的性质可以减小运算量。在判断渐近线时,极限运算是无穷大与无穷大之比,需要用到洛必达法。

画函数图象仅仅是微分学的一个应用,更重要的是学习如何应用微分学建立和求解实际问题。

假如人生可以简化为一条曲线,你希望自己的人生将会是怎样的一条曲线。

无论何时,无论何地,曲线上的每一个极值都要靠我们用行动去创立。

但愿,人生的每一阶段之后,我们都能自豪地说:"我来过且奋斗过。"

五、教学反思

本节课是在学生已经学习了基本初等函数和微积分基本知识的基础上,教授学生应用微积分的知识来刻画多项式函数、有理函数和超越函数的图象,具有一定的典型性和综合性。课前通过让同学们讲述与发明微积分的故事出发,引起同学们的学习的兴趣。

根据学生的不同知识基础和学习习惯,本节课以小组合作的形式进行,6 人一组,不同的组员分别负责运算、作图、记录,通过小组准备、讨论、分享的形式,指出各小组在函数图象画法中的差异,明确导数在函数作图方面的应用。

前测时,课堂时间不够用,于是例 3 内容修订为根据部分信息画函数图象。(如表 3-28)

表 3-28

x	0	$(0,1)$	1	$(1,\sqrt{3})$	$\sqrt{3}$	$(\sqrt{3},+\infty)$
$f'(x)$	+	+	0	−	−	−
$f''(x)$	0	−	−	−	0	+
$f(x)$						

最后结合近期黎曼猜想、物理学诺贝尔奖获奖者的故事,引出用微积分公式表达的终身学习的理念。

本节课结合学生的认知特点和习惯,进行分组学习,较充分地调动了学生的积极性,让学生在思考、辨析、讨论中理解概念,学以致用。通过具体函数图象的绘制,从特殊到一般,归纳画函数图象的一般方法和步骤,体会微积分在研究函数性质方面的魅力。增强学习 AP 微积分动力和信心。

第八节 在 IB CAS 课程中学以致用

CAS 是 Creativity、Activity and Service 三个英文单词首字母的缩写,中文全称为"创造、行动和服务"。IB CAS 课程是 IB 课程的三门核心必修课程之一,旨在提升和拓展学生学科学习知识和体验,培养知行合一、具有国际情怀的世界公民。

CAS 课程有以下三个核心标准:

创造:探索和延伸思想以求对产品或表演产生原创的解读。比如,摄影、开发网站、学习乐器、参加乐队、音乐剧表演、美术展览、才艺表演等;

行动:强身健体,使生活更健康。比如,羽毛球、篮球、太极、搏击锻炼等;

服务:那些不取报酬的,为了满足社区真正需要所进行的合作与努力。比如,建立一个社区环境保护小组,或者组织发起一个请愿并呈递给当地政府等。

作为 IB 课程最为核心和关键的课程之一,CAS 促使学生在体验式教育中提升自身,认识到自我在世界中的价值和角色,是高难度学术课程的补充。

CAS 课程完成后,学生将在以下七个领域获得提升和进步:

学习成果 1:发现自身的优势和需要改进的地方

1.学生认识到自己的优缺点

2.愿意抓住提升和增长的机会,能够根据自己的兴趣和专长分享经验,愿意参加不同类型的活动

3.能够进行有意义的自我反思

4.能够认识到自己各个方面的能力和技能

学习成果 2:在 CAS 过程中,完成预设的挑战,发展新的技能

1.所参与的活动对自己有所挑战,既可以是第一次尝试,也可以是曾做过的事情

2.愿意在陌生的环境和情境下参与

3.学习新的技能,或是增进对某一领域的理解

学习成果 3:学会如何发起和计划 CAS 活动

1.能够清晰地按照 CAS 活动流程(调研、准备、行动、持续性的反思以及展示)

2.将一个 CAS 想法,转化成一次 CAS 活动或是一系列的 CAS 活动

3.通过以前的 CAS 活动经验展示自己对该领域的知识和认识

4.将新想法付诸实践,以此来显示自己的主动性

5.提出新鲜的想法、方案或者解决方法

6.在规划阶段加入反思

7.在设计个人或是集体 CAS 活动时,能够认识到各种角色及其责任

8.在规划 CAS 活动过程中体现负责任的态度,能够设计一份完整的行动计划

学习成果 4：在 CAS 活动中勇于担当、坚持不懈

1. 主动、定期参与 CAS 活动

2. 能够在先期计划中预估潜在的困难，针对此设想备选方案

3. 能够适应不确定性和变化

4. 参与长期的 CAS 活动

学习成果 5：认识到合作的优势，并且善于合作

1. 分享技能和知识

2. 认真聆听其他人的方案

3. 愿意在团队中承担不同的角色

4. 尊重不同的观点和意见

5. 对团队有所贡献

6. 参与团队活动

7. 乐于帮助其他人

8. 能够找到、展示并且辩证地讨论在 CAS 活动中合作所带来的好处和挑战

学习成果 6：参与具有全球意义的活动

1. 认识到区域问题对全球的影响

2. 能够在本地或是本国发现世界普遍存在议题

3. 了解具有全球意义的话题，在当地、本国或是全球范围内采取切实、合理的行动来回应

4. 参与具有全球意义的 CAS 活动

学习成果 7：认识和考虑不同选择和行为的伦理道德

1. 认识到伦理道德问题

2. 能够解释社会对民族认同的影响

3. 在制订计划或做决定的时候，将文化背景列入考虑范围内

4. 找到有关道德问题的决策所需要知道的信息

5. 为自己的选择和行为负责

6. 认识到自己的选择和行为，对自己、他人以及社区内其他人的影响

7. 将反思引入道德决策中

8. 在规划、实施 CAS 活动中，对选择和行动可能产生的潜在的多种影响有所认识

案例 1：

大爱云南 CAS 行动周
文：2020 届 IB 项目毕业生全体学生
指导教师：Yohana Mendez、雷爽、宋婕

图 3-74

第一天

滇池·西山·大观楼

负责人：刘清扬、赵婧瑄

这是我们 11IB 一行 12 人正式进行 CAS Trip 的第一天。我和刘清扬成了团队的领导者。为了能制订一个周全的计划，我们在前一天晚上和班里的同学们开了个小会，告诉他们明天要去的地方是滇池龙门和大观楼，并且问了下他们的建议。我们当时列出了在这两个景点可以进行的活动，如喂海鸥、爬山、划船、骑自行车等。结合了 CAS 的三要素 Creativity（创造力）、Activity（运动）、Service（服务），我们最终通过举手表决的方式决定了今天体验的活动是喂红嘴鸥、坐缆车、划船、爬山——看来今天的主要活动都围绕着 Activity（运动）了。

由于昨天日常会议开始的时间很晚，女生宿舍所有人几乎都是凌晨一点多才睡，早上对时间没有很敏感，七点多才起床。因此，在早上的时候是急急忙忙地催

促着大家才赶上了与司机和导游约定见面的时间。早上八点整,我们十几个人坐在一辆五颜六色的中巴车上出发了。一上车导游就开始滔滔不绝地讲起了昆明甚至云南的景点,过了好长时间才绕回了滇池。不过我觉得她讲得其实还挺有意思,就忍住困意一直听了下去;但是有些同学顶不住困意,或者是做起了自己的事儿。我觉得来都来了,不听导游讲讲还挺可惜,想知道关于景点的详细信息的话还得自己回去查,所以我在晚上的总结会上也给大家说了这个问题。我觉得更加有用的,是导游所说的一些我们可能查资料也不会找得很全的信息,比如说给我印象最深刻的是滇池中的水现在污染非常严重。导游给我们讲了两个主要原因,一是滇池的附近有个无法搬到别处的炼油厂,二是所有注入滇池的河流都是经过昆明市区的。到了滇池后,湖水的确没有我想象的那么美,但是成千上万的红嘴鸥让我们短暂地忘记了这一严重的问题。当我看到余沛瑶同学罕见地露出了笑脸,我真的很开心,她真的是很喜欢小动物;还有我和刘清扬举着鸥食的那只胳膊都快断掉了,还是不忍心放手,期待着下一只红嘴鸥飞来停在手上。导游在放我们喂海鸥之前给我们规定了一个回到车上的时间,当离约定时间还有十分钟的时候,我和刘清扬就开始往群里面发集合的消息,没想到大家都玩得不亦乐乎,根本停不下来,最终不停地催还是晚了快有七分钟,所以在晚上的会议上,又给大家强调了下时间的重要性。当我们钻着两人并排都通不过的窄道,向龙门爬去的时候,滇池的景色一览无余。我看到滇池上有着一些围成的方形水域,想起来导游之前提到过人们正在往滇池中分区种植不同的藻类,看看哪一种是清洁湖水最有效的。我们不能够去回避现有的问题,这样子只会使这个问题发酵并且变得更糟糕,因此我们要想办法去解决问题,于是就有了这个分区种植藻类的方法。导游和我们说现在快到冬天了,云南好多山里的小朋友都吃不饱穿不暖,因此给了我们一个公众号,让我们在冬天来临之前和他们当地的人一起为孩子们做出一些贡献。我们关注了那个公众号,准备回来的时候组织班里和学校的同学们通过公众号把衣物寄到孩子们的手里,这同时也是 CAS 中很重要的 Service(服务)的一部分。

下午在大观楼前的湖面上,我们分了两条船划船。刘清扬她在的船上有雷爽老师、宋婕老师、林晓彬、余沛瑶和王子腾也是六个人,我们的船上有 Yohana、袭开笑、曹博源、徐家骏、孙泽林共六个人。为了能够锻炼身体,我们都选择了脚踏船。可谁知道那条船在开出去之后我们使劲蹬了一分钟,也没有挪出五米去,而且控制转方向的杆也不好用了,没有办法转向。我们眼睁睁地看着另外一条船轻松地渐行渐远,心里很不是滋味儿,于是把音乐开到最大声,所有能蹬的人一起蹬,手脚并用,需要转向的时候,就左右晃一晃船。没想到我们用这个方法竟然能穿过一座桥,在另一片水域上绕一圈后再回到起点,真的非常吃惊!看来只要一条船上的人同心协力,没有什么做不到的事情!

通过这一次当团队领导的经验,我体会到了以后有什么事情一定要提前做好详细的筹划,才不容易出现差错。希望下次队员不要走散,队长管好时间,我们才能够更高效地开展活动。期待下一次的 CAS Trip!（文/赵婧瑄）

第二天

圆通禅寺·真庆观·官渡古镇

负责人：林晓彬、孙泽林

在云南之行的第二天上午,11IB 的同学们和三位负责老师来到了真庆观和圆通禅寺进行参观。在这两个道教和佛教的宗教场所中,同学们以尊重的心态去试图感受和了解"宗教"的起源与发展。在真庆观,同学们见到了击打木鱼念诵经文的道士,也见到了一同晨练学习太极拳的道士们。通过对他们的采访,大家得知达到身心舒畅是他们习拳的目的,CAS 协调员 Yohana 总结其为一种"spiritual",即(精神上的)追求。

下午的时候,大家去了官渡古镇。颇具当地风格的建筑极具观赏性,同时富有当地特色的小吃、乐器和各种小物件遍街俱是。大家品尝了手工的鲜花饼、青稞酥,也有人从工艺甚好的银店里买了装饰品。作为一位音乐爱好者,挂满葫芦丝、吉他和手鼓的音乐小店让我非常喜欢,我买了那里常见的非洲手鼓,作为一种新的音乐尝试。

最重要的是,孙泽林和我是旅行的两个小组负责人。这是一次特殊且具有挑战性的经历,因为领导不仅需要谨慎和责任,还需要创造力和沟通技巧。我认为我的优势是有全局观:我一直关心每一个团队成员,并尽力确保他们的安全。另外,我想出许多活动,如游戏、唱歌、反思视频等,这些活动使同学们更加了解和关心彼此,有趣也很有意义。而且,我从今天的经验中学到了如何规划我们的时间管理。我也遇到了一些问题,那时 Yohana 会提醒我不要忘记我的角色:当同学们对下面的计划犹豫不决时,我要引导每个人遵守计划,作为小导游我还要给大家带路⋯⋯我非常珍惜这段在发现问题、解决问题中学习的经历。（文/林晓彬）

第三天

昆明北京八十学校——志愿教学

负责人：徐嘉骏,王子腾

图 3-75

图 3-76

今天的任务格外的不同：上午,我们会去给一年级的小孩子们教书;下午,我们给初一的孩子们上课。

我和徐嘉骏是今天的负责人,我们的任务就是去组织好每一节课堂使其正常进行。本来我们以为我的同学还会像平常一样吊儿郎当的,但没想到这次他那么靠谱,像这样严肃的样子我们还真是头一回见啊,表扬一下!

除了负责协调和安排任务之外,我们的课堂很充实也非常有趣。上午给小朋友上课之前,我们都觉得有点担心……因为毕竟是一年级的孩子,太小,很容易闹腾起来啊,最提心吊胆的是怕上课的时候上着上着就乱了套,但是真等上起课来就不一样了:孩子们都特别听话,不守纪律的时候,我们还可以跟他们说"小嘴巴"这样的"口令"让他们注意课堂纪律,他们老师告诉我们这是他们维持纪律的绝招。下午的课就更加轻松诙谐了,对于初一同学不用太担心什么纪律问题。大家教授的科目也丰富起来:数学、哲学、音乐、天文、生物、理财。相信通过这些课孩子们肯定能够学到很多有用的通识知识。

此行还有一个意外之喜——我们去了云南才发现错过了余沛瑶的生日,为了弥补她,大家偷偷地准备了一个生日派对!我们事先没有告诉她,在大家都在食堂吃饭的时候有些人回宿舍布置场景,然后还让雷爽老师拖住她,假装有事情要谈论。等到雷爽老师领着她上来的时候,我们早已都准备好了,蜡烛都快烧得没有形状了,我们一齐欢唱生日歌,给她过了一次非常棒的生日!(文/王子腾)

第四天——服务日
养老院·IB CAS 汇报
负责人:曹博源,袭开笑

图 3-77

第四天上午我们来到了昆明当地的一家养老院。作为这一天的负责人,我们却没有提前规划好这一天的日程,这是我的失职。不过好在同学们多才多艺,当即为养老院的爷爷奶奶们表演了相声、舞蹈、葫芦丝演奏,还演唱了好多首歌曲。老人们非常开心,有的甚至和我们一起跳起舞、唱起歌来。此外,我们还在厨房帮忙清理虾米,虽然城里来的同学们可能不太适应如此烦琐的劳动,但是我们依然尽力去做好,同时也体会到了工作人员的不易。

表演结束后同学们陪养老院的老人们聊起天来。老人们带着属于自己家乡口音,向我们聊起自己的过去,讲他们儿女的成长和他们对生活的希冀。艰难而漫长,充斥着幸福与失去的一生,在如今的耄耋老人口中却是那样的平淡、质朴。同学们大半听不懂当地方言,但还是在当地工作人员和老师的"翻译"下耐心地听着。离开时,老人对同学们又是那样的不舍,一路送我们到了门口。

下午我们为北京八十学校昆明分校的初一同学们介绍了我们正在学习的IBDP课程并汇报了我们这几天的收获。同学们通力分工合作,认真准备了这次展示。最终结果还算令人满意,初一的同学们听得十分有兴致。同学们也通过这次展示收获了不少合作和演讲的技能。(文/曹博源)

图 3-78

(初中小同学画的出场顺序,依次为:王子腾、徐嘉骏、余沛瑶、孙泽林、林晓彬、袭开笑、曹博源、刘清扬、赵婧瑄)

第五天——服务日

图书馆 Library

负责人:余沛瑶

我第一天来参观的时候就对图书馆特别感兴趣,觉得从外观到内部装修都比我见过的大多数中小学图书馆要好,空间也非常宽敞,可容纳的书也非常多。只不过,仔细看过书架上的书籍内容,再加上五天在图书馆里开会学习的经历,我发现了不少待改进之处。图书馆是我在学校最喜欢的地方,阅读也是对我成长影响最大的一个爱好。虽然在昆明八十学校的时间短暂,但我们都希望在课堂和 CAS 展示会之外能给同学们带来一些长久的东西。

这一想法得到了老师和同学们的认同后,我作为今天的负责人,策划了上午三个小时的活动。来到图书馆二层,我们首先按照各人的专业兴趣分配了不同类别的书架,如哲学、生物、数学、艺术、天文等。大家整理书架的同时也在浏览书籍,并且针对发现的一些不足之处思考有什么建设性的可行意见。细心的同学们发现了一些书中的谬误以及不适合同学们阅读的书籍,有的还在书柜上贴了便签留言。

整理的过程中,我们还发现书籍的分类并不明确,有时不同类的书会被摆放在一起,而且书脊上并没有编号,鉴于庞大的馆藏量,不方便借阅和检索。此外,图书馆的资源并没有有效地得到利用,虽然全天开放,但没有同学在课余时间来读书,也没有机会借阅。图书管理员老师也告诉我们,这些问题确实存在,只不过图书馆刚建成,没有来得及改进。随后,我们针对这些问题合作写了一份提案,包括图书馆分类和利用率问题的解决方法,以及一些推荐书刊及理由。完成了长达 7 页的提案并全体签字后,我们当面把它提交给了肖校长。

看到校长的回复,我特别高兴。这是我第一次主持活动,居然还产出了一份提案并且被采纳了,这是我从来不敢想的。今天活动的主要目的就在于此:每个人应用自己的专长,去解决现实问题。想到北京第八十中国际部图书馆的一些问题,我也希望日后能提建议/书目来改善。其他类似的事也是如此:所谓"念念不忘,必有回响",行动还是要有的,万一有效果呢?(文/余沛瑶)

案例2:

在 CAS 中发现和成长
文:2020 届 IB 项目毕业生　刘清扬

2018 年暑假,我作为学生志愿者参加了公益基金会真爱梦想的"教练计划",前往宁夏的三所中小学,为当地的老师组织公益培训。我在北京长大,一直习以为常地接受着优质的教育资源。但并不是所有人都这么幸运。与当地的老师交谈,我意识到了教育资源的严重不平均——"团队合作""选修课"等词汇对他们来说是极陌生的。与我同行的大学生志愿者大多有相似的童年经历,因为教育资源短缺,他们走出小镇来到北京的路异常艰难。

反思这段志愿者经历，我希望用自己微薄的力量帮助身边的学校丰富教育资源，因此带领了其他 IB 同学组织了跳蚤市场义卖活动。我们收集了同学和老师们的闲置物品并自己制作了蛋糕饼干售卖。为了保证食品安全，我们打印了食品配料表；为了避免食物浪费，我们组织了线上预定；另外，为了保证筹款的公开透明，我们记录了每一笔交易并在学校公示。同时，为了吸引更多的同学参与，我们邀请了学校乐善社团带来开场演出。为期两天的跳蚤市场义卖活动收获了出乎意料的成功，我们最终筹集到近 2000 元，为周边的一所打工子弟学校——同心实验小学——精心挑选、购买了超 100 册图书。

这段 CAS 经历锻炼了我的领导力、组织沟通能力，也让我做事更有条理、思考得更缜密周全。同时，我也为 IB 的学弟学妹们创造了一个平台，让他们继续把爱心带给同心实验小学。

案例 3：

CAS——我们在行动
文：2019 届 IB 项目毕业生 何雨桓
指导教师：雷爽

图 3-79

2018 年 11 月，我校国际部 IB 项目班的同学开展了 CAS 行动月活动。11IB 的同学奔赴云南昆明，在分校开展了为期 6 天的 CAS 之旅，12IB 同学则两次前往众爱仓库,进行志愿服务。

什么是 CAS?

CAS 课程全称为 Creativity、Activity & Service,即创造、行动和服务。作为 IB 大学预科项目三门核心课程之一,CAS 课程旨在推动学生走进社会,在活动中发现自身特长和兴趣点,在提升自己的同时,用所学和自己的力量服务社会。

我们参加服务的众爱组织(Roundabout)

慈善商店(charity shop),这是一个我们不是很熟悉的词语,它起源于欧美国家,其主要业务是接收、处理和销售人们捐赠的闲置旧物。在接收到物品后,商店工作人员会对其分选,一部分物品直接捐赠给弱势群体和其他慈善机构,一部分经过整理分类后在店铺中销售。欧美国家的慈善商店发展较早,遍布各地大中小城市,给人们奉献爱心和购买二手物品提供方便。在许多亚洲国家居民看来购买二手商品并不是一件值得炫耀的事,而欧美国家居民,与之相反,认为这是一种美德,能够支持慈善事业,帮助他人,节省生活开支,而且使闲置旧物得到循环使用,是一举多得的好事。逛慈善商店已经成了一种绿色时尚潮流,很多中产阶级也加入其中,人们会以拥有从慈善商店"淘"来的独特又美观的旧衣旧物而自豪。

如今在中国,慈善商店仍然还是一个相当小众的概念。我国现有的慈善商店规模很小、商品种类少、受众人数也少,而且需要靠政府的资金来支持运转(国外基本是靠销售收入来运行,自给自足)。但是,也有一些慈善商店在慢慢萌芽,发展。

众爱专项基金由众爱义卖店(Roundabout)发起,众爱义卖店是一个由志愿者共同管理和经营的民间慈善组织,位于北京顺义区中央别墅区。中华儿慈会众爱专项基金旨在通过运营慈善义卖点的形式募集善款,用于孤残儿童救助、儿童公益项目资助、儿童领域公益组织团队建设等救助领域。

在众爱参加服务

在学校 CAS 协调员 Yohana 老师和 IB 办公室皮老师、雷老师的陪伴下,我们 12IB 班同学慕名来到北京顺义区,实地拜访了大陆地区的首家慈善商店——临近优山美地别墅区的 Roundabout 众爱慈善商店。

接待我们的 Lily 老师告诉我们,众爱创办于 2008 年,发起人是来自英国的爱心人士 Leslie Simpson 女士。Leslie 在经济拮据的单亲家庭长大,童年过得并不顺利,所以她"不希望任何其他孩子有她童年的感受"。如今众爱已经从小小的 100

多平方米发展到现在的1000多平方米,帮助的慈善机构也从几家到48家,影响力今非昔比。Leslie还获得了"大英帝国最优秀勋章"这一崇高的荣誉。

众爱的基地更像是一个小型工厂,色调简单,并没有华丽的装修,但是大厅中摆满了各式各样的家具、台灯、乐器、装饰品,给大厅渲染上了一抹灵动的色彩。而每个房间里都有穿着桃粉色(众爱的代表色)围裙在忙碌工作的志愿者们。志愿者年龄各异,既有国际学校的高中生,也有工作之余来服务的成年志愿者。

我们在众爱仓库服务了几次,有时帮忙整理将要贩卖的圣诞用品,有时帮忙把募捐来的玩具整理装盒。尽管这些圣诞树堆满尘土,并且沉重又庞大,但是大家都很认真,配上手机播放的音乐,气氛十分轻松活跃。

教 育 篇

第四章

国际视野下全人教育

　　秉承"铸造中华魂,培养国际人"的理念,融合中外优质教育资源,八十中形成了独具特色的国际教育体系。在八十国际教育中,坚持以学生的和谐、整体发展为导向,培养具备完整知识、完备人格、拥有正确价值观和积极态度的国际化人才,探索与实践国际视野下的全人教育。从"家国情怀""人格修养""责任担当""实践创新"等多角度出发,八十国际教育全面系统地帮助学生塑造积极健康的三观,培养其能够适应终身成长和国际发展所需的必备品格和关键能力。

第一节　全人教育探索

　　为推动学生全面发展的实现,国际部从教育形式和教育内容的实践中入手,以多样化的教育活动为载体,不断内化学生的品格培养、拓展国际视野,探索全人教育新路径。

做一名智慧型的班主任

孙明芳

　　班主任是班级的第一责任人,智慧的班主任,既要在教育管理理念上充满智慧的头脑,又要在教育管理方法上充满智慧的技巧。在我担任班主任的三年中,就尝试过很多智慧的班级管理策略。

一、心中有爱,眼中有人

　　班主任工作的核心问题是师生关系,班主任和学生之间要形成双方向的爱。教师要给予学生无私、主动的爱,要达到促进学生健康、主动发展的目标。爱是一种尊重,爱是一种鼓励,更是一种触及灵魂的教育过程。让孩子们养成良好的生活习惯,没有爱心是做不到的。广渠门中学宏志班的班主任高金英老师说过,最好的师生关系就是在每个学生的内心深处,能给自己的老师留一个永远温馨美好的位置。

在我们班就不乏这样"有爱"的事情。高一下学期快到期末的时候总是下雨,有一天,我在回家路上碰到我们班的刘锦昊,看他淋着雨往回跑,甚是心疼。虽然口头上也提醒了让他记得带雨伞,不过为了确保万无一失,我就把家里两把闲置的雨伞带到学校作为我们班的"爱心雨伞",以备不时之需。当然,我也要求同学们借完了伞一定要及时归还,这样在天气不好时大家就可以继续使用了。还有合唱比赛我们国际部得了第一名,学校发冰棍作为奖励,但是发奖那天我们班有几个志愿者去忙毕业典礼了,没有吃到冰棍。事后我就去南门的小卖铺又买了12支可爱多甜筒发给没领到冰棍的学生们。还有在期末时我们班要进行期末的托福模考,学生需要一上午连续四个小时不间断答题。为了让学生能够更好地完成考试,在考试前我从家里带了一袋巧克力发给没吃早饭的学生,在考试后我将早已准备好的一暖壶凉白开放在讲桌上,让学生们自己取用。我相信这些点点滴滴学生都会看在眼里,记在心里。作为老师,只有真正喜欢学生,对学生有感情,学生才会对老师赋予同样的感情,爱是处理师生关系最好的方法。

二、抓住细节,事实说话

班主任要"童心未泯,老谋深算",每天面对几十个学生,光凭爱心或者全靠严格都是行不通的。爱心不一定能感化学生,严格不一定能够改变学生内心的逆反。世界之所以精彩,是因为有各种各样的人。班主任怎样才能把性格各异的学生统一起来,让他们服从自己的管理呢?这也是每个班主任应该琢磨的事情。

当代著名教育改革家魏书生老师说过,现代型班主任就是与现代教育发展相适应的、具有新型的教育理念、高尚的师德修养、渊博的文化知识、科学的管理方法、较强的组织能力和创新能力以及身心健康的复合型的班级学生的组织者、管理者和教育者。

在我进行班级管理时,常用的一种方法就是"用事实说话"。还记得当我第一次以正班主任的身份面对学生时,就对我们班的卫生提出来新要求。那天早自习,我将前一晚准备好的PPT打开,开始用照片展示昨天查值日时发现的做得不到位的地方,比如说桌缝里的垃圾、凌乱的讲台,还有带污点的地面……接着,我又展示了我们班最初来这个教室时的样子,我说希望这不是回忆,而是我们的未来,希望以后的每一天都能看到这样的教室!最后,我总结道:现在要求大家这样做是希望能够培养大家自我管理的能力。我还展示了我在香港读书时的房间，"可是上过香港杂志的哦！"我对学生说。现在在八十中，我们不要给高一13班抹黑。在不久的将来，当我们走出国门，就不能给中国人丢人！

还有一次，国际部有很多学生中午都穿过操场去食堂，影响了正常的体育课秩序。在放学时，为了教育学生中午一定要走北侧通道，我并没有用说教的方法，而是通过回放当天中午的监控录像。当时，我抱着笔记本进了班。"大家先等一下，我有东西给大家看！"学生们都好奇地小声议论着，等我把笔记本连接好投影后问道："你们今天中午有谁是从中间的大门去食堂的？"这下学生们才明白过来，都纷纷承认是从中门走的，而没走北侧通道。我说："还挺诚实，是有好多人……"说着便按下Play键。只见录像中刘锦昊跑在最前面，接着是两三个女生，然后就是大部队，最后还出现了一个"光速"，学生们看着镜头里的自己，哄堂大笑。我也被逗得不行，连续把这段录像放了两遍。然后等班里气氛平和一点后说："其实大家的一举一动都在学校的掌控之中，学校这样要求大家也是为了大家的安全着想。其实，今天这事都是我的责任，忘提醒大家走北侧通道了……"学生们连忙说："老师，不赖您！不赖您！"我认为，其实这个年龄段的学生都是很聪明、很有悟性的，不用我再多说什么，我相信他们已经知道以后该怎么做了。

三、责任到人，全员德育

班主任作为班级学生的教育者、管理者，更是"引导者"，既要进行细碎的常规管理，也要通过日常管理的种种小事，参透人生教育。作为班主任，首先要做好的就是建设班集体。要善于提出集体奋斗目标，同时加强班干部队伍建设。

在我带的班中就一直实施全员管理，让每位同学在班中都有一个职务，并且细化分工、明确职责。比如，班长负责协调、协助各班委工作、管理班级纪律；生活委员负责班级财产保管（如爱心伞、扫帚、拖把、粉笔等），用完及时补充更换；学习委员负责每天早上在黑板上板书要收的作业，以及志愿者招募工作；各科课代表负责协助任课教师收发作业，全权负责本学科一切学习任务，成为班中本学科的学习带头人等等。这样一来，就可以让班中做到事事有人干，人人有事干，让每个人都感觉到自己是班级的主人。同时，也可以完善班委会，培养学生的责任心和担当意识，使学生的实践能力、社会责任感得到提高。

不仅如此，开展丰富多彩的班集体活动也是在建设班集体中非常重要的，班集体的成长，每个学生的进步，一定要依托活动，只有在丰富多彩的实践活动中，集体和个人才能够得到锻炼，增长才干，真正地成长起来。

比如，在体育文化节中，我把比赛部分交给文体组来负责，入场式展示环节交给文艺组负责。文体组在体委的带领下,完成了整理秩序册,写运动员编号,组织运动员进行赛前热身练习等,同时在运动会当天有专人通知要参加比赛的同学去检录处检录。正是他们尽心的工作,我们班在比赛当天非常从容。而文艺组的表现也非常出色,首先组内同学先确定表演的内容,然后负责学习编排舞蹈并且手把手交给其他同学;王同学负责截音乐;贾同学负责定男女生表演服装;刘同学和赵同学负责表演当天给大家化妆等。最后,我们班极具民族风的开场舞蹈,最终获得"最佳创意奖"的称号。我很重视学生能力的培养,非常鼓励班中学生参加各种志愿者活动、社团活动、学生会等,所以每次学校的各种活动都能看到我们班学生活跃的身影。

有人说:"要给人以阳光,你心中必须拥有太阳。"班主任是教育者、领路人,只要我们的班主任心中拥有太阳,洞悉学生的心理,对学生的教育动之以情,晓之以理,持之以恒,和风细雨,定然润物无声。我们的班主任工作就会做得更好,就会实现著名教育家叶圣陶说的"教是为了不需要教"。

天才的背后

王珩

我与 A4 班的故事是从 2018 年的夏天开始的,我们彼此都感到新鲜、兴奋、激动。我从美国博士毕业到了沙特阿拉伯做博士后,后追随所爱回京正式开始一份教书育人的工作,第一次当起了"孩子王"。国际部高一的孩子们从不同国家和不同地区不同项目的初中部来到我的班里,成了我的"孩子们"。说的积极乐观一点呢,就是孩子们都非常有想法、有个性,说的平白朴实一点呢,就是孩子们个个"身怀绝技",实在是太难搞了!我们班里有 23 个成长在不同家庭环境里的宝贝,每一个宝贝都是不一样的烟火。篇幅有限,我今天只聊聊班上的天才之一,小 Z。

小 Z 从 4 岁开始弹钢琴且天赋异禀,以惊人的速度考级,跟着某著名钢琴家一直练习至今,在北京音乐厅的舞台上游刃有余,获得大大小小国内外奖项无数。孩子在班里一直不爱说话,社交范围非常有限,外教也向我反映孩子课堂表现不积极。我寻了个机会,跟孩子开始聊天聊地聊她的爱好。我震惊于小 Z 的语言风格是那么轻松、幽默、诙谐,惊讶于她 16 岁的年纪却在话语中透露出的成熟与稳重。这一次我没有太在意,我以为是孩子处于初中到高中的过渡期,有一个需要适应的过程。

期中考试，孩子成绩不理想，会直接影响到她的 GPA。我很担心，所以在家长会后单独跟家长沟通。孩子的妈妈说孩子每天回家以后抓紧一切时间弹琴，一直弹到十点钟，因为再晚就会扰民，所以弹完琴再吃饭稍作休息之后开始写作业。国际部的作业确实不轻松，压力全在高一和高二，面对所有全球统考的压力还要兼顾十几门学业水平考试。所以每天孩子都忙到夜里两三点，进而会影响到第二天的听课效果，周而复始，就会落下课程。听完孩子妈妈的话，我非常心疼，试图劝说家长能不能帮助孩子把练琴的时间调整到周末。孩子的妈妈说，周末已经排满了，怕影响邻居休息，所以周末是早上先写作业复习功课，然后中午到晚上十点全部都在练琴。我卡在了那里，想起了《异类》里的话，"要成为专家，需要在一个专业里花一万小时的时间"。

期中之后，我开始重点关注小 Z，但是我没有发现任何不同寻常的痕迹。孩子依然是每天安静地坐在教室里，仿佛穿了一件隐形衣。但是这种安静不是不合群的孤立，只是一种与世无争的静谧。可是只要我跟孩子聊天的时候就发现都没有我插嘴的份儿，就听着孩子聊她的肖邦、聊她的老寒腿。我开始困惑了，难道这种社交差异是青春期的特点吗？

在期末之前，孩子的成绩还是没有起色，只是勉强跟着。但是鉴于她以后想要申请音乐学院，所以文化课确实没有语言成绩那么至关重要。我想着要以目标来调动孩子的内驱力，所以跟孩子深入分析了各个顶尖音乐学院的录取细则。其实对于钢琴的笃定和热爱让她从小就很关注这些音乐学院，可以说是了如指掌。看到她自信满满的笑容我非常放心，对于一个有梦想的孩子来说，努力都是自然而然的事情。

期末之后，孩子的成绩变得更糟，我又单独跟孩子的妈妈聊了情况，看看还有什么可以帮助孩子的。这一次，孩子的妈妈欲言又止，说了时间上的紧迫，孩子确实压力很大，她也在积极帮助孩子调整。我安慰孩子的妈妈说：语言的学习和提高是需要一个过程的，有的孩子快一些有的孩子慢一些，我们还有时间，好好利用寒假，以孩子的努力程度和吃苦能力是没问题的。

为了所有孩子们不虚度光阴，我以班主任的身份留了一个家庭作业，学生把每天的作息安排用大表列出来，详尽地写明每天完成的学习任务、完成的质量、课业收获思考，然后每天家长签字验收。

作业收上来时，那叫一个"琳琅满目"。有几个是在我眼皮底下补的，有交上来空空如也倒是尽显诚实的，有写了几天的详情后面瞎凑合的，有坚持高质量完成一周的，也有写满了 A3 纸正反面且内容极其丰富的。小 Z 没有交这个表，她跟我说："老师，我全部的时间都在弹琴。"

　　我还没来得及找小 Z 深聊她的假期安排,她的妈妈就来学校了。孩子的妈妈说整个假期小 Z 的钢琴教授都在不断地施加压力,因为她的个人钢琴音乐在不久之后会在的北京音乐厅上演。面对孩子个性化的需求,我坚决支持。但是随后她妈妈的话让我感觉很震惊。她说:从上个学期的期中考试开始孩子就病了,而且病情越来越严重,有时会突然狂躁不安、有时会陷入抑郁低落,非常痛苦又无解。经常性地开始抱头喊叫,行为也伴随着焦躁和愤怒。医生诊治为双相情感障碍。我开始回忆从期中考试之后孩子在校的表现,实在是一如往常,没有半分特别的迹象。孩子的妈妈说:她在外面始终在控制自己的情绪,拒绝跟同学交流,但是在家里面的表现越来越让人担心。音乐会也只能暂且延后。

　　层层上报,学校也非常重视孩子的情况。我开始搜索跟这个病情相关的资料,也寻求学校心理老师们的一些建议,与小 Z 的家长一起实时关注孩子的表现。在药物的帮助和家人的关心下,小 Z 的病情有所缓解。这个病情最复杂的地方在于"双相",既抑郁又狂躁,两个处于完全对立面的症状会同时表现出来,然而药物很多时候只能针对其中一个方面起作用。

　　不管在家怎样,只要是在学校,我跟小 Z 的聊天还是那么轻松自在,温馨舒适。直到有一次聊起来对于时间的管理,小 Z 说,她曾经在某年某月某日的下午跟谁一起去看了一次电影吃了个饭,她记得如此清晰是因为在过去的十几年成长中,这是唯一一次跟小伙伴出去玩耍。

　　毫无疑问,小 Z 是天才,对于音乐有执着的追求和天赋异禀的能力,但是天才反而更加让人心疼。小 Z 的成熟与懂事让她刻意在群体中克制和隐藏自己的焦躁和抑郁,在外人面前表现的云淡风轻。好在学校为了满足她的个性化发展需求,减去了很多她不需要的课程负担,让她可以平衡支配自己学业和音乐的时间。再加上钢琴老师的坚定支持和合理疏导,家长的无尽呵护与陪伴,药物的辅助配合,小 Z 病情明显好转,再一次启程,为她的个人音乐会开始做忙碌的练习。

　　作为"小白"班主任的我也渐渐放下了悬着的心。在今后我更加懂得了如何去发现每一个孩子背后的故事,也掌握了真正了解他们、理解他们的方法。这一切需要时间的积累,需要耐心的浇灌,需要细心的观察,需要家校合作来共同守护每一个小天才。

学生思维能力的培养
——引导学生享受生命之花的绽放

南瑶

对于"独立的思维能力"这一理念,我深知其重要性。因为授之以鱼不如授之以渔,教育的目的是发展学生思维,让学生掌握思维能力,学会运用思维来解决实际问题。成功的教育应该是学生出了校门后,尽管忘掉了许多学来的事实性知识,但学校教给他们的思维方法仍在,帮助他们分析问题和解决问题。所谓的"素质教育"就是使学生具有独立的思维能力,中国推行课程改革已经超过五年,从高考的考试科目到中学的课程设置都有了较为明确的规定,但是真正的"素质教育""独立的人格培养"在我国却只是一种理论,只能学到西方教育的一些表皮,内容上很难落实,弊病在哪里?

首先,应试教育影响着老师教学,进而限制学生的个性思维。

应试教育指脱离社会发展需要,违背人的发展规律,以应付升学考试为目的的教育思想和教育行为,它以升学率的高低来检验学校的教育质量、教师的工作成绩以及学生学业水平。它以考试为目的,其教育模式与考试方法限制了学生能力的充分发挥,培养的学生难以适应工作和社会的发展。应试教育下的基础教育出现畸形发展现象,高等教育接纳的生源综合素质偏低,存在重智育、轻素质的倾向。其主要特征是忽视思想政治教育,不注重人格素质、精神素质等非智力因素的培养,以片面追求升学率。

培养独立的思维能力是需要时间的,对待问题需要自己琢磨、研究、探索,思维全过程倾情投入,独立地分析和解决问题。人的思维发展是不可替代的,主要靠自己,别人的教导、别人的思考是外在的,起不了多大作用。而人只要思考,思维能力就会慢慢发展;只要独立琢磨,笨人也有开窍的一天。所以,思维进步是不能越俎代庖的,别人告诉你如何分析、如何下结论,你可能听懂了,但是思维能力并没有提高,关键环节上只依赖老师,这样思维发展的程度会很有限。而在应试教育的背景下,老师是不会给学生充足的时间去思考、去质疑,因为制定的教学目标是不留时间的,每节课都有必须完成的教学任务,这样老师在课堂上只能在有些环节上进行启发、引导,设定好一些可能"质疑"的问题,整节课都会是在老师事先设定好的框架上进行,并没有遵从学生的思维活动,从而在本质上并没有真正体现学生主体的作用。这样,老师是完成了既定的教学目标,却真正忽略了学生思维品质的培养。为此,教师是有些无奈,当然,学生就渐渐地变成了接受知识的小机器人。

我于 2013 年年初有幸带学生去德国开展文化交流活动,借此机会可以较深入地了解发达资本主义国家的课堂形式,真正触摸他们的所谓"以学生为主体"。在一堂表现"旅游风光"的选修课上,老师是次要的,仅提供了课堂这个平台,主讲人由高年级学生承担,教室的四周通过课桌简单的围起来,由大的披肩隔开,整个教室被设计成一个旅游大巴的样式,上课的学生坐在"旅游巴士"里,通过电教设备营造氛围,整个过程设计得很有新意。但是,在第一节课的准备上却出现了失误——投影仪和电脑的衔接出现故障,大家等待了半个小时,在等待的过程中,每位师生都很有耐心,并未有出现焦躁情绪,老师对主讲的学生也并无丝毫的负面评价,都是在积极解决问题。这节课如果在中国肯定是失败了,老师也会批评那几位主讲学生课前准备不充分,这样一来,学生就会有压力,必然会挫伤部分学生的积极主动性。整个课堂既然交给学生,就应该允许学生犯错,老师尽量少用成年人的功利眼光去评价指责,给学生一个从容犯错并能从容改错的时间,这样才是真正意义上"培养学生自主的思维能力",否则,纸上谈兵,所谓的培养学生思维能力就仅停留在形式上,课堂的内容的主体本质上还是老师,只是通过学生体现出来而已。

其次,授课教师仅停在"不愤不启,不悱不发"的启发式教学模式,并不是真正的"思维培养"。

人的思维需要不是孤立出现的,它来自问题,来自人的好奇心,来自成就动机、竞争意识,来自社会实践,需要培养。秉持质疑的态度,保持好奇心,关注更多的事物,鼓起人成就动机、竞争意识,是充实思维需要的良好办法。思维不能等同于成绩。思维为本,知识为流;思维是前提,知识是产品;思维是上位的,知识是下位的。而现在的老师仍停留在传授知识这个层面上,考查学生也大多停留在知识积累的多少。老师的成绩是通过学生的成绩得以体现的,所以,最立竿见影的教学模式就是考试考什么,教师就教什么;高考怎么考,教师就怎么教。以此就能体现出学生的考试成绩,又能展现出教师的教学成果。但是,学生真正的"思维能力"却被忽视。在教学中,即便有的教师有培养学生思维能力的意识,但是因为应考的压力而不得不屈从,从而采取简单、整齐化的教育教学,抹杀学生基本的认知规律,传授知识。体现在学生管理上,就是"听话"的学生是好学生,没有给学生犯错误的时间,不允许学生质疑,更不可能达到师生平等、自由民主,而我们想要的

"老师要心怀谦虚和忍耐,不急躁,不打断学生,不简单评价对错,要学会倾听",就成为一种惘然,教育教学走入程序化,只强调结果,从而忽略过程,忽略学生"原生态"和思维个性,与国家一直强调的培养合格人才不相符。

因此,我作为对外汉语教师,在掌握"培养学生思维能力"这一教育理念的前提下,在工作中应有所体现。

首先,学会倾听。倾听,是一种能力,一种素养,一种美德。老师倾听学生的观点、思路和表达中,可以深切地认识学生,鼓励学生,帮助学生树立自信。倾听,给学生思维的展示提供了平台。我面对的学生有来自世界各地的,还有一部分是选择理性回归的海外华裔。他们之间存在着较强的文化差异,"求同存异""尊重、理解"在班主任工作中就尤为重要。他们多数都是独自在中国留学,在生活、学习中,作为班主任的我给予他们耐心、细致的关照,重视他们的心理疏导,使这些异国他乡的学子能真切感受到家的温暖。没有"尊重""平等",就不可能进行教育教学工作。在思维能力的培养上,我以"尊重"为前提,以"倾听"为方式,在对学生的班主任管理工作上主张他们"自行管理"。班主任要学会倾听,倾听他们感情的倾诉,倾听他们痛苦的表达,倾听他们的困惑与牢骚,表达本身就是一种解决,获得成为"倾听者"的权力本身就是一种信任。在此基础上,再进行思想的沟通就成了水到渠成的事情。当然,作为老师是不应该把自己的思想强加在学生的思想之上的,在报考志愿上还是在学生个人感情处理上都应该保持理智,应该是一种旁观者的姿态,这样,才能保护学生的积极主动的思维发展。

其次,引导学生接纳自己,热爱生活,享受生命。所谓"活在当下"就是希望现代的人们放慢脚步,审视自己浮躁的内心,回归宁静,享受生命本身。如何做到?我认为最根本的就是懂得接纳自我、珍爱自我、学会和自我相处。试想,一个连自己都否定的人,如何保持内心的平静,又如何善待他人?作为一名"人类灵魂工程师"的教师,重要的并不是教给学生知识,而是在教给他们独立的思维能力的同时,引导学生肯定自我,欣赏自我,这样才能自信地展示自我,活出独立精彩的自我。我对于学生的评价一直是不以学习成绩的好坏来衡量的,而是引导他们学会彼此之间的宽容、友善,运用合理的方式表达自己的愤怒和不满。在和学生相处中,我还鼓励学生勇于挑战权威,勇于进行思维的创造。思维的独创性是指人们在进行思考时,能够从新的角度,运用新的观念去认识事物,对事物表现出独特的见解。如果一个人的思维不具有这种特性,别人怎样想,自己也怎样想,墨守成规,人云亦云,就谈不上什么独创。在教学中如何培养学生的独创性思维,无疑对造就未来社会所需要的开拓型人才有着重要的意义。爱思考、善质疑是独创性思维的主要特征。宋朝朱熹说："读书无疑者须教有疑,有疑者须教无疑。"经过思考哪本书才是我的书,哪种学问才是我的学问。在教学过程中,教师要注重培养学生勇于求索的精神,鼓励学生破除迷信,不唯书是从,不唯师是从,敢于向书本和教师挑战,大胆质疑问难。这样,树立自己的观点,拥有强烈而独特的自我意识,才能真正享受生命。

要调动思维的独创性,教师还应创造一个轻松愉快的教学氛围,学生心情不受压抑,思维积极主动,创造的火花就会自由地喷发出来。我在教《包身工》时,引用了教参上的一句话:"第一部分记叙包身工起床情景,兼议包身工制度的产生。"有位学生马上指出,"起床"一词用得不恰当,因为十六七个被骂做"猪猡"的包身工"横七竖八"地躺在"七尺阔、十二尺深"的地面上,根本无"床"可"起"。根据第三自然段"那男子虎虎地向起身慢一点的人身上踢了几脚"的叙述,宜改为此句中的"起身"才妥。我肯定了学生的观点,随即因势利导,鼓励他们继续对课文挑刺。这说明,学生一旦摆脱桎梏,思维的潜力就会挖掘出来。

老师要从思想上提高对思维能力培养的重视,无论是对外汉语教学还是针对本国学生的教学,都要把思维发展明确提升为教学目的,纳入自己的教学体系,置于教育教学的中心位置,作为自己教学工作的最高追求。把中国扎实的基础教育和个性的思维能力的培养结合起来,真正培养出善思考、善钻研、能发现的国家需要的合格型人才。

"今日之责任,不在他人,而全在我少年。少年智则国智,少年富则国富,少年强则国强,少年独立则国独立,少年自由则国自由,少年进步则国进步,少年胜于欧洲则国胜于欧洲,少年雄于地球则国雄于地球。"教育至关重要,教师应肩负起应有的责任,培养出独特的生命个体,那么我们的祖国才能真正拥有美好的未来!

"预"见未来的自己

燕婷

《国家中长期教育改革和发展规划纲要(2010—2020)》提出要"建立学生发展指导制度,加强对学生的理想、心理、学业等方面的指导",即在学校的教学、管理两项基本职能之外,特别加入"发展"职能。而所谓的"学生发展",即囊括了生活、生涯与生命主的发展认知与相关能力、素质提升。因此,生涯教育,作为教育的基本使命跃然进入大众的视野,那么关于生涯教育的核心内涵究竟是什么,以及如何在高中学段推行和落实生涯教育理念,成为教育者最关注的核心问题,本文将围绕上述两个问题展开论述。

一、生涯教育的核心内涵

在了解生涯教育之前,首先,我们先梳理一下生涯这一概念。生涯(Career),即生命的轨迹。意指生命体在不同阶段下的生命角色的演变以及由此带来的不同的发展任务。20世纪40年代,美国生涯发展大师Super(舒伯)提出的"生涯发展观"[1],把生涯区分为"成长""探索""建立""维持""退出"五个阶段。也就是说,在特定的时段,每个个体有特定的生涯使命等待完成。如果很好地完成每个阶段的任务,生涯会得以顺利地展开,个人潜能会获得充分的展现;如果没有很好地完成这一阶段任务,那么个体的发展就会迟滞。按Super的理论,如果在成长阶段,没有建立良好的习惯系统、人际互动素养,那么在"建立"期就很难有"好奇心""勇气""整合能力"以顺利完成对"属于自己的世界"的探索,从而无法找到一个内心认同、愿意承诺与付出的职业生涯定位。Super认为,人有六大角色对生涯具有决定性影响:子女、学生、休闲、公民、工作、持家。人在不同的生命阶段都会扮演不同的角色。

基于上述生涯理念,生涯教育就是以个体发展规律为导引,在每个阶段给予符合个体发展任务的指导,从而让个体的每个阶段的生命体验建立起连接性,从而帮助个体构筑一个更具有整体性的生命体验。

二、生涯教育的落实与推进

在高中学龄段,如何开展生涯教育,让生涯教育的理念具有可实施性、可操作性,同时又可以密切联系高中学生的发展需求、符合高中学生的心理发展规律,是生涯教育得以真正落地、助益学生发展的重中之重。笔者归纳了如下几点注意事项,以供参考。

(一)建立多元化的生涯教育团队

生涯教育绝不只是德育部门或者是心理老师的"专属阵地",建立一支包括心理教师、班主任教师、任课教师的多元化的生涯教育团队,让生涯教育的理念植入每一位从教老师的心中,是生涯教育扩展影响力的必经之路。(1)心理教师是高中生涯教育最核心的群体,是生涯教育的整体设计者和推动者。其主要职责包括本校生涯教育体系的整体建构、生涯课程的设计和教学、生涯活动的策划、生涯咨询的开展等。班主任是生涯教育的重要参与者。(2)班主任的主要职责在于从"生涯意识的唤起,建立多元化的分享机制,引导学生开展专业和职业探索活动,引导学生建立科学合理的行动方案"。(3)学科教师要从本学科相关知识点来引导学生树立生涯规划意识,这些知识体系在实际生活中的应用,大学专业所需要的学科能力、大学专业的发展方向等。

(二)打造丰富系统化的生涯教育内容

就是高中生涯教育的内容应该包括:生涯意识唤起、自我探索(自我认知——兴趣、性格、多元智能)、专业探索(专业了解)、职业探索(职业了解)、行动方案(主要是高中三年自我学习规划)、能力培养(学习力、时间管理能力、情绪管理能力、抗压能力、心理调适能力)等环节。需要指出的是在生涯内容的选择上,一定要以学生的需求作为基本出发点。根据学生的认知规律去研究生涯教育的每一个环节。比如生涯意识的唤起,不同年级学生、不同班级、不同学生的生涯意识唤起的方法都有很大的不同。我们在运用西方的生涯教育理论的时候,采用的教学或教育(包括咨询)等方法其实并没有定论,只要学生觉得有效,就是好方法。

(三)创新生涯教育形式

生涯教育是帮助学生解决生涯困境或者帮助学生掌握生涯规划方法的一种教育,不是知识性教育。因此,应当摒弃说教式的授课方式,更多地采用创新型、实践型的活动形式,开展丰富多彩的生涯教育活动。如生涯体验周、生涯人物访谈比赛、专业探索比赛、生涯个体咨询、校本高中生生涯读物、家长生涯分享、HR分享、测评等形式。不同的教育形式有其侧重点解决不同的问题。比如,咨询是帮助个别学生解决生涯需求和困惑,课程是解读大面积学生的生涯需求。讲座是成年人的传授,而读物和活动是引导学生参与自我学习和探索。因地制宜地采取恰当的生涯教育形式,也是每一位生涯教育者需要面临的课题。

参考文献:

[1]金树人.生涯咨询与辅导[M].北京:高等教育出版社,2007:35-40.

第二节　全人教育课程实践

八十中国际部始终坚持将学生的发展放在首位,努力营造和谐的育人环境。在国际教育常规管理中,将全人教育理念渗透于教育的各个环节,贯穿于学校教育、家庭教育和社会教育的各个方面。在这其中,班级主题课程大放异彩,增强学生教育工作的针对性和实效性。

一、民族情怀与国际视野

厉害了,我的国——富强之路

燕婷

(一)活动设计					
班会题目	厉害了,我的国——富强之路				
班级	11A1	班主任	燕婷	时间	2021-4-6
活动背景分析	1.社会背景:富强即国富民强,是社会主义现代化国家经济建设的应然状态,是中华民族梦寐以求的美好夙愿,也是国家繁荣昌盛、人民幸福安康的物质基础。在我国社会主义核心价值观中,富强排到了首位,这显示出它在12条核心价值观中的重要意义和作用。同时,这也就意味着"富强"是国家层面的首要价值目标。 2.学生背景:高二学生已经初步具备抽象逻辑思维能力,对于国情、国事有一些了解与认知。但是缺乏系统化、理论化的认知,呈现出碎片化的知识点,对于社会主义核心价值观尤其是富强这个理念缺乏明晰的、全面的、深刻的认识与理解。 基于上述背景分析,特此召开本次"富强之路"的主题班会。				
设计思想	立足于社会主义新时代的国情,结合高二学生学情特点,设立"回望历史-立足当下-展望未来"的富强之路探索之旅,建构对"富强之路"的全面认知。				

续表

班会目标	认知层面:了解我国富强之路的艰难探索历史。 情感层面:通过对国家富强之路的回顾与分析,激发学生的爱国之情。 价值观层面:通过梳理与展望未来富强之路的发展,激发学生积极投身于社会主义新时代的建设,形成政治认同。
班会准备	素材搜集:网上搜集有关"富强"的时政新闻。 联系访谈:国际部中外教师。 制作 PPT 与视频剪辑。

(二)班会过程

班会流程	时间	班会设计意图
环节一:视频导入 观看视频短片,回望我国的富强之路的历史进程。	5 分钟	设立情境,引出本次班会探讨的主题。
环节二:《启程——踏上富强之路》 第一个小组展示活动 展现 1949—1978 年中国的历史大事件,以此作为中国追求富强之路的开端。自此,在追求民富国强的道路上开始前行。	8 分钟	引导学生回溯历史,从历史观的角度回望"富强之路"的起点。
环节三:《发展——走在富强之路》 第二个小组展示活动 通过小剧场演出的形式,展现 1978—2000 年期间,在富强之路的探索与发展下,给普通民众的生活带来了哪些改善。	8 分钟	引发学生从普通民众生活的角度感受与体验:富强之路的发展,为普通民众的生活带来的获得感与幸福感。 总结与升华:认知上与情感上对富强之路的理解。

环节四:《展望——坚定富强之路》 第三个小组展示活动 通过回溯具有代表性的时事(2000年之后至今)新疆棉花事件以及中国芯片事件,展现追求富强的道路上并非一帆风顺,必然存在荆棘坎坷。但从每个生活在这个社会的民众的心声(采访视频)中,可以看到我们对未来国家发展的坚定信心。	14分钟	学生对富强的理解与情感表达。 总结本次班会以及后续教育活动的引出。
环节五:学生自编说唱歌曲 以歌曲的形式表达对富强之路的感受	5分钟	
环节六:教师总结	5分钟	

(三)班会后延伸教育活动设计

结合自己未来专业的选择,思考自己未来可以在哪个专业领域为祖国的富强发展贡献自己的一分力量,制作一份《我和我的祖国》的生涯发展规划图。

(四)班会效果反馈(学生、家长另附)

学生获得对社会主义核心价值观的理解,尤其是对富强之路的发展过程有了更深刻、更全面的认识。

激发学生投身于社会主义现代化的建设。

(五)教师反思与感悟

班会前期的思想动员与准备工作较为充分:给学生充分的资料进行学习与思考富强之路的内涵与发展历程。

班会过程:基本完成主要的环节,时间分配较为恰当,氛围热烈,积极投入,充分发挥学生的才艺,使学生展现了昂扬的精神风貌。

需要再进一步加强的部分:总结环节需要再提炼。

和祖国共成长

李晶红

(一)活动设计					
班会题目	和祖国共成长				
班级	10B1	班主任	李晶红	时间	2021-4-2
活动背景分析	1.社会背景 党的十九大以来,"全面建成小康社会,夺取新时代中国特色社会主义伟大胜利,为实现中华民族伟大复兴的中国梦不懈奋斗"是全国人民的共同奋斗目标,实现国家的真正富强和民族振兴,在一代代中国人的共同努力下初见成效。如今我们当代中学生也要承担前人的重担,继续奋进。 2.学生背景 随着中国的崛起,人们的物质水平大幅度提高,家长对于学生过于宠爱,使得学生不用付出努力就可获得各种满足。这就导致了学生缺乏学习的内驱力,虽然知道学习的重要性,但是并不愿意付出努力,更不会认为自己身上还要肩负着国家富强的责任。				
设计思想	认识到国家富强是人们共同奋斗的结果,学生自己也应该通过奋斗去成就自己、回报父母、回馈社会。				
班会目标	1.了解中国人近百年来不屈的奋斗史。 2.学生通过讲述自己祖辈父辈的奋斗史,体会到自己的幸福生活来之不易。 3.理解现阶段学习的意义以及自己肩上的责任。				
班会准备	搜集历史资料以及反映家族奋斗史的老照片				

(二)班会过程

班会流程	时间	班会设计意图
追溯百年振兴史	3	了解人们在探索中去寻找振兴中国之路。
新中国在探索中前进 活动:学生通过展示照片,讲述自己祖父在抗美援朝、抗美援越战争中的故事。	8	了解新中国建立后,科技工作者和军人为振兴中华而做出的努力。
改革开放后中国迅速发展,国家走向富强。 1.郭佳琳展示 20 世纪 90 年代,母亲在无锡转机时的照片,讲述中国民航的发展变化。 2.张斯宇展示照片,分享外公外婆大学毕业后被下放,然后通过自己的努力又回归大学教书,并有幸能给中国女排做测试的故事。 3.王京蕊讲述照片背后的故事,分享自己父亲的创业史。 4.安蕊父亲作为中国哥伦比亚桥梁隧道项目负责人,为同学们讲述中国桥梁隧道建设水平在近几十年的飞速发展。	25	时代给予了父辈们创业的机遇,他们也用自己的奋斗历程,翻开了中国发展的新篇章。
学生通过知识的学习,肩负成就自我、回报父母、回馈社会的责任。 1.短剧:《课堂》 反映学生在学校的学习状态 2.安蕊分发学生的成长账单。 现场采访学生看到账单后的感受。 3.黄景明畅谈个人价值,人存在的意义。 4.杨佳以自己与父母的隔阂为切入口,谈父母对子女的爱。 5.陈子睿谈中学生所承担的社会责任。 6.播放短片,展示中国尚未摆脱贫困的孩子们的生活现状。	10	让学生意识到学习的重要性,像自己的父辈一样努力奋斗。
教师总结	1	

续表

(三)班会后延伸教育活动设计。 1.了解父母近三年的体检情况,理解自己肩上的责任。 2.制订一个月内的学习计划,以应对 5 月的数学考试。	
(四)班会效果反馈(学生、家长另附)。	
(五)教师反思与感悟 本次班会以立德树人的教育目的为出发点,结合学生的心理诉求以及当下学生缺乏学习动力、责任感的实际情况,以其家庭成员的奋斗历程见证祖国的富强之路,让"富强"这一主题回归生活,让学生更加充分理解国家富强与每个人息息相关。实施过程中以历史为轴,以点概面,让学生能够审视自己的学习现状,树立责任感,很多同学在班会过程中落泪,反思自己愧对父母和社会的培养,此次班会的基本目的已经达到。	

留学生应该怎样爱国

王珩

(一)活动设计				
班会题目	爱国:留学生应该怎样爱国			
班级	10A4	班主任	王珩	时间	2019 年 4 月 16 日 第六节
活动 背景 分析	本次班会选题是爱国。社会主义核心价值观是爱国、富强、民主、文明、和谐、自由、平等、公正、法治、敬业、诚信、友善。中华民族历来就是一个有着悠久爱国主义历史的多民族国家,爱国主义作为一种思想观念已经深入人心,成为从爱国感情、思想和行动的具体体现中升华出来的理论体系,表现为一种关于个人和祖国关系的理性认识。其实,二十四字核心价值围绕着爱国,而且,作为在不久的将来就要出国留学的高一国际部学生来说,站在国际舞台上如何爱国、如何表达爱国是一个值得我们讨论的课题。			

续表

设计思想	我校国际部的育人理念是"铸造中华魂,培养国际人"。国际部的学生都是即将升入世界各大院校的我国最优秀的年轻人。未来,作为留学生,他们身在异乡为异客,代表着中国年轻一代的新生力量,将为祖国代言。留学生们是世界认识中国的窗口,也是中国展示新思想新力量的途径。如何激励留学生的爱国热情就显得尤为重要。年轻人有自己的思想、有自己的认识,如何引导学生是本次主题班会的最大挑战。 我一直相信榜样的力量,所以本次班会的设计思路紧密围绕着"榜样",从两个方面来展现:老一辈的留学生们的爱国情怀;班级内优秀学生代表在世界的舞台上为国争光的爱国情怀。
班会目标	知识目标: 让学生了解什么是正确的爱国方式,了解什么是不正确的爱国方式。 能力目标: 让学生具有理性的思考能力。 情感态度和价值观: 充分认识爱国主义,明确人生理想,树立积极向上的人生观。
班会准备	1.召开班委会制定方案。 2.布置班级海报和文化宣传。 3.班级话剧《钱学森的故事》排练。 4.准备开场视频。 6.主持人串词。 7.班会 PPT 和技术支持。

(二)班会过程

班会流程	时间	班会设计意图
导入(3分钟) 播放一段社会热点新闻,讲述的故事是"爱国"青年抵制日货打砸抢烧日本车等疯狂的"爱国行为",引发学生们的思考:这样的方式是真的爱国吗?	3分钟	事实热点引发学生的思考

221

班会流程	时间	班会设计意图
班级交流环节(讨论2分钟+发言5分钟) 通过两分钟的激烈讨论,同学们对于视频中的不理智行为都有很多想法,两位同学分享了他们的想法,认为这种行为是不理智的,是不爱国的。	讨论2分钟+发言5分钟	充分讨论,全员参与
了解老一代留学生的赤诚之心,同学们通过班级话剧《钱学森的故事》来了解和认识真正的爱国(12分钟)。 话剧分四个剧目,从钱学森出国求学,到想要回到中国报效祖国,到在美国受到多方人员的阻拦,到毅然决然地回到祖国怀抱,在导弹等领域贡献自己的一生。	12分钟	榜样的力量—老一辈留学生们的爱国精神和奋斗热情
爱国小榜样(高尔夫球国家运动员陈沛成同学和古典钢琴专业演奏者宗家萱同学)分享他们在国际比赛的赛场上为国争光的爱国行为(10分钟)。 陈沛成的演讲题目是《我爱中国国家队队服》。 宗家萱演讲的题目是《国际赛场上的骄傲与失落》。	10分钟	榜样的力量–身边同学的爱国精神
班主任总结(3分钟) 引导学生将爱国化成平时一点一滴的积累,将爱国化成无时无刻地进步,将爱国化成脚踏实地、一步一个脚印的成长。分享班主任自己的留学故事,总结整节班会同学们的表演和发言,向学生们传达,真正的爱国是努力充实自己,好好学习,认真钻研。希望这节班会能根植进学生们的心里,带着这份骄傲和自豪踏踏实实地走好人生的每一个阶段,从小事做起,学好本领,增长见识,不辜负时光、不辜负时代,为祖国新一代留学生代言,将祖国新一代年轻人奋斗不息的精神和积极向上的美好发扬光大,源远流传。	3分钟	总结升华

班会流程	时间	班会设计意图
班级交流环节—谈谈本次班会的所思所感(2分钟讨论+5分钟发言) 同学们积极热烈地讨论了自己的收获并且分享了自己的体会和感动。 嘉宾老师总结(3分钟) 学生发展中心王炎主任和数学特级教师金鼎老师都分享了他们的想法,也激励了同学们从日常的小事出发,严格要求自己,爱自己,爱国家,弘扬中华文化。	2分钟讨论+5分钟发言	交流讨论 到场领导老师们与孩子们交流分享所得所思所感

(三)班会后延伸教育活动设计

会后,本班同学更加了解了班级榜样的事迹,为他们感到骄傲和自豪。除了学好文化知识,增长见识之外,孩子们都感受到了作为留学生身上的责任和使命。

另外,孩子们被老一辈留学生们的爱国精神所深深鼓舞。没有他们早期归国建设祖国,就没有我们现在这么稳定和繁荣的社会,也就没有我们自由选择求学路径的可能。学生自愿3人成组,按照不同的专业方向和领域去了解和搜索更多像钱学森一样的爱国志士。在之后的系列主题班会中做更多的交流与分享。

(四)班会效果反馈(学生、家长另附)

非常感动看到学生自导自演的话剧《钱学森的故事》,在娓娓道来的故事中,所有在场的同学和老师曾一度哽咽。老一辈的留学生用自己的一生来爱国,用自己的一切来爱国,因为我们流淌着中国血。

现在时代发生了翻天覆地的变化,留学已经成为很多国人的选择,老师也希望学生可以走出去增长见识,丰富学识。但是,现在暂时的离开是为了更好的回来。如何爱国,我们说要从小事做起,从强壮自己做起,从提高自己的综合素质做起,从一点一滴、一言一行做起。理性爱国,学成报效祖国是老师对孩子们的期盼,我相信经过这次班会,所有学生都深有体会,到底怎样才是爱国。

续表

(五)教师反思与感悟
这次班会从准备到召开,全班同学都付出了自己的很多时间和精力。感谢所有同学台前幕后的工作,也感谢到场的所有领导和老师的支持。从学生们的发言和讨论中,我可以感受到他们深深地被这次班会所感染,非常清楚自己在现阶段作为一个中学生需要如何管理自己,需要在哪个方向上更加努力上进。我可以感受到他们身上的那股劲儿,力争上游成为更好的自己的劲儿,不断进步让祖国为自己骄傲的劲儿。本次班会的不足是由于前期话剧的时间把控得不好所以整体时长没有计算好,下次会更加精准地把控时间。

二、团队协作和沟通

科学防控,牢记理想

邵蕾

(一)活动设计					
班会题目	\multicolumn5 "科学防控,牢记理想"主题班会
班级	11A1	班主任	邵蕾	时间	2020.2.18
活动 背景 分析	\multicolumn5 一场疫情让 2020 年的春节变得与众不同,给全国带来不可估量的损失,使正值寒假的学生感到焦虑紧张,班里也有因为疫情滞留在湖北的学生,对于未来的学习和生活充满了迷茫。因此,决定召开"科学防控,牢记理想"的主题线上班会,旨在起到强有力的导向作用,以此凝聚人心,稳住心态,以严肃认真的态度面对疫情,同时通过讨论让大家能够明确自己的学习规划,居家高效地学习。
设计 思想	\multicolumn5 引导学生关注疫情知识,了解信息、科学防控、从容应对。 了解当前的抗疫形势,引导学生树立正确的价值观,做有奉献精神、有责任、有担当的时代青年。 引导学生做好本职工作,扛起自己的责任。

续表

班会 目标	关注疫情发生的背景、了解关注疫情的重要性及紧迫性,做好科学防控工作的意义和方法。 疫情背景下全球统考的备考变化。 做好居家学习和生活的安排。
班会 准备	班干部组织设计班会流程。 疫情纪录片、学生示范七步洗手法视频。

(二)班会过程

班会流程	时间	班会设计意图
疫情背景+情景剧 1.播放关于疫情的纪录片,再次强调关注疫情重要性以及紧急性,并且再次说明全球统考的机制。 2.播放同学自己拍摄的情景剧,增加趣味性并将做法具体化、真实化。	15分钟	关注疫情发生的背景、了解关注疫情的重要性及紧迫性,做好科学防控工作的意义和方法。
学习以及生活交流 1.学习经验分享以及心得交流:首先请温敏、林国杰同学做交流分享,说说自己在家是怎样规划时间和有效学习的。 2.同学们听完以上同学的发言后,自行思考并再请一名同学交流自己的方法及建议。 3.由体育委员江浩淼同学分享如何在家自主进行体育锻炼,保持身体健康,增强自身免疫力。	10分钟	分享居家学习和生活,引导学生居家期间科学防控和合理安排学习。
疫情期间同学的亮点 由姜依林作为代表发言,说一说她在疫情期间是如何通过与其他两位同班同学陶犖霖、温敏的合作共同资助前线的。 姜依林:非常感谢大家的支持,这是我们一起努力的成果,我们利用了这笔善款买到了物资并资助了前线,星星之火可以燎原,相信这一点点的小小力量汇聚在一起之后一定能够战胜疫情,希望可以早日听到疫情得到控制的新闻,也很期待能早日在学校见到大家,谢谢!	6分钟	请参与资助前线的学生分享经历。

班 会 流 程	时间	班会设计意图
目标及对未来展望 给大家 2 分钟的思考时间,每位同学说出自己在此次疫情期间的目标以及展望。	10 分钟	全员参与讨论。
班主任进行班会总结 同学们,昨天我们以网络课程的方式参加了一次特殊的开学典礼,开学第一课我们学习了很多科学防控的知识。我们每个人都被卷入了一场没有硝烟的战争,在这场全面战争中,每个人都应该拿出自己最强的气势,以最好的状态投入战斗。每天我们打开手机,主动关注抗击肺炎的新闻,被疫情中最美的逆行者感动,看到各行各业以自己的方式表达对他人、国家和世界的关心。昨天我看到了一条新闻,非常感动,和同学们分享:甘肃省第三批援助湖北医疗队正式出征,其中有 15 名护理人员为了工作方便都剃了光头,他们当中,有 14 人是女性,在爱美的年纪,他们剪掉头发,只为保护更多的人,用生命守护生命。 那么我们作为高二学生,应该做些什么呢? 在灾难面前,我们学生、家长、老师必须真正风雨同舟、携手共进,共同讨论和交流在教学条件变化、交流环境变化中,如何把疫情、把灾难变成教材,把我们应该做的、通过努力能够做到的事情做到最好。列夫·托尔斯泰说:理想是指路明灯。没有理想,就没有坚定的方向;没有方向,就没有生活。我相信,每一位同学都有自己的理想,关于大学、关于未来职业、关于社会责任。老师们通过微课、直播等方式指导我们同学在家中学习,虽然我们遇到了取消考试的情况,我们要从容不迫,保持良好的、积极的心态,在家中坚持按照计划学习,按时完成作业,查漏补缺;虽然我们遇到了在家中不够自律的情况,但是我们要知道学习是艰苦的脑力劳动,没有坚韧不拔的精神是学不好的。下半年我们就要进入申请季了,让我们共同完成好这场生命教育、信念教育、科学教育、道德教育。在家中学习的同时,也要关心他人、关注社会,真正地与祖国一起成长。引用河南省教育厅厅长一句话结尾:用成长的足迹踩踏灾难,让不幸成为通向幸福的桥梁! 在科学防控的同时,牢记自己的理想,并为之付诸行动。	4 分钟	总结升华。

续表

（三）班会后延伸教育活动设计
利用晨会时间交流分享科学防控信息交流、备考和上网课的情况交流、居家学习和生活等方面。

（四）班会效果反馈（学生、家长另附）
班会的参与度很高，每一位同学都参与了讨论并进行发言，梳理疫情背景下，作为现阶段学生能够达成的目标，把爱国情怀细化到集体的居家学习和生活中。 温敏：利用好时间，及时调整规划及计划表，充分利用好自己在家的时间，比如自主学习AP课程，保持紧张的状态，因为接下来我们要面临的考试很多，留给我们的时间也很短，大家一起加油努力，期待早日与大家相见。 林国杰：现在我们的时间比在学校多，如何在未来仅有的几个月中考出好成绩是一个问题，这是我们申请的最后一个阶段，所以要提前准备一些夏校和申请之类的东西，还有就是调整自己的心态，劳逸结合，保证自己的学习任务和学习效率和在学校的时候差不多或是更高，能够为我们以后的学习打下良好的基础。 江浩淼：下载一些类似于"keep"的运动软件，加强锻炼。

（五）教师反思与感悟
以科学防控为切入点，进行爱国主义教育，使学生树立正面的价值观，用理想指引学习和生活，教育学生的同时，作为教育者本身对使命感和职业幸福感有了更深的感受。

疫情让世界看见中国力量

秦先超

（一）活动设计					
班会题目	疫情让世界看见中国力量				
班级	10A1	班主任	秦先超	时间	2020 年 3 月
活动背景分析	从武汉抗疫到全球抗疫，有人说疫情就是一面镜子，一个国家是否强大、政府执行力如何、为了谁的利益，都照得一清二楚，让我们看得明明白白。经历过疫情后，作为一名高中生，我们应该从这次疫情中反思出什么道理呢？				

设计思想	将学生分成4组,让学生从"疫情让我懂得了什么是制度自信""疫情让我懂得了什么是中国人的力量"两个角度去探索疫情之下,我们中国是如何展现出强大自信的。学生可参考网络上的新闻、视频,《这就是中国的脊梁》《这就是中国》等政论性节目来收集资料,以小组汇报的形式展现小组的成果。
班会目标	通过本次班会激发学生的爱国主义情怀,对全体同学进行爱国主义教育。
班会准备	素材收集 学生从以下两个角度分别进行小组讨论并收集素材: 1.疫情让我懂得了什么是制度自信 　　中国的社会主义制度一直受到西方力量的抨击,但一场疫情让世界人民看到了中国特色社会主义制度的优势。正是由于中国特色社会主义制度,才能使全国人民拧成一股绳,跟着一根指挥棒走,才能让我们临危不乱、有条不紊地应对疫情。 　　此外,在此次疫情中,凡是确诊病例或者一些必要的核酸检测,国家都提供无偿的帮助。在这次疫情中,国外谈得最多的就是经济、股市的影响,而只有中国,我们只字未提"钱"的事儿。正是因为我们中国的特色社会主义制度的本质就是以民为本,只有真正地为民着想,才是一个真正民主自由的国家。所以,在此次疫情中,每一个中国人都切实感受到了中国制度的优势,极大地提升了我们的制度自信。 　　对于未来将会到国外学习的国际部学生而言,正确认识我们国家、民族的制度优势,才能够让他们在未来的学习和生活中摆正位置和心态。让学生明白学习和努力是未来让我们的祖国变得更加强大和美好。 学生可以围绕: (1)中国对疫情防控的迅速、高效 VS 国外在疫情防控中的出现的一些弊端。 (2)中国人民对疫情的正确认识、积极应对的态度 VS 西方国家对疫情的错误认识、消极地应对的态度以及带来的负面影响,谈谈你认为此次疫情如何体现了中国的制度自信。 参考资料:《这就是中国的力量》《这就是中国》(43.中国组织起来的力量)、网络视频

2.疫情让我懂得了什么是中国人的力量

此次疫情中,我们一起见证了什么是中国人的力量。通过此次疫情,我们认识了钟南山、李兰娟等传染病学领域的医学泰斗,他们为此次疫情的贡献实际上代表的是千千万万普通医务工作者背后的辛勤付出,可以说他们是中国人力量的集中体现。我们往往能看到的也是这些"名人"的事迹,但是除了他们这些医务工作者,在此次疫情中还有许多感人的故事在我们身边发生。例如,快递员、普通市民、商贩、海外侨胞,他们都为此次疫情的抗战默默地付出,正是这些不带英雄色彩的普通人的力量,才能真正体现出什么是中国人的力量。

此外,华为作为一个民族企业,从它诞生的那一天起便是不平凡的。而随着它变得越来越强大,也遭受到了西方国家越来越野蛮的打击。但是,华为始终肩负起作为民族企业的那一份担当。在华为艰难前行的背后,也必定少不了默默为之付出的人。比如,"中国龙芯之母",已经84岁的老人黄令仪,她在本该退休养老的时期,却依然出现在芯片研发的第一线,为国家节省了上万亿元的费用。

不管是民族英雄,还是平民英雄,都深刻体现了中国人大爱、无私的力量。正是因为这份担当,才能让我们战胜这次疫情。我们的老一辈为年轻一辈做出了优秀的榜样,但是中国的未来寄托在青年一代的身上。作为青年一代,我们应该如何继承老一辈的这份担当呢? 学生可以从以下几个方面收集素材:

(1)疫情期间涌现出的抗疫平民英雄,他们如何体现了中国人的力量?

(2)华为应对国际压力时的坚守,给你带来了什么启发?

(3)青年一代是我们民族正在成长中的脊梁,我们应该如何履行这份责任与担当?

参考资料:《这就是中国的脊梁》《这就是中国》(21. 中国人的爱国主义)、网络视频

(二)班会过程

班会流程	时间	班会设计意图
开篇 主持人对本次班会的背景、目的进行简要介绍。 成果汇报 分四组,每个小组分主题进行讨论,以 PPT 的形式进行汇报。	2 分钟	明确班会目的

班会流程	时间	班会设计意图
(二)班会过程		
1.疫情让我懂得了什么是制度自信 (1)中国对疫情防控的迅速、高效 VS 国外在疫情防控中的出现的一些弊端。 (2)中国人民对疫情的正确认识、积极应对的态度 VS 西方国家对疫情的错误认识、消极地应对态度以及带来的负面影响。	20分钟	以小组合作的形式加强学生的合作意识,让学生了解中国制度的优势,以及身为中国人的自豪感,激发学生的爱国情怀。
2.疫情让我懂得了什么是中国人的力量 (1)疫情期间涌现出的抗疫平民英雄,他们如何体现了中国人的力量。 (2)华为应对国际压力时的坚守,给你带来了什么启发? (3)青年一代是我们民族正在成长中的脊梁,我们应该如何履行这份责任与担当?	20分钟	
学生交流 小组汇报结束后,学生自由发言,谈谈自己经历疫情后有何感想,以及这次疫情对以后的学习工作有何影响。	3分钟	创建高度参与的课堂,让学生通过此次疫情体会身在中国,身为中国人的骄傲。
班主任小结 班主任对学生汇报进行点评,总结本次班会的核心内容以及深层次的意义所在。针对国际部学生的特殊性,强化他们的爱国主义精神,让他们明白自己肩负的民族责任和使命。		总结提升,强化本次班会的目的和意义。

(三)班会后延伸教育活动设计

每个小组将本小组的汇报内容凝聚成一句话,并作为班级标语展示在板报墙上,同时专门设计一块区域展示疫情期间付出过的名人事迹,为班级创建良好的爱国主义教育环境。

(四)班会效果反馈(学生、家长另附)

本次班会效果非常好,同学们收集的素材贴近主题,图文并茂,制作精美。班级同学的参与度非常高,大多数同学参与到了话题讨论中。

（五）教师反思与感悟
本次班会通过小组展示及讨论的形式探讨了疫情带给我们的反思，班会内容紧贴主题，同学们参与度非常高，班会效果非常好。通过对此次疫情的回顾和讨论，进一步增强了同学们的民族自信、制度自信，强化了同学们的爱国主义情感，同时鼓励大家在今后的学习和生活中，更加努力、勇敢、坚强。

三、挖掘内驱力

倔强的生长

刘维涛

（一）活动设计				
班会题目	倔强的生长			
班级	11A1	班主任	刘维涛	时间	2018. 4. 17
活动背景分析	高二第二学期,对于高二年级中美项目班的学生来说是很关键的时期,学生陆续进行了 SAT 考试,AP 考试、各项升学的准备工作接踵而来。学生需要梳理自己面临的问题,也需要解决这些问题的一些方法。针对班级学生现阶段的情况,我们决定开一次这样的主题班会,通过学生自我的思考、同伴间的交流、学长的经验等帮助学生积极迎接未来在学习中的各种挑战。				
设计思想	AP 项目的学生面临着升学的关键时期,希望通过主题班会活动,学生能够在自我思考、同伴间交流、学长的经验中找到解决自己现阶段存在问题的方法,并且能够找到可行性的解决问题的方法。				
班会目标	知识目标: 引导学生发现思考现阶段学习中存在的亟待问题。 能力目标: 学生能够通过自我思考、同伴间交流、学长的经验从中找到解决自己现阶段存在的问题的方法。 情感、态度、价值观: 学会自我思考发现问题,学会在交流中解决问题。				

班会 准备	1.现阶段问题——视频——武燚　王硕雍　王昊 2.学长采访——视频——张诗琪　刘婧旸　宋泽磊 3.分组讨论——负责人:宋泽磊　王浩翰　张笑飞 4.合唱排练——全体同学　刘婧旸　张诗琪负责 5.主持串词、班会PPT——张冰艺　张笑飞 6.高三学长寄语——视频——武燚　王硕雍　王昊

(二)班会过程

班会流程	时间	班会设计意图
导入 视频播放学生自编自排短剧,展示学生的现阶段的问题; 班级学生分享	10分钟	培养学生的反思能力。
分组展示学生讨论的结果 1组:SAT学习——王浩翰 2组:AP微积分——宋泽磊 3组:其他AP课程以及各项申请准备的安排——张笑飞	15分钟	培养学生讨论,交流的能力,结合实际进行深入思考。
学长经验分享 12A1张匀一的采访视频 高三学长的寄语	10分钟	用榜样的力量号召同学们继续努力。
学生总结、合唱 1.张笑飞同学总结发言 2.刘婧阳同学领唱《倔强》	7分钟	通过交流和反思找到了问题并解决。用合唱的形式提高学生的凝聚力。
班主任总结 1.简述班会的主题 2.简评学生在发现问题、寻求解决问题中的做法 3.提出对班集体的期望	3分钟	

(三)班会后延伸教育活动设计
开展班级内部手拉手一帮一活动,学习结对,互帮互助。

（四）班会效果反馈（学生、家长另附）

学生能够自我反思现阶段自己亟须解决的学习中的问题；

学生能够通过沟通交流梳理出近期学习的策略；

通过合唱集体的凝聚力有所增强。

（五）教师反思与感悟

很喜欢学生最后合唱的歌曲《倔强》

"当我和世界不一样

那就让我不一样

坚持对我来说就是以刚克刚"

——这一段表达了每个学生都有自己的个性，他们渴望彰显自己的个性；

"你说被火烧过才能出现凤凰

逆风的方向更适合飞翔

我不怕千万人阻挡只怕自己投降

我和我最后的倔强

握紧双手绝对不放

下一站是不是天堂

就算失望不能绝望

我和我骄傲的倔强

我在风中大声地唱

这一次为自己疯狂

就这一次我和我的倔强"

——这一段则是学生们的心声，面临着巨大的升学压力，每个学生都不愿意轻易地认输，都希望在冲刺阶段为自己的梦想而坚持而努力。

学生们在最后的大声合唱中唱出了心声唱出了气势，鼓舞了自己和同伴，也感动了在场的老师。

"美"主题班会

南瑶

(一)活动设计					
班会题目	美				
班级	11C1	班主任	南瑶	时间	2019. 4. 15
活动背景分析	在当下社会,"美"的概念需要重新定义,对学生进行合理引导				
设计思想	由小品与图片引出对于外在美的思考,再由外在美引申至内在美,用小品、歌曲等活动引发学生对于内在美的思考,最后让学生明确自己真正应当追求的美并用歌曲表达				
班会目标	探寻人真正的美,尊重每一种他人的外在美,追求自己心中的内在美,不因为外在美评判他人,注重内在美				
班会准备	歌曲,舞蹈				

(二)班会过程

班会流程	时间	班会设计意图
1.班会的内容由浅入深,先由学生的小品开始——整容。	10分钟	引导学生由生活出发提升审美
2.然后引出讨论的内容"什么是美?"讨论中,学生提到外在美和内在美,内在美有师生情、同学情、爱情、亲情……	20分钟	
3.两位同学唱《父亲》,引导学生知感恩。		
4.再由学生表演小品《同学四人情》,体现性格不同,但是表达出的友情却是真挚的,引发同学讨论得出美是一种包容。	5分钟	班会的环节流畅,主题的升华水到渠成。
5.主题升华,投影播出消防员为国捐躯的实时报道,让学生体会"大美"的意义。	5分钟	
6.班会结束,全班合唱"美在心中"的英文歌。	5分钟	

续表

（三）班会后延伸教育活动设计

进一步渲染"美"的意义,通过健康的班风,影响到每一位学生。

（四）班会效果反馈（学生、家长另附）

通过这节课的学习,学生们认识了美,从而提升了自己的人生价值观,开阔了眼界,从而更好地认识身边的美,发现身边的美,具体的事例更加感染了学生,更好地理解了美,体悟了美,感恩于社会、家庭、学校为他们创造了美好的生活,更好地培养了学生用一颗感恩之心去享受生活的美好,在个人享受内在、外在的"美"中,去判断生活中的真善美,确立为国家、为民族而勇敢担当的"大美"的价值观,这对学生们来说起到了很好的教育意义,希望学生都是未来传播美的使者,把"美"的种子种在自己心中,并带到世界各地,让它们生根、发芽、开花、结果。这也正是我们社会主义核心价值观的伟大意义。

（五）教师反思与感悟

班会"美"的主题确定。现在大数据时代,科技化、信息化充溢着我们的生活,"心有多大,舞台就有多大"这句话更加成为可能,这将是生活在现代的我们的一种幸福,同时我们每个人也因为这样的"欲壑难填"而更加焦虑。确定这个主题就想在学生这个花季的年龄,世界观、价值观正待成型的特殊时期,能引导他们确立正确的方向,这样将影响一生,这也是我们社会主义核心价值观的核心力量。

需要改进的不足:

主题升华中,体现"大美"的意义,由主持人的总结和班主任总结表达出来的,显得生硬,理想中应该由学生自己体会得出。

投影内容等一些细节仍应注意,怎样才能做到形式和内容完美的统一。

第五章

学生活动风采

在学生培养中,国际部着眼于学生的健康成长和综合素质的提升,建立了健全的学生发展教育体系,以开发实施系列学生活动为主线,适时地将全人教育理念融入主题教育、专题活动、社会实践等方面,通过自然有效的引导和鼓励,激发学生的内在潜质,使其逐步养成良好的习惯,获得坚毅的品质、拼搏的精神,在通往梦想的国际化道路上健康地成长。

第一节 国际部特色活动

北京市第八十中学国际风情节

国际风情节是北京市第八十中学国际部最传统、最特别也是最隆重的学生活动之一,至今已经举办了13届。国际风情节旨在搭建文化的桥梁,联结中国和世界的纽带,弥合种族和语言的差异,在同一个舞台上展现自我,开阔视野,共同进步。

一年一度的国际风情节,会在每年的元旦前后举行。全体国际部的师生都会积极参与,认真准备,全情投入,会竭力为大家奉献一台美轮美奂的视听盛宴。每届国际风情节,全体国际部师生都齐聚一堂,感受国际部师生间的温暖,每个人的脸上都会洋溢着节日的喜悦,互相传递着新年的祝福。学生们在国际风情节活动中了解了文化,锻炼了能力,展示了风采,收获了快乐。国际部是一个包容、和谐、创新、开放的地方,让众多的莘莘学子感受到文化的冲击、交融与内化,让中国与各国的文明得到充分的展示、交流与传播。

图 5-1

图 5-2

图 5-3

图 5-4

图 5-5

新生模拟商赛

模拟商赛,成为国际部入学教育的重要环节。商业挑战赛对于培养国际化创新人才,推动树立科学正确的商业观具有重要意义,挑战赛赋予了八十中国际部学生实践教育活动新的内涵。在活动中,国际部同学锻炼了团队协作、问题解决、公众演讲和沟通能力,智慧的碰撞和完美的展示让所有的同学都收获满满。

图 5-6

图 5-7

　　ASDAN 模拟商赛是以专业的模拟商战 IT 系统为基础,完全仿真还原市场和公司运营的真实环境与决策过程,包含运营决策、企业路演、商业对决、拍卖交易四大部分,赢取最多利润的公司成为冠军。同学们在该活动中模拟公司运营中的各项决策,通过项目展示和拍卖交易,在思考、交流和团队合作中充分展示了八十学子的风采。

图 5-8

　　在整个活动过程中,同学们始终保持着高度的积极性参与到每一个讨论环节,如生产成本投入多少? 市场营销费用如何合理计算? 如何以最优方式分配人力资源? 面对这一系列问题,他们潜心思考、团结合作,充分展示了我校培养学生"会学习、善合作"的育人理念。

图 5-9

图 5-10

图 5-11

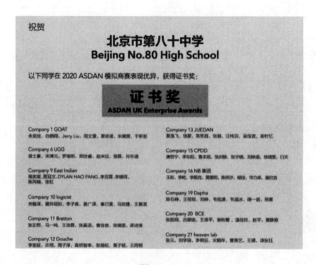

图 5-12

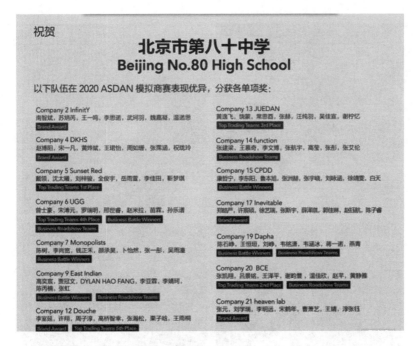

图 5-13

国际部研学实践活动

海南农村支教,通过双语教学把特色素质教育课程落地于农村学校,让农村学子感受国际化活动。在海南当地学校的志愿支教活动中,提升了国际部志愿者团队协作能力、创新能力和自我管理能力等关键技能。通过研究性学习的形式,使学生掌握研究性学习的方法,小组完成"国际素质教育进农村"志愿活动宣传片,呼吁社会对农村素质教育的关注。

丝绸之路研学,通过从文化、军事、艺术、自然地理、生态调研等多种角度的实践学习和考察,了解丝绸之路的历史与现状,感受中国文化与世界文明的发展历程;走近非遗文化传承人,探讨非遗文化传承在中国目前所遇到的挑战与机遇。学习如何利用音频、图像、文字、语言的力量全方位展示和表达观点,促进国际化思维的形成和综合素质的提升。

图 5-14

图 5-15

图 5-16

图 5-17

图 5-18

图 5-19

图 5-20

图 5-21

　　沪杭商业研学,通过考察上海和杭州地区的重点高校、BMW 上海体验中心、国家技术创新示范企业九阳、上海养乐多工厂等地,在实地考察和商业参访等活动中提升学生对商业环境的整体适应能力和学习实践能力,培养学生的领导力与团队协作能力、创新思维与问题解决能力、演讲能力与调研能力以及自我管理能力。

<h2 style="text-align:center">戏剧节</h2>

　　精彩,戏如人生。戏剧是一门综合的舞台表演艺术,有着悠久的历史和深远的文化内涵。为了传承与弘扬世界优秀文化,培养学生综合表达能力和文学素养,国际部开设戏剧课程,促进学生全面发展。每年 5 月,高三毕业生通过戏剧节展示着精彩故事,绽放"青春"与"活力",为毕业季画上圆满的句号。

图 5-22

　　学校通过举办系列活动,融合了中外先进的教育理念以及丰富的社团文化,营造出多元文化交汇的学习环境,为学校师生提供了"走出国门看世界"和"在八十中学感受世界"的教育平台,实现了中外学生、多元文化和民族本土文化的共荣共享,为中外学生成长为具有领导力才能的国际化创新型人才创造了优质的成长环境。

图 5-23

图 5-24

图 5-25

图 5-26

第二节　学生会

北京市第八十中学国际部学生会,是国际部内由团委领导、指导老师负责、学生自主管理的学生组织。国际部学生会于 2011 年重建,下辖主席团、宣传部、生活部、学习部、文体部等部门,编订并完善了《北京市第八十中学国际部学生会规章制度》《北京市第八十中学国际部学生换届选举办法》等内容。

国际部学生会在每个学期初,向发展中心指导老师提交学期计划,在通过后,由主席团居中统筹,各部门提交详细方案,在指导老师监督下,完成相关校园活动。多年来,在一届届学生会成员的努力下,国际部学生会逐渐形成了以"教师节感恩活动""数学节""国际部足篮球联赛""国际风情周"等为核心的活动,并在每年的招新之后,不断征集开发新的活动方向和形式,以求能够吸纳到最优秀的成员,并使每一个同学都能借助学生会的平台,得到成长,实现自我的价值。

在将来,国际部学生会将在充实校内活动的基础上,尝试走出去和兄弟院校一起,取长补短,为同学们带来更丰富的内容。

特色活动

π 节（数学节）

众所周知的,数学需要强大的逻辑和深度思考,更有令同学们闻风丧胆的微积分这类具有相当难度的知识点,但它不光有它难的道理,还有它的乐趣等待着大家去发现。

在开学的第三个礼拜,学习部全体成员一同给全校师生呈现了一场数学的盛会,几乎所有的国际部学生甚至中国部的学生都积极参与进来,从同学们的笑容和轻快的跳跃中不难看出数学也不失为一种提供乐趣的方式。本次活动的初衷是为同学们提供另一种认识数学的角度,用一种更加轻松快乐的方式呈现出平时躺在课本中的知识,在游戏中调动它们,灵活运用它们,进而了解到数学不光是一道道固化思维的计算或应用题,更是与生活息息相关、充满趣味的工具。

这是学生会首次开展数学相关活动,学习部的部员们投入了大量精力,从初步构思活动雏形,锁定人群,到细化具体的游戏项目,不断优化游戏机制,还要和数学的相关概念相联系等等,才最终将学习部的首次数学活动组织起来。在活动前后的一周时间,很多活动的负责人为了保证万无一失,午餐都是在下午的课间匆匆吃完,甚至有人放弃了这一天的午餐。但当看到活动顺利进行时,他们的脸上都露出开心的笑容,这段时间的付出也就觉得非常值得了。

从很多同学的反馈中我们得知,他们实实在在通过这次活动拓展了数学领域的视野,加深了对学科与生活的联系。就比如"数学之美"环节,在准备的画布上用数学语言或图形来创作画作,项目包含的对于艺术与数学、感性与理性、蜿蜒与刚直的创新形式,就是他们从未想过的。此类的反馈还有很多,但同时我们的社员也发现了活动策划时的考虑不周:就比如活动场地的选择,"谁是卧底"活动的人员限制导致游戏开始的拖延等,但正是这一次次的实践与反思,相信我们以后的活动会更加丰富多彩。

图 5-27

图 5-28

图 5-29

图 5-30

图 5-31

感恩教师节

寒来暑往,春去秋凉;悉心评讲,倾心课堂;学生短长,牵挂心上;

三尺讲台,熠熠生光;默默不响,桃李芬芳;可敬师长,节日安康。

2020年9月10日,随着开学的到来,第三十六个教师节日益临近。为了增加在疫情期间许久不见的老师与学生们的凝聚力,教师节活动起到了一个很大的作用。对于本届新生而言,活动也有助于迅速熟悉自己的新老师,使他们快速适应新学校的生活。

活动前期,我们做了充分的工作来确保活动的顺利进行。我们剪出了与教师人数相等的小纸人,并写上教师姓名;准备足够的彩纸裁剪成纸条,并准备了胶带、双面胶、收纳袋以及纸、笔供同学们使用;随后在大厅摆出4块看板,在看板上整齐贴上代表各个教师的小人,看板中间摆放两张桌子,供同学们为教师写祝福。

活动过程中,我们在大厅立了一块牌子,写明活动规则,以便同学们进入大厅可以到前桌领取1~3个彩色纸条和胶带,贴到自己喜欢的老师的看板小人衣服上,同时可以在两侧长桌上写下给老师们的祝福和问候,并在写完后投放至相对应的纸袋中。每个收纳袋上贴5~8位老师的姓名,用于收集这5~8位老师收到的祝福。同学们从前桌和两侧小桌领取明信片和笔,在这里留下对喜爱的老师的祝福,并将祝福投进对应老师的收纳袋。

现场活动结束后,学生会成员将看板上代表老师的小人取下,将小人放进收集同学们祝福的礼袋中,并交到了对应的老师们手上,使老师们体会到了同学们的热情与祝福,成功地为教师节活动画上圆满的句号。

每年的教师节活动,既是新生进入校园后的第一个活动,也是新一届学生会主办的第一个活动,虽然历年的形式略有不同,从"送给老师的一句祝福"到"早上奉上的一杯茶",都表达了学生在这个特殊节日对老师们的祝福,也希望亲爱的老师身体健康,事业顺遂。

图 5-32

5-33

图 5-34

足篮球比赛

四月初,天气渐渐回暖,为丰富同学们的课余文化生活,营造文明、活泼的校园环境,增进同学们之间的情感交流,文体部同学们利用午间休息时间举行了新一届"I80FA"足球赛,五支由各个年级集结而成的队伍,分别两两一组展开了初赛的对决,决出获胜的三支队伍,再通过三场循环积分赛决出最终获胜的冠军球队。

文体部的同学们从三周前就开始着手准备,作为最受同学们期待的年度活动,在复盘研究原方案的基础上,通过场地测量、整体流程优化、对接各部门老师、优化时间、裁判培训、比赛队员招募,以及健康告知的签署等环节,一步步完善整场活动。

在足球赛场,各位参赛队员做好赛前准备,裁判一声令下,激烈的比赛便拉开了帷幕。比赛伊始,双方都打得比较保守,处于试探性阶段。随着双方对对方的了解,比赛开始激烈起来,双方球员也渐入佳境,不时打出精妙的配合和有威胁的射门。球员们脚下功夫了得,无论是抢球、传球,气势都十分凌厉。场外学生也激情洋溢,热情地为队员们加油叫好,现场气氛十分热烈。天气已慢慢炎热,但每个球员都毫不示弱,展示了团队的热情与默契。

在掌声与欢呼声中,比赛也进入了尾声,由高一同学们组成的球队获得了最终的胜利,每一位球员都坚持着友谊第一、比赛第二的精神,让这次比赛取得了圆满的成功。

在另一边的篮球场上,同学们个个精神抖擞,全身心地投入到比赛中,场地两旁所有观众都不约而同地站了起来,形成两堵厚厚的人墙,为场上的健儿们鼓劲儿,裁判员们也都公平地裁决比赛。翻腕、起跳、投篮,篮球在空中划出一道弧线,流星奔月般飞向篮筐。顿时,震天动地的欢呼声响彻全场。

在每一次的足篮球赛比赛过程中,为了保证比赛能够顺利进行,队员们在活动中学会合作,懂得遵守赛场规则,服从裁判,赛出风格,赛出水平。充分体现良好的精神面貌和优秀素质,也促进同学之间友好的感情交流。

图 5-35

图 5-36

图 5-37

图 5-38

图 5-39

图 5-40

第三节　学生社团

北京市第八十中学国际部现有社团 31 个,涵盖了学科竞赛、学科交流、心理健康、戏剧表演、音乐演奏、社会实践等多个方面。每个学年开始前,会面向新生进行社团的讲解介绍,秉承"以兴趣为起点,以实践为落点"鼓励学生结合自己的兴趣爱好,参加不同的社团,并可以以相关调研报告和年度计划为蓝本,提交社团成立申请。

每学年初,汇集八十中高中部和国际部的所有社团,会公开举行"社团嘉年华暨招新活动",通过各个社团的展示,吸引有相同爱好的同学,以更好地开展活动。

目前,国际部社团中,逐渐形成了以 IN 电台、DM 街舞社、乐善社团、镜域商学社等为代表的,长期活动并得到师生认可的社团氛围。IN 电台曾获得"朝阳区优秀社团",DM 街舞社多次参加校外竞赛并取得优异成绩,不同的奖励只是同学们在社团中实现自己、提高自己的证明,多样性的、包容的校园文化才是社团活动生生不息的不竭动力。

舞动青春，DM 街舞的坚守

DM 街舞社作为八十中唯一一个都是国际部学生的街舞社团，包含 Jazz、K-Pop、Hip-Hop 和 Urban 多个舞种，并且男女不限。它成立于 2016 年，已经 5 年之久，是国际部元老级的社团。多元化的社团内容使每一位社团成员都能学到自己喜欢的舞种。除了每学期固定的万圣节、风情节以及篮球赛的演出，平时的社团内容大多数由社团成员共同挑选自己喜欢的舞进行训练与学习，互相帮助，共同进步。而且 DM 街舞社在每学年开学时的社团招新活动中还会在校园内进行表演，吸引更多热爱街舞的同学前来参加。

街舞社在学校众多社团中脱颖而出，在上学期的社团评选中名列前茅。每次表演的曲目以韩舞和爵士舞居多。每次精彩的表演都离不开每位社员在排练过程中努力认真的付出。除此之外，该社团会多角度地看待社员的发展，并寻求方法来提升自身的优点。历任社长都认为社员的付出和认可是最重要的，所以他们期待并同时帮助社员慢慢进步，更加努力参加社团活动来提高自己的街舞水平。

未来 DM 街舞社仍会秉持着他们对街舞的热爱来努力建设一个更好的社团，例如会积极参加校内的社团活动，与外校的社团相互借鉴，相互交流学习，也会考虑在外校进行演出，参加商演和比赛。文化多样性是人类文明进步的重要动力，使世界成为百花争艳、五彩缤纷的花园。我们既要保护自身的民族文化，也要尊重其他民族的文化，对于 DM 街舞社，我们也期待它得到更好的发展！

图 5-41

图 5-42

图 5-43

图 5-44

图 5-45

图 5-46

十年坚持,IN 电台的成长

IN 电台作为八十国际部影响力最大、成团时间最长、经验最丰富的学生社团,凝聚了十年来历届学子的心血和青春。IN 电台以丰富学生校园生活和社会影响力为宗旨,为八十学子搭建可以自我展示的平台。从声音、视频、文章、图片到线下活动,IN 电台通过媒体传播的影响力,让世界听到八十国际学子的声音。

作为长老社团,十年来,IN RADIO 的声音经历了不同的时期,始终坚守着创建社团的初衷。

创建 IN 电台的灵感来源于学生会,想做一个学生与学校之间的交流媒体,而随着后续 IN 电台的发展,规模和影响力的扩大,IN 电台在学生与学校的基础上,搭建了供学生向外界展示的平台。后期,充分发挥组织特性,以微信公众号等各个网络平台对国际部组织的各项活动、校园新闻、动态信息进行宣传和报道,主要在"北京八十中学国际部广播台"微信公众号中进行展示,并利用新媒体开展一系列创新活动,以此增加校园文化内涵,丰富校园生活。

IN 电台围绕平台设立了播音组、记者组、公众号制作组、管理层四个部门,成员数量控制在 70 人内。

今年的工作中,IN 电台顺应疫情,将战线转到线上媒体,通过公众号平台进行广播,并且开设"晚安夜读""电影分享""音乐分享""采访专栏"等投稿和线上播音栏目,充分让国际部学生参与到 IN 电台的日常活动中。除了线上公众号的各色精美栏目,我们将"IN Scream 歌唱比赛"的理念改为"以乐会友",全校范围内报名,通过初赛后选手随机结组进入决赛的方式,将奖项颁给因为"音乐"碰撞在一起的一对灵魂。

未来,IN 电台会继续将声音的力量传递给更多的人。

不论前行多远,社员漂洋至五湖四海,我们都不忘记 IN 电台的初心,这种以波的形式传递的声音的力量,它传递是一种刚柔并济的力量!

图 5-47

图 5-48

图 5-49

图 5-50

图 5-51

图 5-52

循声寻梦,乐善社的光彩

来自八十中国际部的乐善社团,旨在悦你之耳,至于至善。一届又一届的变迁,乐善社团已经成立了三年了,我们意在将音乐与公益相结合,在乐善、在舞台上大放光彩,拥有一首自己的原创单曲,拥有一群志同道合的朋友一起玩乐队,在校内外利用各类机会在舞台上进行表演,例如我们在八十中国际部风情节上的演出,在大礼堂和411的专场表演,以及校内外的公益表演。有时亦会制作原创单曲,一起录音、编曲、混音,做出属于我们自己的录音样带。

在学校万圣节活动上,乐善的乐队进行了出色的表演,还有当场的同学们点歌加入其中。场面一度非常嗨！风情节，乐善的乐队再次站到舞台上，一首《21 Guns》点燃现场的气氛。还有往届同学们走进公益院，看到了可爱的孩子们，他们以音乐为桥梁，架起沟通的音符。

　　每年会迎来乐善自己的音乐会，在这里，摇滚、古典、爵士、流行的碰撞登上台，我们会在大堂举行，届时也是座无虚席。

　　在疫情刚刚暴发时，乐善社团又联合学生组织一同创作应援曲《只愿雾散》（上传至 B 站并在清明节登上首页），其中作曲编曲混音部分均有我社成员参与。在制作过程中，我们展开了众多有关于作曲方面的讨论，也进一步研究了编曲中的吉他、架子鼓、弦乐等的配器方面知识，同时也是一次完整的音乐制作过程，真正感受到每一首音乐背后的辛苦。同时，完成时的成就感也是一种前所未有的体会。在乐善，我们一同感受音乐的魅力与价值。

图 5-53

图 5-54

图 5-55

图 5-56

图 5-57

图 5-58

学 生 篇

第六章

学生科研活动介绍

以"一人一天地,一木一自然"为核心基础,国际部本着"铸造中华魂,培养国际人"的理念,形成了融合中外优质教育的八十特色国际教育体系,培养出了一批又一批具有"中国情怀、国际视野"的八十国际学子。在科研能力的培养方面,我们经过一次又一次的研究与探讨、改革与创新、更新与迭代,逐渐发展出了校本科研培训,为八十国际在国际教育科研方面探索出了属于自己的道路,基于上述教育,在本章中将会主要分三个内容展示,分别是 IB 优秀毕业论文、高三优秀毕业论文、Honor Class(荣誉学院)和优秀科研论文等。

第一节　IB 项目优秀 IA/TOK 论文摘要

IB TOK

年级	学生姓名	论文题目	摘要
2020 届	林晓彬	"类比的作用是帮助理解而不是提供证明。"你在多大程度上同意这一说法?	类比作为一种推理方式,和归纳、演绎有所不同。在不同学科领域和情境中运用类比,尽管它无法提供解释,却可以起到帮助理解或辅助证明的作用,这取决于它被使用的目的以及它所得出结论的普适性。类比若通过人为搭建的联系来为类比物添加属性,那么仅从类比无法证明"类比具有某属性"这一命题为具有普适性的客观事实,但它可加深人们对运用类比的说话者强调的某一事物属性的理解;若类比仅仅为人们提供更形象化的理解,则它无关证明;若它参与证明,便只能作为推动论证、辅佐其他推理手段的方式来论证事实。

IB 汉语 A（文学）课程写作精选

年级	学生姓名	论文题目	摘要
2020届	余沛瑶	人狗之间——浅析《局外人》中沙拉玛诺老头的作用	加缪在一篇书评中提到卡夫卡《诉讼》的结尾：主人公在凌晨被无端带出去处决，"死前被判只吐了句'像条狗'"。在《局外人》中的沙拉玛诺老头身上，我们亦能看到这一可悲又可笑的名为"荒诞"的判决。通过这个人物，加缪不仅简单而有力地勾勒了荒诞的轮廓，还深入地揭示了我们应该如何在一个荒诞的宇宙中与他人共存并直面死亡。沙拉玛诺折射的是荒诞的人类处境，是众生百态，也是关于死亡的终极真理。加缪用这个人物告诉我们，无论是多微不足道的存在都有其重要性。
2020届	袭开笑	本能与规范的冲突	本文分析了"阳光"在加缪的《局外人》中，对文章发展和行文逻辑产生的作用，并结合尼采对加缪的影响，进行深一层次的分析。通过分析，小说除了具有直白的存在主义哲学的特色之外，《局外人》中"太阳"所代表的日神精神也奠定了小说另一哲学的输出。作者巧用平常之物，将其赋予警示意义，揭示了人的精神扭曲与社会的异化，主张以生命力的极乐战胜生存的痛苦。结合着加缪的经历，作品哲学旨意触及新的高度。本文阐释了在《局外人》中，压抑来自太阳所代表的传统秩序与莫尔索的对抗，只有在极乐的生命力下才能摆脱。
2020届	曹博源	追风筝的人—索拉博	本文分析了追风筝的人一书中索拉博这个在小说后半部分出现的人物，如何以义项的形式代表了阿富汗的社会和历史，并包含了作者对阿富汗的未来的希望和对阿富汗未来命运的祝福；纵观全书我们会发现索拉博人物的身份生平命运与阿富汗国家社会构成和历史之间微妙的对应关系，同时索拉博人物的发展也是新的希望的体现。

续表

年级	学生姓名	论文题目	摘要
2020届	刘清扬	"常德不离，复归于婴儿"——浅析人物语言对莫尔索"局外"形象的塑造	本文主要研究莫尔索的"存在主义"思维方式：他一直在"自由选择"，不会因为世俗的压力而"失去自我"。当常人在机械地生存时，莫尔索已经产生了"我为什么要这么生活，我为什么不能以其他方式生活"的荒诞感，于是他打破了这种荒谬，也脱离了世俗生活。莫尔索看似对周围的一切都没有情感，其实他只是崇尚真实，按照自己的情感、行为准则生活，不肯违背自己的内心以顺应世俗。
2020届	林晓彬	微笑中的深情——从"笑容"细节揭示《追风筝的人》中的自我与民族救赎	作者胡塞尼通过笑容的存在、消失和重燃三个阶段，用笑容具象化了哈桑对阿米尔的信任，更象征了民族融合的希望，体现了笑容为揭示人物心理和关系以至社会内涵的广义作用。作者把阿米尔抽象的赎罪过程由重燃笑容的表现来体现，有助于作者表达赎罪不只是为了抹去阿米尔内心的愧疚和痛苦，更是为了找回宝贵的情谊和幸福的观念，最终传达了关于自我救赎和民族救赎的深刻主旨。
2020届	孙泽林	《局外人》中法庭众生人物形象分析	加缪在获得诺贝尔奖的时候曾言："艺术是一种手段，使得我让同胞们更清楚地认识到他们生活的真实处境，激励他们去奋斗。"作者在《局外人》中揭露出"生活的真实处境"，即在非理性主义下重新被建构的社会。本文通过分析《局外人》中的陌生女人，揭露了法庭上显露出的自然人与社会人的割裂，从而揭露出"生活的真实处境"。
2020届	赵婧瑄	隔音的玻璃 沉默的默尔索——浅析小说《局外人》主人公默尔索的语言特色	加缪先生在《局外人》后出版的《西绪福斯神话——论荒诞》中写道："一个人在玻璃隔墙后面打电话，人们听不见他说话，但看得见他的无意义的手势：于是人们就想他为什么活着。"加缪先生在小说《局外人》中默尔索的语言即为《西绪福斯神话——论荒诞》中"隔音的玻璃"。本篇论文通过分析默尔索"言简意赅""答非所问"的语言特点，可以发现默尔索摒弃了理性的对话模式、句子背后的意思，以及对话本身的意义这些荒诞世界中的"音"。加缪塑造的主人公默尔索运用了"隔音的玻璃"的说话方式不仅呼应了作品作为荒诞文学展现人与世界脱节的主旨，又从侧面表现出了加缪先生对于西方理性主义的批判。

第二节 高三优秀毕业论文摘要

年级	学生姓名	论文题目	摘要
2020届	赵怡然 赵悦婷	探究就寝时间波动程度对过敏性鼻炎患者症状轻重的影响	本研究旨在探究 0.5 小时(h)的就寝时间波动差(BF)是否会影响过敏性鼻炎(AR)症状的严重程度及其 24h 周期内的波动规律。 我们于 2020 年 1~3 月对 AR 患者与伴 AR 症状的人群进行在线问卷调查。收集的 139 份样本通过卡方检验与 PG-MARJ 量表进行分析,发现两组(BF > 0.5h 与 BF<0.5h)的 AR 症状严重程度无显著差异,但其昼夜波动规律略有不同,我们认为该差异可能源于微观上的分子节律受到了干扰,从而影响了宏观上症状的发作时间。 下一步可以探究更大波动差(1h, 2h, etc.),以研究就寝时间的差异对于 AR 症状乃至生物整体节律系统的影响。
2020届	林楚峰	基于层次分析法的绿孔雀种群数量下降的主要影响因素分析	本篇论文旨在用一种非严格的定量方法来分析导致绿孔雀在过去的七十年内逐渐濒危的人为原因。首先,我们介绍了一种基于线性代数与统计学的方法——层次分析法(AHP)。这种方法可分析多变量环境中每一单一互斥变量的相对重要性,并曾被广泛应用于采矿安全、生态环境健康程度评价等领域。随后,我们得到了设立水利工程为相对最重要因素这一结论,并提出了设立专门的绿孔雀保护区,包括核心区与缓冲区,并敦促尽快进行后续的深入研究。

年级	学生姓名	论文题目	摘要
2020 届	杨凯夫 刘家耀 邵钰霖	周易于中国古代哲学观	文章主要研究内容是探究周易(易经)与数学学科之间的联系,通过八卦图得知周易算卦跟数学二进制的关系,又通过算卦卜卦的方法得知了周易和很多数学中其他原理的对应。在探究过程中,通过对卦象和卦象所对的释义的研究,可以得知周易的卦意多为好或者是不好不坏,引出了有关周易和社会的一些联系。这也成了后续所需研究的目标:有关形而上学(易经)的讨论是不是有意义,证明这些形而上学的理论是不是需要严谨的逻辑证明还是仅仅用常识证明就可以了。
2020 届	肖硕琦 李茂 钱柯亦	神话中的重力场	在这篇论文中,我们探究了一个存在于神话中、古人所想象出来的世界在物理学的演绎下所展现出的奇异样貌,即神话中的平坦地球将创造出怎样一种与我们的地球不同的引力场。我们借助于理想化的模型,用微积分出了一个二维平面所造成的引力场的表达式,并将其图像直观地展现了出来,之后又用定性分析的方式对结果进行了检验。在此过程中,我们不仅描绘出了这个引力场,还意外地发现了在平坦地球边缘处的引力无穷大的奇特现象,对此我们也在理论上给出了解释。

第三节 学生课题研究优秀论文摘要

年级	学生姓名	论文题目	来源	摘要
2022 届	闫格格	基于单细胞转录组测序的 EMT 研究	丘成桐生物论文比赛	癌症是危害人类生命健康的重大慢性疾病之一。90%的肿瘤患者最终死于肿瘤转移。肿瘤远处转移的发生包括局部浸润、渗入血管、随血液循环系统转移并在其中存活、移出血管、在新的部位定居并增殖等几个步骤。EMT 是上皮细胞来源的恶性肿瘤细胞获得迁移和侵袭能力的重要生物学过程。通过 EMT，上皮细胞失去了细胞极性，失去与基底膜的连接等上皮表型，获得了较高的迁移与侵袭、抗凋亡和降解细胞外基质的能力等间质表型。研究选用乳腺癌细胞系 MCF-7 及用 TGF-β 诱导的 MCF-7 进行单细胞转录组测序，通过生物信息学分析得到 EMT 过程中的基因变化情况及调控机制。
2022 届	郭纹萱	中世纪猎巫运动：资本主义与厌女起源研究	Honor Class 寒假科研	在本次的寒假科研活动中，我主要通过对 Silvia Federici 所撰写的学术著作 Caliban and the Witch：Women，the Body and Primitive Accumulation 的研究性阅读，进行对与中世纪资本主义原始积累时期的长达好几世纪的猎巫运动，与自那以后逐渐占据主流文化的厌女思想之间的关联进行探讨。历史上各式的关于资本主义发展的研究总是站在男性的角度，站在无产阶级工人的角度。而本书的作者，则是站在女性角度对这些事件重新进行审视，但也不忽略无产阶级以及各式其他背景的人在这之中起到的作用。其中作者对马克思主义与福科的各式理论都进行了不同程度的补充与说明，令人思路焕然一新。

续表

年级	学生姓名	论文题目	来源	摘要
2022届	李恩慧	压力与行为健康	Honor Class 寒假科研	本文旨在研究压力(考试焦虑及学业自我效能感的相关性)与人们一些特定行为(报复性熬夜、暴饮暴食、酗酒)之间的关系,研究主要对象为中国学生(大学生为主)。全文分析基于收集数据,整理分析它们的形式,来进行展开。选题的原因是近些年来学生的压力越来越大,与此同时过大的心理压力会为他们带来种种问题。以上所提出的三种行为较为典型,文章主要对三个异常行为的含义进行分析,做出行为的心理因素与动机、危害,以及如何避免这种异常行为进行讨论。
2022届	王梓涵	隐形矫治中附件位置对磨牙颊向移动影响的三维有限元分析	Honor Class 寒假科研	我主要对附件位置对磨牙颊向移动的影响进行了三维有限元分析,随着新型材料的兴起与正畸技术的发展,牙列拥挤的患者通过隐形矫治技术可实现有效的牙性扩弓,但其扩弓效率随牙位的靠后逐渐降低,且多是通过牙冠的颊向倾斜来达到相对的牙弓扩宽。在隐形矫治过程中,附件的添加可增强固位,提高牙齿的移动效率,而不同的附件形态、大小、位置都会对牙齿产生影响。通过三维有限元分析的分析方法,分别对不同位置水平矩形附件进行对比,进一步研究隐形矫治磨牙颊侧移动过程中生物力学特征,探究隐形矫治磨牙达到颊侧整体移动设计更合理的附件位置提供理论依据。
2022届	王一	基于变压器架构创建机器学习模型	Honor Class 寒假科研	机器学习的目的是帮助人类处理许多领域的密集工作。机器学习使计算机能够学习可识别的模式,并无数次地迭代数据处理过程,以提高其性能,最大化其功能。股票价格通常被认为是时间序列数据,周期模式似乎是可以预测的。因此,研究人员将各种机器学习应用于股票预测。在这里我们研究了最先进的机器学习模型——变压器,来解决这个问题,发现我们可以使用机器学习结构来建立一个变压器,帮助用户预测未来几天可能的股票价格趋势。我们的研究表明,基于transformer的深度学习模型成功预测了来自不同领域的四组股票中近60%的股票(27只股票中的16只)。该股未来10天的增长趋势符合模型的建议。因此,利用基于变压器的体系结构对股票价格进行预测是可行的,具有较大的研究价值。

年级	学生姓名	论文题目	来源	摘要
2022 届	武博涵	互联网的发展对于反性别歧视极端化的影响	Honor Class 寒假科研	随着 Z 世代(出生在 1995—2009 年间的人群)大潮流涌向 21 世纪的社会,互联网、即时通信、智能手机和平板电脑等科技产物充斥着每一个角落,人们对社交媒体的体验逐渐演变成沉浸式,日常生活中无处不在地受互联网信息和文化环境熏陶。在此背景下,关于"性别歧视"的讨论无数次被推向群众话题的焦点,形成了势不两存的对立面。本文旨在通过跨学科研究法,从传播学研究、大众传媒、新媒体、文化人类学、心理学、性别研究的角度,平行交叉并进行分析其相互作用关系的架构。从刻板成见开始,其中一方打着打破刻板印象的幌子,利用自身性别优势,在互联网的虚拟社群中传递公众信息,引导"女性应获得更多权利"的舆论环境,基于舆论本身的性质,此话语下的支持者意见增加,从而使得此话语的影响程度提高,逐渐形成权力话语。但由于此观点的偏颇、狭隘和本身对女性权利的选择性理解,达到了负传播效果,在传播生态下,另一群互联网群众在认知和观点上达成一致,形成了新的话语群体。第一类人群强调女性应得的权利,却弱化女性应付出的义务,观点上愈发偏激,从而使得第二类人群对"女性权利"的追求保持负面态度。两类人群都没有在性别平等运动进程中起到积极作用,极大程度上消耗自身和话题本身,使性别差异这个社会问题变得廉价,成了资本吸引眼球的工具,互联网引导舆论的方向;所以本文希望通过不同学科的研究分析,找到两类人群行为发生的作用因素,试图寻找一条利用互联网弱化性别歧视、正面提高性别平等的积极道路。

年级	学生姓名	论文题目	来源	摘要
2022届	陈星雨	启蒙时期的教育:公众教育和社会改革	Honor Class 寒假科研	18世纪欧洲的教育是局限于社会阶级的,并且被封建教会所控制。然而对于18世纪的思想家来说,教育是达成社会改革的重要因素。马丁·路德,让·雅克·卢梭等思想家提出了他们对于公众教育的观点理论,分别对普鲁士和法国的教育改革起到了重要的作用。普鲁士的教育更关注于国家的振兴和国力发展,而法国的教育则开始重视自由平等这一理念。本文将主要运用文献分析法,从教育系统的历史变革、卢梭等思想家的教育理念等角度分析18世纪思想家所提出的教育观点对教育变革和社会改革的影响。
2022届	王涵龙	疫情下特朗普政府的对华贸易决策对中美贸易关系的影响	Honor Class 寒假科研	2020世界的走向会是如何?中美贸易摩擦不断加大,特朗普政府执政以后,对中美关系的战略定位不积极,缺乏明确的概念,导致中美关系的战略定位问题再一次呈现在两国和国际社会面前。席卷世界的疫情又将会如何影响中美贸易关系?疫情前,因为有了中美谈判第一阶段协议的签署而趋于和平,而疫情这只黑天鹅却打破了这片刻的平静,使中美关系发生了巨大变数。特朗普政府作出的一系列贸易决策和战略政策又将如何影响两国关系走势?出于对该问题的探讨,本文将从疫情下美国局势面临的三大问题入手,探讨了为了应对这些问题,特朗普政府将如何转移国内矛盾到中美贸易中,他又是如何运用民族主义、民粹主义去调动人民的情绪到中美贸易战当中的?本文将依据防御性现实主义中的权力转移理论来研究其中的内在关联,并使用案例分析和数据分析来证明我的观点。

年级	学生姓名	论文题目	来源	摘要
2023届	李尚宽	法律对自由合同的限制——大陆法系与英美法系法律体系的对比	Honor Class 寒假科研	合同自由,也称契约自由,是世界主要国家的合同法中共通的一般原则。与此同时,各国法律也不得不在特定情况下对当事人订立的合同的效力予以否定。不同的国家分别在对哪些情形进行法律干预,有哪些共通之处,又有哪些典型的不同? 我收集了德国、法国、英国、美国相关的法典、教科书、案例和新闻材料。目前正在资料检索和对比中。我的初步结论是:①由于经济全球化的蓬勃发展,在商事领域,合同自由仍是自由交易的基石。仅是在格式条款、消费者权益保护等特殊领域,法律进行了必要干预。②在民事领域,受到不同的政治、宗教、习俗的影响,基于不同的公共政策,在某些方面,各国(甚至国内不同的州)存在明显差异,如高息借贷、赌资借贷、毒品买卖、代孕等等。③相同法系的国家之间似乎没有典型的共同特征。
2023届	钱正禾	对农民工的互联网舆论研究	Honor Class 寒假科研	农民工是市场经济发展阶段,作为廉价劳动力的农民来到新兴城市中,是在生产资料拥有者的手下从事体力劳动的无产阶级;农民工是现代中国城市建设的命脉,农民工是在中国的改革开放过程中所产生的一个数量最庞大的社会阶层或流动人群。三十多年来,从农村、农业和农民中分流到城市的农民工群体至少已经延续了两代,但并没有完成从自在到自为的过渡。他们在社会权益和文化身份上出现一种复杂的现象,并成为相关学科研究的重点对象。研究农民工舆论可以改善农民工的社会关注度从而改善农民工的生存状态,使得农民工得到更多的民生支持,减少社会歧视。

年级	学生姓名	论文题目	来源	摘要
2023 届	胡一凡	关于所设计的磁性液体机器人的性能测定及相关应用	Honor Class 寒假科研	文章主要研究内容是关于所设计的磁性液体机器人的性能测定及相关应用,磁性液体是一种新型磁敏智能材料。本文利用磁性液体的超顺磁性以及液体的流动性能极好地弥补刚性机器人控制复杂、不灵活等缺点。在探究过程中,通过单片机、驱动板等设备进行对机器人的控制从而测定性能,发现了在控制方面的优化问题。这也成了后续改进并研究的目标:有关控制系统优化后的性能的进步和应用范围与领域的扩大。
2023 届	曹萧艺	关于新冠疫情期间亚裔歧视的根本原因及现象剖析	Honor Class 寒假科研	有关亚裔歧视和仇恨犯罪发生率的研究表明,污名化行为和微侵犯行为对被歧视群体的身心健康有直接影响。然而,到目前为止,只有少数研究指出了亚洲歧视与新冠肺炎大流行之间的关系。在这种情况下,有必要在这一领域对于突发事件对少数民族的影响进行研究,从不同角度来理解造成这种影响的根源。本研究根据由 UCR、NCVS 和 CSHE 数据库中收集的侧重点不同的数据以及对 200 名年龄在 15~50 岁的受访者的访谈,研究关于亚裔群体在疫情期间的被歧视情况。基于 Meyer 的少数群体模型(minority stress model),少数群体(亚洲人)正面临着一个因其社会地位而受到歧视的环境。环境中的各种因素导致少数群体暴露于压力源下(Meyer, 2003)。本研究根据数据库和媒体报道的新闻,也通过分析之前的研究人员的工作,寻找亚裔歧视的根源,以及如何面对歧视,同时最大化地减少歧视及污名化带来的身心伤害,并为相关政策及法律的设立提出建议,也为进一步研究带来便利。

续表

年级	学生姓名	论文题目	来源	摘要
2023届	宋一凡	用数学建模的方法进行胶原蛋白分子的热力学分析	Honor Class 寒假科研	这篇文章的主要研究内容是对胶原蛋白分子进行热力学分析,旨在运用数学建模的方法对于生活中乃至世界上的事物进行分析。这篇文章中,利用数学建模,从真实的反映现象中抽离出数学模型进行分析。但由于抽离出来的数学模型一是不可能直接就符合,二是对于现实问题来讲只能尽力做到接近现实。所以对于这个模型的建立需要有大量的实验以及不断的修改,最终才有可能达到一个高度但又不过拟合的状态。在探究过程中,我从指导老师那里学习了很多新的建模方法,也同样便于我以后在相关领域的建模和分析。
2024届	王建元	深圳海洋博物馆设计	Honor Class 寒假科研	中国深圳海洋博物馆旨在成为中国第一、全球领先的海洋文化展陈和宣导的地标性建筑,通过海洋历史、海洋科技、海洋生态等主题,激发年轻人对海洋的热情,对知识的渴望和对祖国的热爱。我在寒假里参与了这座博物馆的设计规划,研究中国深圳海洋博物馆的设计规划、策展讨论以及建设流程,具体内容包括博物馆选址、展品展陈的讨论以及基础设施服务的布置等。我希望通过我的研究来激发读者,尤其是年轻人,对博物馆以及海洋文化的兴趣,启迪公众的海洋意识,建立与海洋的时代联系,从点滴做起,践行海洋强国的国家战略。研究将以我的亲身经历作为主线,包括对标研究、专家访谈、实地调研、会议讨论等,结果将以北京高中生的独特视角展现。

续表

年级	学生姓名	论文题目	来源	摘要
2023届	孙乐谱 苗霖 岳雨萱 罗瑞明 邢世睿	基于舒适性的民航座椅的调查和基础设计的初步研究	CTB全球创新大挑战项目科研论文	随着时代的发展,人们的交通出行方式变得越来越多样化。出行在满足了大多数人的第一需求"时间"后,人们开始追求交通体验的更高要求。基于观察,在所有的交通工具中,使用逐渐频繁且舒适度仍然急需提升的就是飞机。在乘坐飞机时,人们往往会感到疲惫甚至身体不适。为了让常使用航空交通的人们达到舒适最大化,本文基于"让乘坐飞机成为 Happy Time"这一主题,对民航座椅的舒适性优化和造型设计这一社会问题展开了研究。重点在于是什么影响了我们乘坐飞机时的感受?本文的研究开展基于大量的文献检索,并做出总结和分析。研究假设是:影响座椅舒适度的主要原因有座椅材质、结构设计等因素。进一步,本文设计调查问卷,并进行统计与数据分析,找出影响航行中影响舒适度的因素和人们倾向的设计。在分析了问卷以及文献的数据后,得出影响航行舒适度的主要因素是:座椅的空间结构、座椅椅面以及颈部结构等,且同时从生理、心理方面进行改造。

第七章

优秀论文全文展示

第一节　学生 CTB 竞赛获奖论文

家长对孩子需求的满足度对孩子利他性倾向的影响

作者：田东方、谢煜民、林国杰、郝聚勃等
指导教师：燕婷

指导教师评语：

"穷养"还是"富养"究竟哪一种家庭教养理念与教养行为更加助力于青少年的健康成长，培养孩子更多的利他行为？——这一直是家庭教育的热点议题，也是关乎青少年发展的重要课题。IB 这几位学生从自身的生活实际出发，提炼出具体的研究议题，以父母对孩子需求的满足度水平作为自变量，以孩子的利他行为倾向作为因变量，运用发展心理学的研究方法，通过数据分析与模型建构，探究父母对孩子需求的满足度水平对孩子未来利他行为的影响。研究发现父母对孩子需求的满足度水平应当保持适当的水平，过高与过低都不利于孩子未来利他行为的养成，同时还指出了孩子的自我价值感在这个过程中发挥的重要影响。

该研究的选题视角既回应了社会热点议题，同时也反映了这几位学生敏锐的社会观察视角。研究过程严谨、有序，研究结论的生成与反思也充分体现了这几位学生对研究议题的深入性思考。在课堂中学习、在生活中观察、在研究中思考——这几位学生以自己的研究课题身体力行地践行了 IB 课程对学生的培养理念以及对他们探究精神的塑造。作为老师,很荣幸是这一过程的见证者与陪伴者。

一、引言

利他行为一直是社会学、心理学等学科的研究热点。家庭教育对孩子形成良好的心理品质、个人行为起着关键的作用,但是在如今的社会,家长往往只注重了学校的教育,而忽略了孩子个人行为的养成。因此,本研究致力于发掘利他行为这一重要的社会行为,与家长对于孩子满足度的关系,以求可以帮助家长更好地了解和提升孩子的利他性。

本研究主要采用问卷调查的形式收集数据,并进行分析。参考诸多问卷,《自尊量表》《利他人格自陈量表》《亲社会行为评定方法》和《儿童马氏量表》,并在此基础上,结合本研究中被试的实际情况进行改编。抽取 4~14 岁的孩子与其家长,共 147 份数据,对满足度、满足能力、自我价值和利他性之间的关系进行调查,使用 SPSS、PSPP 统计软件进行分析,结论如下:

(1)家长的满足度与孩子的利他性倾向有显著的二次函数关系。只有适当程度的物质和精神满足能够最大化孩子的利他性倾向,过多或过少的满足度都会导致孩子的利他性倾向较低(支持假设一)。

(2)自我价值在家长的满足度及孩子的利他性倾向间起中介作用。适量的满足能够使孩子的自我价值变高,而较高的自我价值又会提高利他性倾向(支持假设二)。

(3)家长察觉和评估需求的总能力与物质和精神方面的总满足度有显著的二次函数关系。有更高能力的家长更倾向于适量满足孩子的物质和精神需求,而不会给予过低或过高的满足度。

二、主题介绍

对于正在发育的青少年儿童来说,家不仅仅是最坚实的依靠,更是人生道路上的一大指路明灯,换言之,家庭极大程度上决定了未来青少年儿童的路。而在这个以庞大数量级的家庭组成的社会当中,有相当一部分家庭从小忽视了对孩子的悉心教导,甚至采用冷漠、暴力等方式,自此影响了孩子的后半生。而探讨"家长对于孩子了解和关注度对孩子的影响"这一话题,就是在寻找影响孩子未来发展的因素,不仅能帮助父母培养出一代代乐于助人的新青年,也能避免一些潜在危险,换言之,研究本题对提高社会综合素质有极大的推动作用。

在这个课题当中我们将视角锁定在了孩子与家庭环境上,研究孩子所处的不同家庭环境对孩子利他性行为的影响。在如今社会的快节奏生活当中,处理好家庭关系逐渐变成一门必修课,可却很少有人在这方面进行研究,而将矛头指向利他性行为这一因素的更是少之又少。因此我们希望通过本次的研究,明晰影响利他性行为的一部分因素,从而达到整体提升青少年综合素养的目的,为未来的社会发展奠定良好的基础,同时保证在科技增大人与人之间隔阂的时候,保留人们心中最温暖的那一份人性。

在本课题当中,我们将家长对于孩子的了解和关注度划分为精神层面和物质层面,而在每个层面中又将其详细划分成了察觉阶段、评估阶段和反馈阶段,对每个阶段又有更加细致的划分,通过对每个阶段的量化分析,探讨影响孩子利他性这一行为的因素。值得注意的是,我们划分的大部分的因素都是家长主观上可以改变的因素,因此在探究这些因素对孩子的影响的前提下,家长可以主观调控自己的行为或思维,从而达到改善对孩子的影响的目的。

根据文献查询,我们初步认定,家长对于孩子的满足度对孩子的利他性行为有显著影响。而自我价值在整个过程当中起到媒介的作用,即家长对孩子的满足度以通过影响孩子的自我价值的方式,从而改变孩子的利他性行为的可能性。

三、文献综述

(一)家长满足度

1. 家长满足度的概念

家长满足度的释义为家长对于孩子所提出需求的满足程度。此变量为本研究中新提出的变量,为了更加详细地描述此变量,笔者将家长满足度的概念细化,从被满足的需求和做出满足行为的过程两方面进行细化。笔者将满足的需求分为精神需求和物质需求两方面,又将满足行为的过程分为察觉需求、评估需求、做出行动三个阶段,由此构建出家长满足度的概念。

2. 家长满足度的测量

对家长满足度的测量多采用自我报告法如问卷法进行测量。问卷法从被满足的需求和做出满足行为的过程两方面编制问卷,并得到一定应用。

对于被满足的需求,本文从两个维度——精神需求和物质需求,进行问卷测量。对于物质需求,针对我们所研究的年龄段,本研究从满足衣、食、玩具和学习用品四个方面进行测量。对于精神需求,则从家长的关注、尊重、陪伴、赞许四个方面进行评估。对于满足行为的过程,笔者从察觉需求的能力和评估需求的能力两个维度进行评定。

(二)利他行为

1.利他行为的概念

"利他行为"这一术语最早出自法国社会学家、哲学家孔德的研究中,其意义是表达一种对他人无私的行为。但其实每位研究者对这一术语都有着自己的理解。大部分研究者,如郑显亮和顾海根(2010),从行为动机出发,将利他行为理解为一种不要求任何回报而出于自愿地帮助他人的行为。Batson(2011)将利他性行为作为一种有意帮助他人且不求外在回报的利他性行为,或以提高他人个人福利为最终目的的动机状态。Bar-Tal(2011)认为以动机为目的的利他性行为需要满足以下五个条件:①必须对他人有利;②必须自愿;③行为必须有意识且有明确的目的;④所获利益必须是行为本身;⑤不期待有任何精神和物质的奖励。另一些学者则从行为的结果出发。Trivers 和 Wilson(2007)认为利他行为是在牺牲自身适应性的情况下,提高另一个个体的适应性,强调了利他行为的代价,而本文中也将利他行为的结果作为体现利他行为的标准。

2. 利他行为的测量

因考虑到孩子的社会赞许性较低,本文中主要采用自我报告法的形式进行测量。本文参考了国内外两方面的问卷进行编制。亲社会行为评定问卷,由 Carlo,G.P. Knight, N. Eisenberg, K.J. Rotenberg(1991)提出的亲社会行为评定方法和由 Christie 和 Geis(1970)提出的儿童马氏量表,这两类问卷作为本研究的参考问卷。同时因为研究对象的特点,本研究结合舒博修订的《利他人格自称量表》(2015)进行最终的问卷编制,对同伴、家庭、社会、长辈四个方面进行评判。

3. 利他行为的理论解释

(1)互惠利他理论

Trivers 提出互惠利他理论解决了内含适应理论(Hamilton,1964)无法解释在人类社会中大量出现存在的非亲缘关系个体间的利他行为,而此类行为也正是本文研究的重点。互惠利他理论认为因为做出利他行为的个体期望受益个体在将来某个情境下会做出相应的回报,所以会对非亲缘个体做出利他行为。对于此研究来说,孩子可能会出于这类利己的概念,从而做出利他行为,最终可能达到互惠的结果。

（2）共情利他假设和移情利他理论

①共情利他假设

Baston 提出了共情利他假设，当一个观察者目击到一个个体处于困难境地时的一种特殊反应，与观点采择共同触发了利他行为，表现为企图去降低另一个人的痛苦。但就助人动机而言还是存在争议，Piliavin 和 Charng 认为个体的动机更多是帮助自己减轻痛苦而不是帮助他人（Piliavin & Charng, 1991）。而 Baston 和 Shaw 认为利他动机和自利动机都存在（Baston & Shaw）。

②移情利他理论

德国心理学家、哲学家 Lipps 最早提出了移情的概念，其含义是目前的一个人的感觉、驱力、态度、幻想和防御的体验，这种体验是不现实的，源于童年所受重要影响的重现和替代。他认为移情是利他行为发生的重要因素。Baston（1989）认为培养儿童利他行为，移情起到了信息功能和动机的作用。

③共情利他假设和移情利他理论的关系

这两者之间有相似也有差别。两者同样都是将利他行为归结于当某个个体看见受益者时情感的变化。但不同的是，一个是产生与他人相同的情感，另一个是将以前的情感替代进当时的情景。

（三）自我价值/自尊

1. 自我价值/自尊的概念

James（1890）最早在《心理学原理》中提到自尊的定义，他认为自尊是一个人感受到的自我价值，是实际成就与潜在能力的比值所决定的，并附上著名公式：自尊=成功/抱负给自尊定义。Coopersmith（1967）认为，自尊是个体做出的一系列的自身评价。Nathaniel Branden（1994）认为自尊是信任自身的能力。还有其他学者从体验论、评价论、差距论、综合论这几个视角都对自尊进行了不同阐述，但没有确切的一致结论。尽管不同理论对自尊有不同说法，且同一理论下的侧重点也不同，但自尊通常是指个体社会化过程中获得有关自我价值、自我能力的积极评价与体验，简单来说自尊是对自我价值的体验。本研究中自尊采用此定义。

2. 自我价值的测量

自我价值的测量多采用问卷法，综合国内和国外两个方面对问卷进行编制。在 20 世纪 80 年代之后，国外逐渐产生对于自我价值的关注，很多心理学家也提出了自己独特的看法。Tafarodi 和 Swann（1995）就将自我价值划分成自我喜欢和自我能力两个维度；Watkins 和 Dong（1994）则将自我价值分为外貌、关系等八个方面。而在 21 世纪后,中国学界对于自我价值的研究也迅速发展,值得一提的是我国心理学家并没有一味沿用西方的概念,而是结合中国人自我价值的特点,建立了一些自我价值模型。如张静(2002)提出的二维论,蔡建红(2001)提出的单层多维论和黄希庭、杨雄(1998)提出的多层多维论。其中黄希庭基于多层多维论提出的自我价值量表在我国使用最为广泛。基于实验对象、实验目的和数据的准确性,本研究采用的问卷基于黄希庭(2003)提出的自我价值量表和 Rosenberg(1965)提出的自尊量表(self-esteem scale, SES)进行改编,包括正向、反向倾向题,共五级程度。

3. 自我价值和利他行为的关系

自我价值是影响利他行为的重要变量。王丽(2003)经过研究发现自我价值和个体的利他性行为有着间接的联系,而王丽和王庭照(2005)的进一步研究说明自我价值和亲社会行为(利他行为)有着显著的正向相关。胡发稳和丁灏(2011)的研究表明在负面情绪下,自我价值低的孩子,他的利他行为的决策就会做得更少,或者说主动性利他行为减少。因此,在利他行为的发展过程中,自尊可能会产生极其重要的影响。

四、研究假设

假设一:家长的满足度与孩子的利他行为显著相关。

假设二:自我价值在利他行为和家长的满足度之间起到中介作用。

五、研究方法

笔者主要聚焦的主体是处于四至十四岁的儿童,在发放的时候笔者收到了145 份问卷,而通过孩子的年龄段处于四岁以下和十四岁以上以及被试者完成问卷的时间排除错误数据,通过这个过程排除了 34 份数据,最后得到了 111 份有效数据。我们的主体平均年龄在 10.4 岁。

问卷的组成大致分成两个部分,一部分是给家长回答,关于测试孩子对不同需求的满足程度;另一部分是给孩子回答,用来测试关于孩子的利他性行为以及自我价值。

首先,第一部分的问题适用于测试家长对孩子的需求的满足程度,笔者把孩子的需求分成了两个方面,其一是物质方面,其二是精神方面。为了表现父母察觉孩子的物质需求的过程,笔者把满足物质需求的过程分为三部分,分别是察觉需求、评估需求和满足情况。而在精神方面,由于精神需求的评估没有办法直接体现,所以笔者只选取察觉需求和满足情况来确定父母对于孩子的精神需求的满足。在物质满足的部分,笔者分别设置了3道题来体现家长对孩子的物质需求的察觉,10道题来体现家长对于孩子的物质需求的评估,4道题来表现家长对孩子物质需求的满足。对于家长对孩子精神需求的满足,笔者采用3道题来测试家长对于孩子精神需求的发现,其次使用4道题来评测父母对孩子精神需求的满足程度。在这部分的问卷里,笔者一方面通过图片和文字两种形式来测定家长对孩子需求的察觉,同时用五个等级来评定家长对孩子的物质需求的评估以及家长对两种需求的满足。笔者通过这样的方法使得整个调查更加客观,排除题目对被试者的主观引导。第二部分对孩子利他性行为以及自我价值的水准,笔者通过6道题来分析孩子的自我价值,通过6道题来分析孩子的利他性行为。笔者考虑到被试者的年龄低龄化,对于过于复杂的问题无法准确理解,可能导致最后测试的不准确性,所以通过分析已有的测试自我价值和利他性行为的问卷及量表,笔者自己编撰了适合被试年龄的问卷,同样通过五个等级来评定被试者这些方面的情况,并且在这些测试题之中,笔者安排了正向和负向两种类型的题目,以此确保测试结果的准确性。

此外,笔者选择问卷调查的方式获得第一手数据,是因为第一手数据能够直接反映我们的自变量与因变量之间的关联。虽然获取第一手数据会有客观操作的困难性的问题,但我们通过线下和线上的两种方式分别收集数据,解决了这个问题。

六、研究结果分析

根据所有参与调查的被调查者在满足度、自我价值、利他性、物质能力、精神能力上的得分进行分析。被调查者的自我价值、精神满足、总体满足和利他性呈显著相关,$r = 342, p < 0.01; r = 232, p < 0.01; r = 295, p < 0.01$。随后进行的拟合分析基本符合本题的假设(如表7-1)。

表 7-1

列1	列2	利他性	自我价值	物质满足	精神满足	总满足度	物质能力	总体能力	精神能力
利他性	皮尔逊相关性	1							
	Sig.（双尾）								
自我价值	皮尔逊相关性	0.342＊＊	1						
	Sig.（双尾）	**0.000**							
物质满足	皮尔逊相关性	0.149	－0.008	1					
	Sig.（双尾）	0.084	0.931						
精神满足	皮尔逊相关性	0.232＊＊	0.189＊	－0.157	1				
	Sig.（双尾）	**0.007**	0.027	0.069					
总体满足	皮尔逊相关性	0.295＊＊	0.145	0.618＊＊	0.680＊＊	1			

续表

列1	列2	利他性	自我价值	物质满足	精神满足	总满足度	物质能力	总体能力	精神能力
总满足度	Sig.(双尾)	**0.000**	0.092	**0.000**	**0.000**				
物质能力	皮尔逊相关性	0.049	0.042	0.015	0.099	0.090	1		
	Sig.(双尾)	0.574	0.627	0.860	0.250	0.295			
总体能力	皮尔逊相关性	0.043	0.062	0.008	0.114	0.097	0.980**	1	
	Sig.(双尾)	0.618	0.477	0.924	0.185	0.261	**0.000**		
精神能力	皮尔逊相关性	-0.018	0.104	-0.032	0.093	0.050	0.090	0.289**	1
	Sig.(双尾)	0.837	0.226	0.712	0.280	0.560	0.298	**0.001**	

**. 在0.01级别(双尾)，相关性显著(加粗)

*. 在0.05级别(双尾)，相关性显著(斜体)

（一）总满足度、利他性与自我价值的关系

1.总满足度与利他性的拟合结果与分析

采用多项式拟合对满足度和利他性的结果进行曲线拟合,结果发现,线性拟合,$r^2 = 0.328$,$p < 0.01$,参考函数为$k = 12.359$,$b = 0.396$;二次拟合,$r^2 = 0.364$,$p < 0.01$,参考函数为$a = -3.601$,$b = 1.609$,$c = -0.023$,其中$a < 0$,二次函数图像开口向下(如表7-2)。经过相关分析可得出,总满足度与利他性行为基本有着显著的正向相关,且经过拟合后可得出开口向下的二次函数曲线(如图7-1)。本组数据基本符合假设一的假设,即家长的满足度与孩子的利他行为显著相关。同时说明对于4~14岁间的儿童而言,随着对愿望的满足度提升,孩子确实更容易产生更高的利他性行为;在孩子的物质与精神都得到满足后,孩子更容易在面对他人遇到困难时选择帮助他们。但应当注意的是在满足度分值大于35后,提升满足度将会导致利他性行为减少;这可能是由于过高的满足导致孩子进入自己的"舒适区"不愿走出,从而导致共情利他和移情利他的现象减少。

表7-2

方程	模型摘要					参数估算值		
	r^2	F	自由度1	自由度2	显著性	常量	b1	b2
线性	0.328	65.404	1	134	0.000	12.359	0.396	
二次	0.364	38.023	2	133	0.000	-3.601	1.609	-0.023

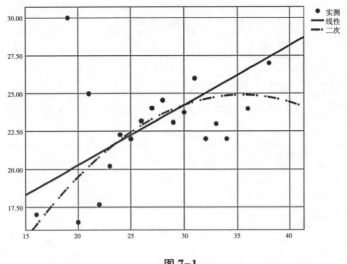

图7-1

2.总满足度与自我价值的拟合结果与分析

采用多项式拟合对满足度和自我价值的结果进行曲线拟合,结果发现,线性拟合,$r^2 = 0.227$,参考函数为 $a = 25.593$,$b = -0.260$,其中 $b < 0$,一次函数呈下降趋势(如表 7-3,表 7-5);二次拟合,$r^2 = 0.466$,$p < 0.01$,参考函数为 $a = -11.240$,$b = 2.498$,$c = -0.051$,其中 $a < 0$,二次函数图像开口向下(如表 7-4,表 7-6)。经过相关分析可得出,总满足度与自我价值基本有着显著的正向相关,且经过拟合后可得出开口向下的二次函数曲线(如图 7-2)。本组数据说明对于 4~14 岁间的儿童而言,随着对愿望的满足度提升,孩子确实更容易产生更高的自我认同心理,从而使自我价值得分提升。这表明当孩子的精神满足适当的时候,会令孩子对自我更加信任,从而让孩子认为其是在心理上有价值,但应当注意,与总满足度与利他性的结果类似,在满足度分值大于 25 后,提升满足度将会导致利他性行为减少。这可能是由于过高的满足导致孩子认为缺少自我认同,产生自负的心理,从而降低自我价值项得分。

表 7-3

R	r^2	调整后 r^2	标准估算的错误
0.477	0.227	0.222	1.558

表 7-4

R	r^2	调整后 r^2	标准估算的错误
0.682	0.466	0.458	1.301

表 7-5

	未标准化系数		标准化系数		
	B	标准错误	Beta	t	显著性
b1	-0.260	0.042	-0.477	-6.256	0.000
(常量)	25.593	1.107		23.118	0.000

表 7-6

	未标准化系数		标准化系数		
	B	标准错误	Beta	t	显著性
b1	2.498	0.361	4.580	6.919	0.000
b2	-0.051	0.007	-5.081	-7.675	0.000
(常量)	-11.240	4.887		-2.300	0.023

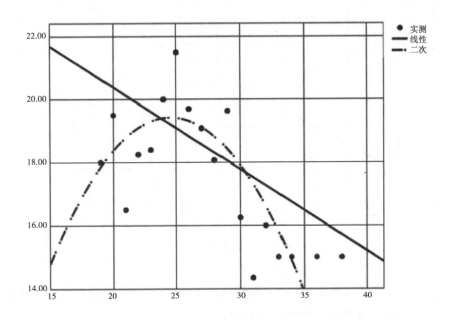

图 7-2

3.自我价值与利他性的拟合结果与分析

采用多项式拟合对自我价值和利他性的结果进行曲线拟合,结果发现,线性拟合,$r^2 = 0.521$,$p < 0.01$,参考参数为 $a = -20.503$,$b = 1.666$;其中 $b > 0$,一次函数呈上升趋势(如表 7-7)。经过相关分析可得出,总满足度与利他性行为基本有着显著的正向相关,且经过拟合后可得出呈上升趋势的一次函数曲线(如图 7-3)。同时说明对于 4~14 岁间的儿童而言,认为自己有更高自我价值的孩子,更容易产生更多的利他性行为;在孩子的自我认同下,孩子更容易在面对他人遇到困难时选择帮助他们。这可能是因为在孩子认为自我有价值的时候,更加愿意承担帮助他人的社会责任,从而提高了利他性项的得分。

表 7-7

方程	模型摘要					参数估算值	
	r^2	F	自由度 1	自由度 2	显著性	常量	b1
线性	0.521	109.933	1	101	0.000	-20.503	1.666

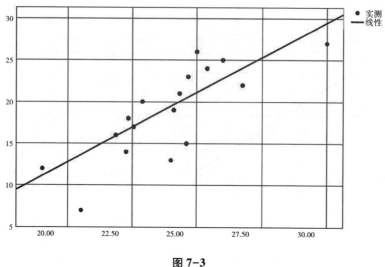

图 7-3

（二）物质满足能力、精神满足能力、总满足能力分别与总满足度的关系

1.物质能力与总满足度的拟合结果与分析

采用多项式拟合对精神能力和总满足度的结果进行曲线拟合,结果发现,二次拟合,$r^2 = 0.008$, $p > 0.05$;三次拟合,$r^2 = 0.014$, $p > 0.05$(如表 7-8,图 7-4)。二次拟合与三次拟合 P 值过大并且 r^2 过小,结果无法证明物质能力与总满足呈相关关系。经分析,导致该结果的原因可能是物质能力的高低并不会决定物质满足的高低。这可能跟其他因素有关,如家庭环境、社会环境。而物质满足是总满足度的一个组成部分,故物质能力到总满足之间没有明显相关关系。

表 7-8

方程	模型摘要					参数估算值			
	r^2	F	自由度 1	自由度 2	显著性	常量	b1	b2	b3
二次	0.008	0.549	2	133	0.579	25.708	0.019	-3.825E-5	
三次	0.014	0.641	3	132	0.590	27.209	-0.213	0.008	-7.410E-5

2.精神能力与总满足度的拟合结果与分析

采用多项式拟合对精神能力和总满足度的结果进行曲线拟合,结果发现,线性拟合,$r^2 = 0.774$, $p < 0.01$,参考参数为 $a = 25.891$, $b = 0.044$;其中 $b > 0$,一次函数呈上升趋势(如表 7-9)。经过相关分析可得出,精神能力与总满足行为基本

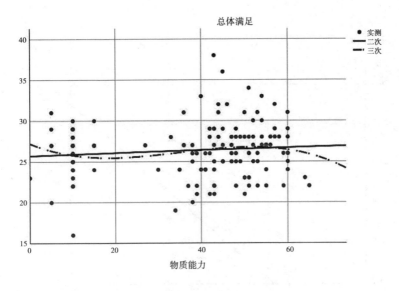

图 7-4

有着显著的正向相关,且经过拟合后可得出呈上升趋势的一次函数(如图 7-5)。本组说明对于 4~14 岁间的儿童和家长而言,家长对孩子精神需求的识别准确,即精神能力强的家庭,孩子的满足感会更强。这可能是因为精神察觉能力强的家长可以更加精准地识别孩子的需求,从而更好地满足孩子的需求;更好地给予孩子需求的关爱,从而提高总满足度项的得分。

表 7-9

方程	模型摘要					参数估算值	
	r^2	F	自由度 1	自由度 2	显著性	常量	b1
线性	0.774	458.417	1	134	0.000	25.891	0.044

3.总能力与总满足度的拟合结果与分析

采用多项式拟合对总能力和总满足度的结果进行曲线拟合,结果发现,线性拟合,$r^2 = 0.478$,参考参数为 $a = 16.362$,$b = 1.193$;其中 $b > 0$,一次函数呈上升趋势(如表 7-10,表 7-12)。二次拟合,$r^2 = 0.523$,参考函数为 $a = -25.167$,$b = 4.407$,$c = -0.059$,其中 $a < 0$,二次函数图像开口向下(如表 7-11,表 7-13)。经过相关分析可得出,总满足度与总满足能力基本有着显著的正向相关,且经过拟合后可得出开口向下的二次函数曲线(如图 7-6)。本组说明对于 4~14 岁间的儿童而言,随着对愿望的满足度提升,孩子确实更容易产生更高的精神和物质评判

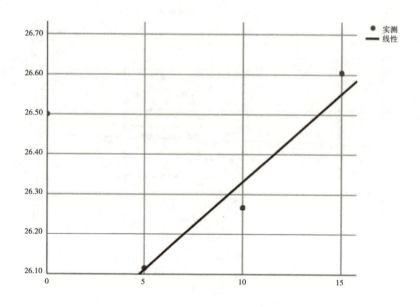

图 7-5

能力。但应当注意的是在满足度分值大约大于 37 后,提升满足度将会导致能力评分减少;这可能是由于过高的满足导致孩子所有的问题与烦恼都由家长进行解决与疏导,久而久之导致孩子失去评判自我的能力。

表 7-10

R	r^2	调整后 r^2	标准估算的错误
0.691	0.478	0.447	7.814

表 7-11

R	r^2	调整后 r^2	标准估算的错误
0.723	0.523	0.464	7.695

表 7-12

	未标准化系数		标准化系数		
	b	标准错误	Beta	t	显著性
b1	1.193	0.303	0.691	3.943	0.001
(常量)	16.362	8.379		1.953	0.068

表 7-13

	未标准化系数		标准化系数		
	b	标准错误	Beta	t	显著性
b1	4.407	2.616	2.553	1.685	0.111
b2	-0.059	0.048	-1.874	-1.237	0.234
(常量)	-25.167	34.576		-0.728	0.477

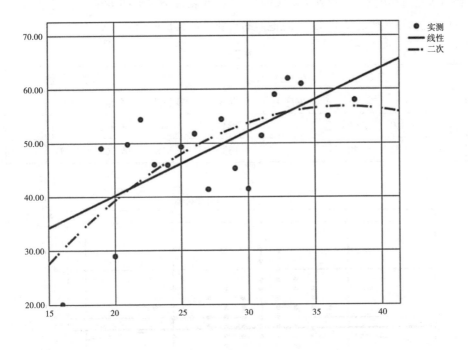

图 7-6

(三)物质满足和精神满足分别与自我价值和利他性的关系

1.物质满足对自我价值的拟合结果与分析

采用多项式拟合对物质满足和自我价值的结果进行曲线拟合,结果发现,线性拟合, $r^2 = 0.000$, $p > 0.5$,参考函数为 $k = -0.011$, $b = 18.942$,一次函数呈下降趋势;二次拟合, $r^2 = 0.003$, $p > 0.8$,参考函数为 $a = -0.016$, $b = 0.371$, $c = 16.865$,其中 $a < 0$,二次函数图像开口向下(如表 7-14,图 7-7)。

物质满足和自我价值不存在显著关联($p = 0.818$),而其关系用开口向下的二次函数表示($r^2 = 0.003$)但其 P 值过高并且 r^2 值过低，主要原因是笔者所设计的问卷当中有关物质满足的分数等级较少，可是笔者的样本数量较大，因此导致了每一个等级的分数都会有较多的数据对应，从而致使数据与拟合曲线差异较大，而其显著性较低也是因为这个原因。而排除掉该因素，物质满足与自我价值大体呈现开口向下的二次函数的关系，表明了当孩子的物质满足适中时，孩子会因为自己的物质需求被父母满足而感到喜悦，认为自己得到了父母的爱，从而变得自信起来。而当物质满足较低时，孩子会产生父母不爱自己的心理，而对于父母就是整个世界的孩子们，会从小产生一种悲观心理，逐步发展成自卑。而对于物质满足过高的孩子，受到了家长的溺爱，因此相较于普通的孩子，他们会产生一种优越感，逐步转化成自负，此时他们的自我价值再次降低。

表 7-14

方程	模型摘要					参数估算值		
	r^2	F	自由度 1	自由度 2	显著性	常量	b1	b2
线性	0.000	0.008	1	134	0.931	18.942	−0.011	
二次	0.003	0.201	2	133	0.818	16.865	0.371	−0.016

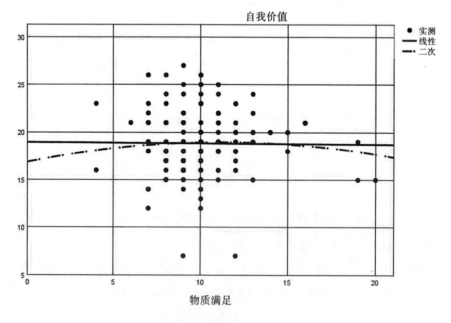

图 7-7

2.物质满足对利他性的拟合结果与分析

采用多项式拟合对物质满足和利他性的结果进行曲线拟合,结果发现,线性拟合, $r^2 = 0.022$, $p < 0.1$,参考函数为 $k = 0.269$, $b = 20.071$,一次函数呈上升趋势;二次拟合, $r^2 = 0.024$, $p < 0.5$,参考函数为 $a = 0.014$, $b = -0.059$, $c = 21.853$,其中 $a > 0$,二次函数图像开口向上(如表7-15,图7-8)。

物质满足和利他性呈弱显著相关($p = 0.205$),而其回归方程用开口向上的二次函数表示($r^2 = 0.024$)。但此处P值过大并且 r^2 过小,其主要原因为笔者设计的调查问卷当中分数等级较少,加上所收集的数据分数普遍较高的因素,使最终数据的分数段少之又少,因此相较于较高的样本个数,在每一个自变量的取值点上都至少有五个数据,因此导致了最终结果会出现拟合曲线吻合度较低或不符合实际的情况。而排除掉此因素后,物质满足与利他性应呈现一个开口向下的二次函数的关系,表明了当家长对孩子物质满足适中的时候,一方面孩子会变得更加自信,增强他们的利他性,同时他们也更愿意分享自己所得,因此增加他们的利他性行为的可能性。而在物质满足过低时,由于自卑的心理,他们不愿与他人接触,并且他们会尤为珍惜父母对自己的付出,更使他们不愿分享,减少他们做出利他性行为的可能性。而当孩子的物质满足过高时,孩子的自负心理让他们认为自己高人一等,在他人面临困境时不愿"放下姿态"帮助他人。

表7-15

方程	模型摘要					参数估算值		
	r^2	F	自由度1	自由度2	显著性	常量	b1	b2
线性	0.022	3.034	1	134	0.084	20.071	0.269	
二次	0.024	1.603	2	133	0.205	21.853	-0.059	0.014

3.精神满足对自我价值的拟合结果与分析

采用多项式拟合对精神满足和自我价值的结果进行曲线拟合,结果发现,线性拟合, $r^2 = 0.036$, $p > 0.05$,参考函数为 $k = 0.256$, $b = 14.674$,一次函数呈下降趋势;二次拟合, $r^2 = 0.039$, $p < 0.1$,参考函数为 $a = -0.017$, $b = 0.765$, $c = 11.035$,其中 $a < 0$,二次函数图像开口向下(如表7-16,图7-9)。

相关分析显示精神满足对自我价值呈现显著关联($p = 0.070$),其联系可以用二次函数来表示,表明当家长对孩子的精神满足适当时,孩子的自我价值会达到最大值,而过低或过高的精神满足都会导致孩子的自我价值呈现下降趋势。精神满足与自我价值呈现如此一种联系主要是由于如果家长对于孩子的关注过少,即孩子的精神满足感低,孩子从小就会因缺乏关爱而产生认为没有人会喜欢自己

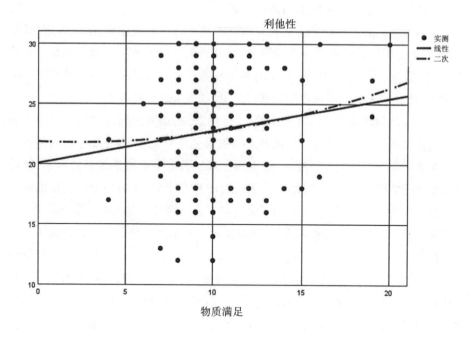

图 7-8

或没有人理解自己的想法,从而产生自卑的心理,降低其自我价值。而随着孩子的精神满足逐步增加,反映了家长对于孩子的关注以及理解逐步增加,使孩子体会到世间之温暖,感受家庭中的爱,帮助他们在面对其他人或事的时候也因此而变得自信,使自我价值达到顶峰。然而当家长对孩子的精神满足过高时,家长对于孩子的付出则变成了一种溺爱,会使孩子沉浸在父母为自己构建的世界当中,成为这个世界的主宰,这使得他在面临真实世界时会变得十分自负,对应了下降的自我价值。

表 7-16

方程	模型摘要					参数估算值		
	r^2	F	自由度1	自由度2	显著性	常量	b1	b2
线性	0.036	4.970	1	134	0.027	14.674	0.256	
二次	0.039	2.710	2	133	0.070	11.035	0.765	-0.017

4.精神满足对利他性的拟合结果与分析

采用多项式拟合对精神满足和利他性的结果进行曲线拟合,结果发现,线性拟合,$r^2 = 0.230$,$p < 0.001$,参考函数为 $k = 0.274$,$b = 19.074$,一次函数呈上升

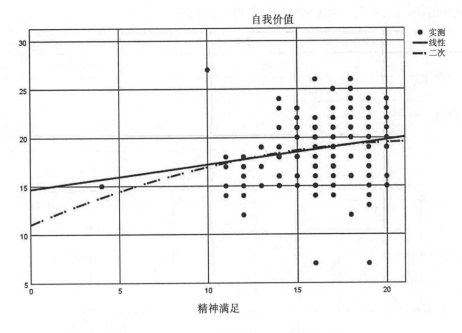

图 7-9

趋势;二次拟合,$r^2 = 0.549$,$p > 0.001$,参考函数为 $a = 0.070$,$b = -1.811$,$c = 33.996$,其中 $a > 0$,二次函数图像开口向上(如表 7-17,图 7-10)。

精神满足对利他性呈显著相关($p < 0.001$),其关系可用二次函数来表示($r^2 = 0.549$),但总体趋势呈现一个开口向上的二次函数关系,主要原因有二:一是因为笔者设计的调查问卷当中,分数等级较少,而加上一些社会称许性的因素导致了分数普遍较高,更加重了有限的自变量取值带来的不确定性,导致了回归方程不能较好地代表真实情况,而是因为下图中有较明显的极值拉高了低精神满足时的利他性指数,使整个函数偏向于开口向上的二次函数。尽管如此,P 值仍旧反映出了精神满足与利他性的显著相关性,并且排除以上因素后也能符合二者为开口向下的二次函数关系,表明了当孩子的精神满足适中的时候,一方面会令孩子更为自信,从而让孩子更有可能做出利他性行为;另一方面,孩子在得到家长的关注与理解后,孩子更倾向于学习父母这种关爱他人的美好品质,使得孩子在面临他人陷入困境时选择伸出援手。而反观当孩子的精神满足较低时,孩子内心的自卑导致其不愿与人接触,更不必说帮助他人,而父母对自己的不满足也会令孩子感到不开心,从而将这股不良情绪转化成遇见他人时的见死不救甚至是幸灾乐祸。而当孩子的精神满足较高时,孩子的自负也使得其不愿帮助别人,并且由于父母对孩子的溺爱,孩子的共情能力十分有限,在面临他人困境时感受不到他人

的无助,因此会降低其做出利他性行为的可能性。

表 7-17

方程	模型摘要					参数估算值		
	r^2	F	自由度 1	自由度 2	显著性	常量	b1	b2
线性	0.230	39.931	1	134	0.000	19.074	0.274	
二次	0.549	80.967	2	133	0.000	33.996	−1.811	0.070

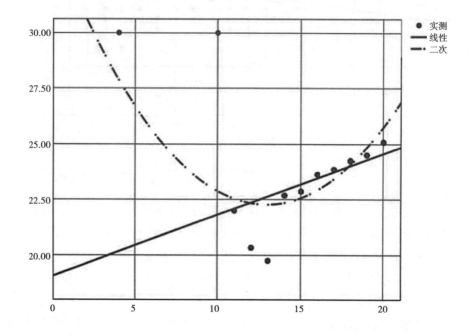

图 7-10

七、结论

本研究的主要目的是探究家长对孩子物质和精神需求的满足度对孩子利他性倾向的影响,自我价值在此关系中作为中介变量起调节作用。研究假设有二:一是家长的满足度与孩子的利他性倾向显著相关;二是自我价值在家长的满足度和孩子的利他性倾向之间起到中介作用。经过问卷调查与数据分析,本研究结果基本符合假设。

如图 7-11,本研究重要结论主要如下:

结论一:家长的满足度与孩子的利他性倾向有显著的二次函数关系。只有适

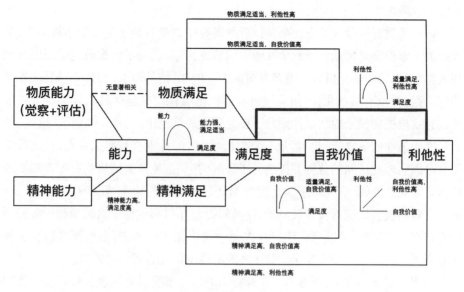

图 7-11

当程度的物质和精神满足能够最大化孩子的利他性倾向,过多或过少的满足度都会导致孩子的利他性倾向较低(支持假设一)。

结论二:自我价值在家长的满足度及孩子的利他性倾向间起中介作用。适量的满足能够使孩子的自我价值变高,而较高的自我价值又会提高利他性倾向(支持假设二)。

结论三:家长察觉和评估需求的总能力与物质和精神方面的总满足度有显著的二次函数关系。有更高能力的家长更倾向于适量满足孩子的物质和精神需求,而不会给予过低或过高的满足度。

除了较符合预期的变量关系外,研究结果中所呈现的部分曲线不完全拟合的情况和部分变量间的不相关实则有迹可循。

本研究中问卷设计和发放过程中的不足是造成限制的主要原因。第一,涉及物质和精神觉察能力的题目与分数等级较少(6道/3级),评定物质满足和精神满足情况的题目也较少(8道),加之样本容量较大,导致每个分数等级都有较多的数据对应,使数据与曲线拟合的差异变大,变量间的显著性降低,在一定程度上影响最终结果,因而问题和选项数目等级的设定是笔者以后完成相似项目时应注意的方面。第二,由于被试均通过方便样本选出,不能保证结果的普遍性。愿意参与问卷调查并完成问卷填写的被试完全出于自愿目的,拥有更高的利他倾向,因此言传身教下他们的子女也可以被预估为拥有更高的利他性倾向,因而被试不具有完全的随机性。

诸如此类有待改进的方面会在以后的研究中被笔者给予更多的重视和考虑。以此关于家长满足度及孩子利他性倾向的研究为起点,基于此次研究的局限性和切入角度,之后的研究可以从更多方向深入。例如,精神需求(如尊重、陪伴、连接等)的评估并没有被细化,因而后续研究可以继续探讨究竟何种精神满足方式能够最有效地提高孩子的利他性倾向。在此研究的结论中,笔者只得到了"适量"的满足度为最佳的信息,而此"适量"具体体现的区间并没有被明确或提出,之后的研究可以明晰此区间的范围并提出易于理解的标准,使研究结果更有参考和实践价值。除此之外,本研究对于满足度的测评是出于家长给予情况的客观角度,可孩子主观的接收情况并没有被测量,这其间的差异对利他性倾向的预测偏差的影响不言而喻。因此,后续研究应向此方面倾注更深入的考虑,由此而来家长在做出是否满足的决策时要不要考虑孩子主观感受的问题也可以被回答。

关于本课题的意义,所有本次研究得出的结论都会被作为理论依据支持提出能够提高孩子利他性倾向的建议。此研究的价值也在于帮助家长明确孩子需求的重要性以及提升自我觉察及评估能力,而由家长觉察能力反映出的孩子提出需求时不清晰和不主动的特点也会以建议的方式反馈给孩子,以便更有效的亲子沟通的进行。通过家长和孩子双方在沟通及满足度方面考虑的进步,不仅孩子会从中受益,成为一个自我价值更高的人,身边的人乃至整个社会也会因每个人多一点的利他思想和行动而变得更加和谐友善。

参考文献

[1]蔡建红.大学生自尊结构的研究[J].中国临床心理学杂志,2001(4):299-301.

[2]刘文婧,许志星,邹泓.父母教养方式对青少年社会适应的影响:人格类型的调节作用[J].心理发展与教育,201228(6):625-633.

[3]黄希庭,凤四海,王卫红.青少年学生自我价值感全国常模的制定[J].心理科学,2003(2):194-198.

[4]黄希庭,杨雄.青少年学生自我价值感量表的编制[J].心理科学,1998(4):289-292.

[5]李晋.父母教养方式对初中生利他行为的影响:人格与共情的中介作用[D].济南:山东师范大学,2016.

[6]刘振霞.初中生父母教养方式、自尊与利他行为的关系[D].济南:山东师范大学,2018.

[7]王丽.中小学生亲社会行为与同伴关系、人际信任、社会期望及自尊的关系研究[D].西安:陕西师范大学,2003.

[8]王丽,王庭照.青少年亲社会行为研究[J].当代青年研究,2005(11):51-53.

[9]张静.自尊问题研究综述[J].南京航空航天大学学报(社会科学版),2002(2):82-86.

[10]郑显亮,张婷,袁浅香.自尊与网络利他行为的关系:通情的中介作用[J].中国临床心理学杂志,2012(4):550-551,555.

[11]郑显亮,顾海根.国外利他行为影响因素的研究综述[J].外国中小学教育,2010(9):51-55.

[12]BAR-TALD. Altruistic Motivation to Help: Definition, Utility and Operationalization[J].Humboldt Journal of Social Relations, 1986:3-14.

[13]BASTON C D. Altruism in Humans[D]. Oxford: Oxford University Press, 2011.

[14]BASTON D, SHAW L L.Evidence for Altruism: Toward a Aluralism of Arosocial Motives[J]. Psychological Inquiry, 1991,2(2):107-122.

[15]CARLO P G, KNIGHT, et al.Cognitive Processes and Prosocial Behaviors Among Children: The Role of Affective Attributions and Reconciliations[J]. Developmental Psychology, 1991,27(3):456-461.

[16]HAMILTON D W. The Genetical Evolution of Social Behavior[J]. Journal of Theoretical Biology, 1963,7(1):52.

[17]PILIAVIN A, CHARNG H W. Altruism: A Review of Recent Theory and Research[J]. Annual Review of Sociology, 1990,16(1):27-65.

[18]TAFARODI W, SWANN W B R. Self-Liking and Self-Competence as Dimensions of Global self-Esteem: Initial Validation of a Measure[J]. Journal of Personality Assessment, 1995,65(2):322-342.

[19]TRIVERS L R. The Evolution of Reciprocal Altruism[J].The Quarterly Review of Biology. 1971,46(1):35-37.

[20]WATKINS D, DONG Q. Assessing the Self-esteem of Chinese School Children[J]. Educational Psychology, 1994:129-138.

[21]WILSON D S. Health and the Ecology of Altruism[J]. The science of altruism and health, 2007:314-331.

第二节 IB TOK 优秀论文展示

"类比的作用是帮助理解而不是提供解释。" 你在多大程度上同意这一说法?

文:林晓彬

指导教师:王洺

指导教师评语:

在写作这篇作文的时候,学生首先在对题目的理解方面做了大量的工作,为定义什么是"类比"搜集了大量的资料,同时想到论证这个题目必不可少的是要用"类比"和"演绎""归纳"这两种推理形式做比较,显示了非常敏锐的洞察力。

第二步,在选择证据来论证观点的时候,选择了自己最感兴趣也最贴合题目的知识领域——数学。由于学生对数学领域的研究课题有广泛的了解和较为深入的思考,选择的论据非常恰当有力地支持了论点。

同时,学生没有局限于狭窄的领域,而是更全面的思考,会不会由于不同知识领域研究方法不同导致出现不一样的结论。于是,在和指导老师商量以后,把眼光投向了与科学类学科研究方法差异最大的艺术领域。但是,学生对艺术方面接触较少,于是我们想到了平时她接触最多的中文课程里的文学内容,从这里面来寻找论据。学生经过了大量的资料收集及与中文老师的探讨,也选择了恰如其分的论据。

总之,要想写好认识论的作文必须准确理解作文题,然后根据题目的观点选择恰当的论据。在这个过程中,学生的兴趣特长很重要,同时也要有广阔的视野,在不同的领域同时寻找支持和否定的论据,这样才是一篇分析深入、中肯的作文。

正文:

类比作为一种推理方式,和归纳、演绎有所不同。《简单的逻辑学》阐述,"类比推理是依据情况的相似性的推理""论证者可以根据一个或多个个别的事例直接得到关于其他个别事例的结论而无须依赖于任何中间的概括"。类比和被类比方相似性越高，人们所做的二者关于某一方面有关联的推理就越强。逻辑学中，狭义的逻辑只研究演绎推理，不研究归纳和类比，因为这两种推理方式不保真；广义的逻辑讲究手段的有效性，相对于其目的而言，不会单纯评判推理方式保真与否。我认为，在不同学科领域和情境中运用类比，尽管它无法提供解释（这里的解释更多的是提供理由和依据之意），却可以起到帮助理解或者辅助证明的作用，这取决于它被使用的目的以及它所得出结论的普适性。

类比可以帮助人们更好地理解事物。文学领域中"类比修辞"的概念是关于类比帮助理解事物的作用的最好例子。作为文学手法，类比是"基于两种不同事物或道理间的类似，借助喻体的特征，通过联想来对本体加以修饰描摹的一种文学修辞手法"。举个例子，有人说"读书之于心如食物之于身。"这句话想阐述读书对于心理的作用。读书和心的关系以及食物和身体的关系是参与类比的两个事物，二者之间唯一的相似性是它们都代表了一种关系，所以当我们由常识得知食物对于身体是必需关系的时候，我们便可由这种关系的类比推得读书对于心灵是必需品。说话人在这里旨在强调读书的重要性，于是在理解这一内涵的时候，说话人不必去论证、人们也不必去关注读书和食物以及心灵和书籍本身的相似性。当类比不作为论证使用时，类比和被类比双方的相似度的高低程度不需要被界定和评判，或者说我们并不在意二者足够相似与否，我们只需要确定二者之间需要被联系的地方有相似性即可。类比在这里之所以不能作为论证手段，是因为被类比物起到的作用是通过人为搭建的联系来为类比物增添属性，在这个例子中，读书对于人心的必需的特质是由类比所展示的，但它是否作为客观认为的具有普适性的真理而存在并未被证明。这有助于人们对运用类比的说话者的意图以及说话者所强调的事物属性进行更深的理解。

在物理学中，电子轨道模型可以由太阳系中行星围绕太阳的轨道来类比理解。我们把被类比物行星轨道的轨道特性移至类比物电子轨道上去帮助人们理解电子轨道，尽管两种轨道上的物体、轨道的形状和大小、原理都不相同，但是如果类比在此处的意图是强调电子轨道的层级性，这样的类比就可以帮助人们在脑海中构造出电子模型的样子。在这里，类比物仅是通过类比强调了事物本身的一项属性，帮助人们用具象化的方式去想象、理解。类比在这里甚至没有为类比物增添属性，因此它并没有和论证起到关联，它在此只有助于部分理解，我们需要其他方法来真正解释这样的现象。综上,在类比通过人为创立的联系来为类比物增添属性时,它不但有助理解,而且有可能成为论证手段,但是否成为有效论证取决于它所得出结论的普适性;在类比不为类比物增添属性,而只是用向人们去强调某一事实时,它帮助理解的作用最为突出。

刚才我们提到了类比有助于理解事物,了解了类比推理产生的理解倘若未被证明为客观事实,或没有提出新的事物属性或事实,都无法作为论证手段,进而我认为类比无法作为论证的依据,却可作为辅助手段。来看数学对于类比的运用。数学归纳法是常见的运用到类比的一个数学证明方法。它证明的是一个数学声明,这个声明面对着多种情形。人们需要在证明第一个情形成立后,再证明由前一个情形是可以正确推至后一个情形的这一事实成立,由此可以得出每一个情形都可以相继成立的事实,进而证明这个数学声明可以在所有情形下成立。这里的归纳推理被运用在用"前一个情形的正确可以推理得到后一个情形的正确"来概括了所有相邻情形之间需要建立的关系,并加以证明这种关系的存在。这里的演绎便是通过证明了"所有前一个情形的正确可以推理得到后一个情形的正确",然后得到这个声明里每一组"前一个情形的正确可以推理得到后一个情形的正确",进而证明整个声明。而类比的运用被隐藏在了将每个单独的情形构造成一个公式化的声明的时候。这里除了使用归纳法,我们还用类比把"$1+2+3+4+5=(1+5)*5/2$"或是"$1+2+3+4+\cdots+9=(1+9)*9/2$"变成了"$1+2+3+\cdots+n=(1+n)*n/2$"的一个代数式,是代数式而不是函数式,是因为我们可以类比其他代数类的数学归纳法,如把"$1^2+2^2+3^2=3*(1+3)*(2+1)/6$"归纳成"$1^2+2^2+3^2+\cdots+n^2=n*(n+1)*(2n+1)/6$"加以证明,来得到启发,进而寻求同样的方式去证明。可见,类比在这里只是一种辅助手段,可帮助猜测结果的可能形式,但所猜测的结果是否正确,需要通过严格的逻辑推理来验证。类比可以辅助其他更严密的推理手段来证明,但无法作为直接的证明手法。综上所述,类比往往辅助其他推理手段来佐证事实,而无法作为唯一的推理手段来严密地论证事实。

由此可见,类比若通过人为搭建的联系来为类比物添加属性,那么仅从类比无法证明"类比物具有某属性"这一命题为客观事实;若它仅仅为人们提供更形象化的理解,则它无关证明;若它参与证明,便只能作为推动论证、负责其他推理手段的方式来论证事实。

"知识的组织需要标签,但标签也限制我们的理解。"
请参考两个知识领域来讨论这一说法

文:关然蔚

指导教师:王洛

指导教师评语:

在写这篇作文的时候,对于"标签"的含义,其实是比较纠结的。它是不是等同于"分类",这个比较不能确定。最终还是决定不把"标签"这个概念与"分类"做比较,只单纯用题目中的概念来论述。

学生在音乐方面接触的时间较长,相关的知识比较丰富,于是选择这个领域作为最先的突破口来寻找论据。学生最早找的是欧洲"民族乐派"与柴可夫斯基的例子,但是后来经过和指导教师的讨论,还是认为柴可夫斯基历史上并没有被算入民族乐派,因此这个所谓标签并不合适。于是,后面找了斯卡拉蒂和巴洛克音乐的例子,就比较贴合题目中"标签"对"理解"的意义。

在其他的知识领域寻找论据的时候,也反复思考了什么是最贴合"标签"这个概念的例子。比如开始的时候,学生想到的是种族问题,把种族作为标签,妨碍了一个人的学术成果的深入了解。但是这样的认识无法用来论述题目中"标签可以帮助人们组织知识"这部分论点,因此经过讨论,学生把眼光投向了更贴合"标签"定义的领域——化学元素。后面经过了大量的资料收集和筛选,确定了二茂铁结构解析这一例证,成为这篇作文的一大亮点。

总之,认识论作文的逻辑性需要深入的思考和反复的锤炼最终才能比较通顺,这个过程需要大量的阅读与思考,这篇作文的写作过程充分说明了这一点。

正文:

当今时代是一个知识爆炸的时代,如何有效地对获得的信息加以组织,从中筛选出我们需要的知识,是适应这个时代最重要的能力之一。其中,给知识加标签的确是一种帮助我们对知识进行组织和筛选的有效方法。但另一方面,我们选择标签的时候总是选择事物的一些表面属性,以便我们能快速认识和归类。比如我们在找一个人的时候,一定会用这个人的发色、身高等表面信息做标签,而很少选择这个人的性格、智力等内在属性来做标签。这样就会导致我们片面依赖这些标签去理解一个知识点而不去深入了解一个知识点的内部的和完整的属性,就会对知识点的理解产生严重偏差。

艺术上,我们会对艺术家和作品进行风格、流派的划分,这就是一种标签,它可以帮助鉴赏者和表演者对艺术知识加以组织,方便鉴赏和演绎时筛选相关信息。但同时,这种风格、流派往往用艺术家生活的时代和地域等表面属性为标签进行划分,如果我们只依赖这些信息而不深入体验一部作品的具体特点、细节,则可能会限制我们真正理解这部作品。

比如音乐理论家一般将西方古典音乐分为四个主要时期:巴洛克时期、古典主义时期、浪漫主义时期和近现代时期。在钢琴演奏中,这样依时代进行风格划分的方式可以大致让演奏者组织起对不同作品的演奏模式的知识。比如巴洛克时代作品,由于当时主流键盘乐器为羽管键琴(羽管键琴的发声靠的是拨片直接拨动琴弦,这样会让高中低三个音区听起来音色统一、颗粒感强),因此用钢琴演奏巴洛克作品时要注重音的独立性,以达到还原音乐本身面貌的目的。而浪漫主义时期作品注重个人情感的表达,如李斯特的《爱之梦》,强调音的连贯性,以体现乐曲中如呼吸般流畅的情感。可见,给作曲家加标签有助于演奏者快速理解其音乐作品,并筛选出相应的演奏模式。

然而时代、地域等表面属性难以完全标示一个作曲家每个具体作品的风格。如 D·斯卡拉蒂和 J·S·巴赫生活在同一时代(同年出生),但音乐风格有较大差异。巴赫是传统的巴洛克风格,但斯卡拉蒂的不少键盘作品则更多融入了民歌与西班牙吉他风格,显得更连贯、快速,有浪漫主义倾向。如果不看具体作品内容,简单依据作者所处时代,就用颗粒感较强的手法去诠释斯卡拉蒂的作品,则失去对作品原本面貌的理解。

有人可能会问,在艺术领域,给艺术家及其作品加上风格、流派的标签的确有可能限制我们深入理解具体作品的内涵,但艺术领域涉及的知识往往系统十分复杂、属性多样,这才造成以表面属性作为标签组织知识对我们理解的限制;而如果加标签的对象是一些构成和属性都十分简单的事物,是不是就不会有上述问题了呢? 让我们用自然科学的例子来分析一下。

化学元素作为化学研究的基本单位,其构成、属性十分简单,我们通常用其核内质子数作为标签将化学元素组织成不同族系,如金属元素、卤族元素等。在研究化合物的分子结构时,这些标签可以帮助我们根据该化合物的元素组成快速筛选出其潜在的构象。但同时,如果在研究中简单依靠质子数和族系标签来判断相关元素组成的化合物性质,而不去通过实验的方法深入研究其结构,则仍然可能把我们对化学性质的理解引入歧途。化合物二茂铁的结构解析就是一个典型的例子。

1951 年,杜克大学的 Pauson 和 Kealy 在制备富瓦烯(Fulvalene)的过程中,意外获得了一种很稳定的橙黄色固体,为之前从未发现的新化合物。在分析其结构时,由于该固体含有铁元素,出于对金属元素的原子总是与其他原子形成离子键的固有观念,Pauson 和 Kealy 等人便认为该化合物为离子化合物。但以离子化合物为基础的各种模型均无法与实验数据吻合,他们的结构解析也宣告失败。直到20 世纪 60 年代,美国化学大家伍德沃德跳出了金属元素的标签限制,创造性地提出了两层芳环中间加一个铁原子的夹心结构,才最终破解了二茂铁化学构象之谜(这一化合物是人类发现的第一种夹心配合物)。由此可见,正是因为囿于"金属元素"这一标签,限制了二茂铁的最初发现者 Pauson 和 Kealy 构建模型的空间,导致他们失去了深入理解并解析其结构的机会。事实上,对任何一个事物,无论它有多么简单,人类都很难说认识了其全部属性。因此,认为通过一些表面属性的标签就可以推断出其完整属性的想法都是不切实际的。

依据以上例子,我们可以论证出,无论在艺术领域还是自然科学领域,无论针对复杂对象还是简单对象,题目中的说法都是有道理的。当然需要指出的是,标签是帮助人们组织知识的,其本身并不限制我们的理解。限制我们在广度、深度上对知识理解的是只看标签不看内容的不合理认知行为。因此,在现实生活中,我们应当在合理使用标签来帮助我们组织知识的基础上,对筛选出的知识进行具体分析,才能扬长避短,帮助我们更好地理解世界和创造新知识。

第三节　IB 汉语 A 文学课程论文展示

一卷涤荡人心的真实记录
——浅析《鼠疫》中塔鲁叙事层

文:边惠龙

指导教师:刘博蕊

指导教师评语:

　　边惠龙,2019 级 IBDP 毕业生,他善于独立思考,思维缜密,是文理兼备的学生。此文是他的课后作业,文章运用叙事学的角度分析了法国著名作家、诺贝尔文学奖获奖者加缪的著作《鼠疫》,这部作品叙事宏大,作者选取了"塔鲁叙事层的作用"这一论述角度,对文本精确地引用、有见地地分析和诠释展现了作者对文本深入的理解,角度新颖,观点鲜活,论证深入,充分展现了一个高中生对文本分析敏锐的触角以及严谨又丰富的语言表达。

正文:

　　加缪被认为是存在主义流派的一位代表作家,《鼠疫》是他的代表作之一。作者在这部小说中寄托的哲思固然值得探究,但他运用丰富技法营造的文学性也是这部著作经久不衰的闪光点。本部小说拥有独特的三层叙事结构:将里厄的记录展现给读者的第一叙述者为第一层,里厄医生内视角的叙事为第二层,而小说的第三层叙述来自塔鲁的记录。塔鲁的叙事层在小说全篇中只在六个章节中穿插出现,但它的作用是丰富明确的。笔者在此文中将对作者安排塔鲁叙事层的这一手法进行浅析。

　　塔鲁叙事层的第一个作用是实现情绪抽离。余华的长篇小说《活着》中出现过双层的叙事结构,其起到的一个非常重要的作用为营造陌生化的间离效果,本部作品有异曲同工之妙。第二层叙事为故事主体,讲述了里厄医生与一众伙伴一同拼死对抗荒诞灾难的故事,其有着跌宕起伏的史诗感与悲剧感。而来自塔鲁的第三层叙事帮助读者不时从沉重的情感中抽离开来。作品第三章,作者便强调了塔鲁记录的特点:用了"一种疏离的笔调"①,"缺乏正常的感情"②。作者给出了塔鲁日记的实例来说明这些特点:"对面的小个子老兄今天很不开心……"③"我发现一家在饭店吃饭的人很有趣"④,疫病是否传染"对我来说都一样"⑤。当时的城中已经是"大批老鼠在光天化日下死亡"⑥"守门人身患怪病不治而死"⑦的情形,而塔鲁的日记却仍是悠闲自得、无所谓的态度,他对鼠疫的初期记录漫不经心,来自看似无关的人和事,而他自己对疫病不太在乎,他鸡毛蒜皮意义不明的日记式记录有着置身事外的冷漠和客观,展现了强烈的零度叙事的特点。它们在小说中穿插反复出现,有效地实现故事高潮与高潮间的情感过渡,使作品结构清晰、情感得以自然起伏,也使读者更易接受情节的阶段性发展。帕纳卢神父进行第一次布道时,内容悲壮又不近人情,"你们罪有应得!"⑧"大雨越下越猛,这番话从只听得见雨点敲打着窗户的圣坛上说出来",他坚持"余下的交给仁慈的主安排"⑨。此时城中鼠疫正"猛烈发作",读者随着书中众人感受到绝望,之后两章也刻画了格朗、朗贝尔等人的压抑和绝望,"朗贝尔就像阴影里一个影子,显得既可怜又迷茫"⑩,这之后的第十四章笔锋一转,作者开始呈现塔鲁的一些记录,这些记录一方面冰冷、毫无生气,如"一个住在偏僻街道的女人突然打开头顶的百叶窗,高声尖叫两声,然后又重新把自己关进阴暗的卧室里。""药店的薄荷糖突然断货了,因为人们有一种流行的信念,嘴里含着薄荷糖能预防传染病。"⑪这些叙事带有些外视角的特点,只描述有限的客观事实,没有任何主观情感的流露,且塔鲁的关注点荒诞不经,让本来沉痛悲情的灾难显得像是无声的电影画面,枯燥又滑稽。另一方面,塔鲁的记录时而风趣幽默:"这场灾难也引发了古老的猎人游戏",且附有塔鲁犀利的点评:"鼠疫期间,禁止向猫吐痰""到了灾难最危急的时候,人们才会

① 加缪.鼠疫[M]丁剑,译.北京:新星出版社,2013:17.
② 加缪.鼠疫[M]丁剑,译.北京:新星出版社,2013:18.
③ 加缪.鼠疫[M]丁剑,译.北京:新星出版社,2013:20.
④ 加缪.鼠疫[M]丁剑,译.北京:新星出版社,2013:20.
⑤ 加缪.鼠疫[M]丁剑,译.北京:新星出版社,2013:21.
⑥ 加缪.鼠疫[M]丁剑,译.北京:新星出版社,2013:17.
⑦ 加缪.鼠疫[M]丁剑,译.北京:新星出版社,2013:17.
⑧ 加缪.鼠疫[M]丁剑,译.北京:新星出版社,2013:67.
⑨ 加缪.鼠疫[M]丁剑,译.北京:新星出版社,2013:67.
⑩ 加缪.鼠疫[M]丁剑,译.北京:新星出版社,2013:68.
⑪ 加缪.鼠疫[M]丁剑,译.北京:新星出版社,2013:65.

在真相面前坚强起来——换句话说,就是闭上嘴巴。所以我们等着瞧吧。"①读者因之在下一个故事阶段前得以喘息。

除了帮助读者从情绪中脱离,塔鲁的叙事层还增强了故事的真实感。内视角的运用使得里厄的叙事层不免沾染上主观的情感色彩,不经意表露的情感和价值观、有限的知识量和受限的时空移动虽使读者获得更强的代入感,但也容易引起读者对叙事客观性的质疑,而塔鲁的日记则为读者追加了一个更客观的人证。作者曾用这样的描述引入塔鲁的记录:"塔鲁又一次对我们那些日子的生活进行了忠实的描绘"②,可见,作者也不时轻描淡写地强调塔鲁日记忠于现实的特点。除了塔鲁记录本身零度叙事的客观性以及综合运用里厄和塔鲁叙事所带来的说服力,塔鲁叙事层从另一方面也增强了故事整体的真实感。作者铺垫过,塔鲁的笔记提供的细节"不失其重要性"③,这在小说第二十三章得以表现。作者想要为读者展现隔离营里感染者的生活的具体细节和人们的精神状态,但"恰好当时讲述者在别的地方忙"④,"所以让我们在此引用一下塔鲁提供的证明。"⑤此处,作者用巧妙的方式强调了故事的主要叙事者里厄已努力保持客观,若缺乏"第一手信息"⑥,就"着实不能多说"⑦。塔鲁的叙事在这里发挥了第二种作用,即从侧面强调叙事的客观性、真实性。这种严谨的求实态度使整部作品更加接近真实的历史记载。

总而言之,塔鲁叙事层从两方面发挥作用,改善读者阅读体验,并使得这一部作品成为一卷波澜壮阔但又"真实"的历史记录,真实感强化了故事对现实的影射,而到位自然的情感表达与荒诞悲剧感的结合帮助作者完成对其哲学的探索。可见,在叙述方面的设计虽细小,但也能在很大程度上支撑起一部作品的骨架,为作品锦上添花。

---

① 加缪.鼠疫[M]丁剑,译.北京:新星出版社,2013:77.
② 加缪.鼠疫[M]丁剑,译.北京:新星出版社,2013:80.
③ 加缪.鼠疫[M]丁剑,译.北京:新星出版社,2013:80.
④ 加缪.鼠疫[M]丁剑,译.北京:新星出版社,2013:80.
⑤ 加缪.鼠疫[M]丁剑,译.北京:新星出版社,2013:81.
⑥ 加缪.鼠疫[M]丁剑,译.北京:新星出版社,2013:82.
⑦ 加缪.鼠疫[M]丁剑,译.北京:新星出版社,2013:80.

人狗之间——浅析沙拉玛诺老头的作用

文:余沛瑶
指导教师:南瑶

指导教师评语:

余沛瑶,2020级IBDP毕业生。她对文学抱有热情,尤其是对西方哲学的钻研精神很令我钦佩,这两点优势集中体现在对《局外人》的研读论文中。她运用精炼有力的语言,通过对沙拉玛诺老头深入透彻的分析,充分表达出自己的独到见解,由浅入深地呈现了加缪对生死以及存在方式的生命思考。

正文:

加缪在一篇书评中提到卡夫卡的《诉讼》:主人公在凌晨被无端带出去处决,"死前被判只吐了句'像条狗'"。在《局外人》中的沙拉玛诺老头身上,我们亦能看到这一可悲又可笑的名为"荒诞"的判决。通过这个人物,加缪不仅简单而有力地勾勒了荒诞的轮廓,还深入地揭示了我们应该如何在一个荒诞的宇宙中与他人共存并直面死亡。

加缪通过老头和狗的外貌、动作、神态描写揭示了荒诞的内涵和结果。他使用夸张和陌生化的手法营造荒诞感,即"人与其生活的离异,演员与其背景的离异""日子久了,沙拉玛诺老头终于也像那条狗了。他脸上长了好些淡红色的硬痂,头发稀疏而发黄。而那狗呢,则学会了主人弯腰驼背的行走姿势,嘴巴前伸,脖子紧绷。"这幅景象看似超现实,但是却是对人类命运残忍而真实的写照:总有一天人们会衰老,失去自己花一生来表演的尊严,甚至变得不再像人。即使遛狗时"你瞪着我,我瞪着你,狗是怕,人是恨",老头依然八年如一日地牵狗散步,因为只有习惯能掩盖世界的混乱和无意义,使人感到安全。然而,加缪感兴趣的"主要不在于发现种种荒诞,而是荒诞产生的结果。"丢狗事件就是荒诞的代表,它撕开了习惯的假面,使生活的背景突然倒塌,暴露出人生的偶然性和不确定性,仿佛"日常的锁链给打断了"。于是,老头先是"神情焦躁",然后又质疑,"否则的话,我怎么活下去呢",并开始哭。但是当老头终于意识到狗不可能被找回来时,他接受现实,甚至对默尔索"微笑"。面对荒诞的人们,也是如此:不应当否定或绝望,而应当像西西弗一样在荒诞中寻找幸福。默尔索及其他人物与沙拉玛诺相关的对话则揭示了人道主义的真正内涵。雷蒙、玛丽和塞莱斯特面对老头的反应要么是笑,要么是展现出一种廉价的同情。然而这样的反应恰恰说明这些人自认为比沙拉玛诺更优越,看不到每个人和沙拉玛诺一样面临着意外和衰老。默尔索则明确表示他不同意这样的态度:塞莱斯特表示同情后他想"但实际上,谁也说不清楚",而面对雷蒙的问题"我对那对难兄难弟是不是感到恶心",他回答说不。默尔索对沙拉玛诺这样一个被所有人视为讨厌的或可怜的人展示出友善,非常耐心地听老头絮叨啰唆的叙述,甚至还挽留他:"沙拉玛诺老头儿说他该走了。我对他说他还可以再待会儿,我对他狗的事感到难过。"由此可见,默尔索从来不像其他人一样觉得衰老和孤独可笑或恶心,而是认识到荒诞的普遍性,这导致他对其他陷于荒诞处境的人的态度不是居高临下的怜悯而是感同身受的共情。这一点预示了加缪后期思想中的人道主义:"人竭尽全力所能做的,就是减少世界的痛苦。"

沙拉玛诺作为引出结尾升华的线索也起到了重要的作用:他唤起了默尔索对母亲埋藏的情感,并向默尔索重新提出这样的终极问题——我们该如何对待自己必有一死的命运?与老头相关的场景与母亲的葬礼有多处相互呼应之处,这也是加缪在小说中精心安排的平行结构。老头在丢失狗之后,默尔索看清了自己和母亲的关系:尽管他从来没有向外界吐露过自己的情感,他对于母亲的死并非完全无动于衷。"透过墙壁传来一阵细细的奇怪的声音,我听出来他是在哭。不知道怎么搞的,这时我突然想起了我妈妈"。环境描写突出了寂静,也让人想起母亲的葬礼:"整幢楼房一片寂静,从楼梯洞的深处升上来一股不易察觉的潮湿的气息。我只听见血液的流动正在我耳鼓里嗡嗡作响,我站在那里没有动。沙拉玛诺老头儿的房间里,他那条狗发出低沉的呻吟。"从某种意义上来说,沙拉玛诺是默尔索的知己:他是最理解默尔索对母亲态度的人,也是唯一在法庭上作证默尔索爱母亲的人。老头和狗的关系就像默尔索和母亲的关系一样:正如每天骂狗的老头并不真正讨厌它一样,默尔索即使与母亲分开住、缺少交流且没有流泪哀悼,也不像法庭上人们描绘的那样对母亲冷血。母亲的死仿佛一颗种子深藏在他含蓄内敛的心中,而与沙拉玛诺的交流则催使这颗种子生长发芽。

经过上述的铺垫,默尔索死刑前夕的顿悟就不再显得突兀了。老头的形象已经与生活中其他过客的形象融合在一起成了人类整体:"有朝一日,所有的其他人无一例外,都会判死刑……沙拉玛诺的狗与他的妻子没有什么区别……个个有罪。"死亡面前众生平等,唯一能做的是尽量有尊严地去死——这是老头让默尔索想起来的。"我似乎理解了她为什么要在晚年找一个'未婚夫',为什么又玩起了'重新开始'的游戏……如此接近死亡,妈妈一定感受到了解脱,因而准备再过一遍……而我,我现在也感到自己准备好把一切再过一遍。"默尔索从母亲对死亡的态度中明白了,以幸福而不是悲痛面对死亡才是真正勇敢真诚的姿态,因此他想"任何人都没有权利哭她",并且"自己过去曾经是幸福的,现在仍然是幸福的"。他决定像母亲一样主动选择死亡,像沙拉玛诺一样微笑着拥抱荒诞,因为与其像神父一样自欺欺人地活着,还不如清醒地去死。

沙拉玛诺折射的是荒诞的人类处境,是众生百态,也是关于死亡的终极真理。加缪用这个人物告诉我们,无论是多微不足道的存在都有其重要性。

参考文献

[1]加缪.加缪全集:散文卷 I[M].丁世中,李玉民,沈志朋,等译.上海:上海译文出版社,2010.

[2]加缪.局外人[M].柳鸣九,译.天津:天津人民出版社,2016.

国际交流与合作篇

作为朝阳区外事窗口单位,八十中在国际部体系中特设置了国际合作与交流中心,专门负责国际合作与交流工作(具体职能如图 8-1)。每学年,我校多次接待国际教育访问、组织国际教育研讨会等活动。目前,我校已与来自美国、英国、德国、丹麦、瑞士、法国、澳大利亚、新西兰、新加坡、韩国、日本、尼泊尔、泰国、斯里兰卡、白俄罗斯、印尼、俄罗斯等国家的多所学校建立了友好姊妹学校关系,定期组织师生间的交流互访,为师生搭建了"走出国门看世界,在八十中感受世界"的平台。

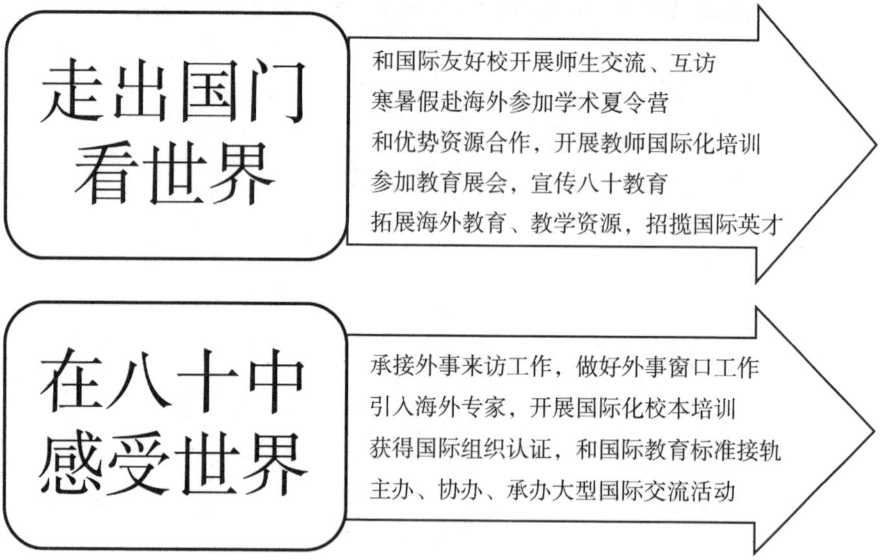

走出国门
看世界

和国际友好校开展师生交流、互访
寒暑假赴海外参加学术夏令营
和优势资源合作,开展教师国际化培训
参加教育展会,宣传八十教育
拓展海外教育、教学资源,招揽国际英才

在八十中
感受世界

承接外事来访工作,做好外事窗口工作
引入海外专家,开展国际化校本培训
获得国际组织认证,和国际教育标准接轨
主办、协办、承办大型国际交流活动

图 8-1

第八章

教师国际化培训促进师资队伍建设

　　杏坛春雨谱华章,国际培训铸辉煌。近年来我校国际教育的迅速发展壮大,得益于我校领导高瞻远瞩,把"正身育德、宽容大爱、严谨治教、恒学善研"作为教师发展目标,重视师资队伍建设,积极投入并推动教师国际化培训。教育的核心价值在于育人,学生的发展是教育最重要的目标。直接影响学生发展的是教师,培养国家未来的合格建设者,使之具有国际大视野,具备国际交往能力,懂得国际通行规则,成为在未来国际舞台具有竞争力的人才,一定离不开教师。近年来,我们的教育国际化态势发展良好,为使学生更好地享受到教育国际化的福祉,我校高度重视教师教育,抓好教师国际化培训工作。

　　我校教师国际化培训一贯秉承弘扬优秀传统文化,扎根中国、立足现在、融通中外、面向未来的原则。在遵循、把握中外教育历史发展规律的基础上,在尊重他国独特的历史、文化和国情的前提下,虚心汲取世界多元文化之精华,坚持走适合自己的教育发展道路,与时俱进,和谐包容。为进一步推进教师队伍建设,加强教师群体国际教育理解与实践,近年来我校曾多批次、多层次选派骨干教师、学科带头人、优秀青年教师、优秀班主任到国外进修学习,如与牛津大学合作建立教师培训基地,以 STEAM、PBL、现代课堂教学法为主要培训内容的赴美、赴加拿大国际教育校本培训,利用区教委"创新人才培养计划"项目组织优秀教师带学生到英国知名中学观摩学习等。同时,我校还与品牌国际教育机构合作,引进国内外优秀教育专家团队来校讲课,聘请美国著名教育家罗伯特·马扎诺团队对教师进行了全员培训,走进真实课堂,理论学习融合实践等;还引进一些国际优秀课程,如 IGCSE、AP、A Level、IB 项目等,并为这些项目的实施做相关师资培训指导。我校还积极主动创造条件,支持鼓励教师参加一些线上、线下的国际教育教学专业培训、论坛活动等。国际教育培训扩大了教师国际视野,培养了教师的国际理解和创新能力,国际教育校本培训和教师个人专业成长积极转化为学校发展的优质资源,促进了课堂教学的深入研究。一批具有家国情怀、国际视野,治学严谨、业务素质过硬、勇于开拓创新、锐意进取、追求专业发展的新型教师队伍迅速成长起来,教师为深刻而教、为高效而教,不断攀登教学新高峰。本着"铸造中华魂,培养国际人"的办学理念,我校逐渐形成了融合中外优质教育文化、具有八十特色的国际教育体系。

教师国际化培训无论是教师走出去,还是把专家请进来,尽管形式不同,但参训教师通过学习,普遍开阔国际视野,增长见识,不同程度提高了外语水平。在学习他国教育成功经验、先进理念、课堂管理、教学策略方法基础上,逐步树立起科学的国际教育观念,提升了课堂创新思维能力。理念更新的同时,参训教师注重结合教育教学工作实际,把理论融合实践,及时反思反馈,不断提升思维意识、提高教学水平、课堂管理水平和现代教育技术运用水平,特别在信息技术与学科教学深度融合方面进行了深度探索,取得良好效果。在工作中,参训教师积极发挥骨干引领作用,带动我校全体教师向着研究型、专家型、现代化和国际化方向发展。教师们变得更积极主动,为思维进阶而教、为深刻而教、为理解而教成为主流。连续几年的国际化培训结出硕果,一批业务精良、素质过硬的青年教师茁壮成长起来,名师和各级学科骨干不断涌现,优秀课堂同课异构异彩纷呈。国际化培训使我校教育教学不断开创新局面,并取得了瞩目成绩,许多教师先后在国家级、市区级的教育教学大赛中获奖,成为教学能手、专家,在专业课题研究方面硕果累累。

教师国际化培训长时间、多维度、深层次、定期、定点的沉浸式的有效培训建构模式,促进了我校师资队伍建设,并取得了一定成效:教师教育观念更新,实践能力提高。许多参训教师在与不同国家师生的交往过程中,普遍感受到国外教师对学生个性化培养的重视,于是自然而然地就把以学生为主体、师生平等的理念贯彻并落实到课堂教学过程里。合作互动、自主探究、操作应用逐渐成了主要的教学模式。参训教师对我国长期进行的学生全面素质教育理解也更为深刻了。课堂中关注学生知识能力、表达能力、思考能力和外事礼仪等基本素质培养,关注学科能力培养,也注重其身心和谐发展,真心树立起为学生终生发展奠定基础的理念。参训教师普遍提升了专业素养,丰富了教学资源,特别是出国前的外语培训、培训中的外语交流实践,强化了教师外语水平,有利于逐步引入国外优质课程教材、教学资源,丰富学生学习资源。参训教师还把国外课堂学到的先进理念,学以致用,用STEAM、PBL项目式学习丰富自己的教学课堂实践。以问题为中心、以案例为中心、探究合作的教育模式在我校蔚然成风,真正地促进了教师专业化成长。教师国际化培训直接造福学生,一批批具有国际情怀的学生在成长、综合素质提高方面取得巨大进步,在许多国际、国内的比赛中收获各种荣誉,为母校增光,受到社会广泛赞誉。

在 2020 年全球突发"新冠"疫情形势下,在严峻考验面前,在防疫同时,我校在"停课不停学"教学阶段、之后的"线上线下融合式自主学习模式"教学探索阶段,响应上级号召,克服困难,以人为本,充分考虑到分散在不同国家和地区的我校学生实际需要,进行了一系列可行可操的教育教学安排,我校教研组、备课组有着团结合作的良好教研氛围,群策群力,很快适应新形势下的教学模式,在校鲲鹏网、教育部国家云平台推出众多优质微课,保证了我校正常有序的教学秩序,彰显了我校雄厚的师资力量。同时,疫情之下,还能为国家尽责分忧,一些国家级公益优质课在社会推出,社会反映良好,体现了示范校的责任担当。这些瞩目的成绩,体现了八十人的家国情怀,得益于我们优秀的教师队伍建设,得益于教师国际化培训的专业培养,与时俱进,我校教师教育在发展上迈上一个新台阶。

国际化培训助力教师成长,勤奋、求实、创造、奉献成就辉煌。一支以人为本、宽容大爱、恒学善研、严谨治学、潜心育人、精于思考、勇于创新、大胆探索实践、肯于无私奉献、拥有国际视野、家国情怀的教师队伍在成长。正如我校首届教师牛津培训班的班歌所说:看世界万象美好存心间,我们探索求真,我们慎言笃行,我们薪火相传,托起梦想。

第一节　他山之石,可以攻玉——马扎诺团队入校培训

教育专业化大背景下,如何开拓思路,借鉴国外先进理念和经验,为一线教师注入新的教育思想和理念,帮助教师吸收新的信息,了解最新动态,跟上时代? 我校本着推动教师终身发展、提高广大教师群体专业水平的目的,通过与相关国际教育机构合作,积极引进国际化专家团队入校培训(如马扎诺团队等),为教师搭建与专家沟通对话的平台。

通过进行专题讲座、专家入校听课、互动研究、科研课题、课后反思等方式,尤其同课异构,把理论融入课堂学科教学实践,理论与实践真正的有机结合。专家团队的有效培训,开阔了教师视野,提升了教师语言能力和文化素养,提高了课堂教学效果。

下面来看一下我校英语组教师的案例分享。

马扎诺《新教学艺术与科学》在语法课上的落实
（以英语课为例）

高中部 英语组 劳英亮

摘要：英语教育不断发展，国际化趋势日渐明显的背景下，传统的英语教学方法已难以满足当今教学的需求。融艺术与教学为一体已经成为当今基础教育英语课程发展的不可阻挡之势，它要求教师创设真实的情景让学生掌握语言运用，注重学生内在品质和文化修养的提升。本篇论文是基于一节语法课所做，落实了马扎诺《新教学艺术与科学》的理论，记录了备课前后、讲授过程中的亮点，也包含课后的反思和有待改进之处。

关键词：新教学艺术与科学、定语从句、语法

马扎诺《新教学艺术与科学》具有独特性，它侧重于学生的学习结果，而不仅仅是教师必须做什么。他指出，学生必须获得有意义的指导内容，以及教师必须满足学生的基本心理需求。书中探讨了三种不同类型的课程，本课应该属于灵活应用知识课。

一、以人为本，导入环节谋新意

著名心理学家卡尔·罗杰斯提出"以学生为中心"的观点，体现了关注学生需求的原则，也反映了教育教学的内在规律，对于现代基础教育的改革实践具有相当重要的指导意义。这与马扎诺"学生必须拥有自己的学习需求"不谋而合。它将课堂以往以教师讲授为中心转变为以学生学习为中心。这需要教师从学生的角度设身处地地考虑学生所需和兴趣所在。

教师和学生之间的年龄差距有可能造成代沟，自身想传达的并不是学生想要的。而在第一稿教学设计时就陷入了这个问题。为了使学生与时俱进，关注国家大事，在课堂的导入环节就已经想办法设计一些关于政治方面的内容。

但结果并没有想象中那样顺利，学生表现出漠然的态度。虽然导入环节没有激发起学生的兴趣，却引人思考。于是想到了用歌词来导入，想到了学生最爱的歌手 Taylor Swift，于是引入了她单曲"You Belong With Me"的歌词。

"You're on the phone with your girlfriend, she's upset.

She's going off about <u>something that you said</u>.

If you could see that I'm the one who understands you."

结果大大超出预料,大部分学生居然跟着唱了起来,气氛十分活跃,连平时沉默的学生都在接下来的课堂中积极起来。虽然没有用政治话题,但却也引入了国外的时尚文化,这把科学的教学与有趣的音乐艺术结合起来。所以,教师应该不断地与时俱进,与自己的学生同步成长。唯有如此,才能真正理解他们的身心需要,并且设计特定的教育教学手段,引导他们通过自身的努力逐步实现自己的目标。

二、学中有戏,语法教学变生动

语法课是众多语言学习者认为最枯燥的一部分,也是令很多教师课堂设计中头疼所在。更何况欲要将其生动地讲授,这无疑增加了不小的难度。马扎诺指出,要保持有活力的节奏。因为教师采取的行为对学生的精力水平有着间接的影响,而课堂上的活动设计更是直接影响着学生对知识的精力分配。

于是,苦思冥想,决定打破常规,在语法操练环节,一改以往枯燥的做题式操练,变成了有趣的游戏式操练。而且为了让全员参与,设置了猜谜环节。并提前准备了一个盒子,里面有许多名词,从学生喜欢的人物,到日常生活的各种用品,都是学生所熟知的。游戏规则是学生来抽签,抽到的词必须用定语从句来描述,其他人猜测,猜对的同学则有机会上台来抽签,如此循环。

规则一公布,学生就沸腾了,争先恐后上台来抽签。整个过程非常流畅,效果令人十分满意。抽到的内容和学生的表达如表8-1所示。

表8-1

谜底(抽签)	谜面(学生用定语从句描述)
习大大	He is a famous man who is the leader of China.
信封	It is a paper bag that we put letters in.
电脑	It is a tool that we use to study and play games.
手机	It is a tool that we use to make a call.

三、输出有效,传统文化需弘扬

英语学科核心素养中对文化品格的界定除了包含跨文化交流能力还包含对本土文化的理解、尊重和热爱。传承和弘扬中国传统文化,本来也是每一个中国人的责任。但是多数只看到英语在国际理解和跨文化交流的作用,因此对英美文化的介绍津津乐道。但是,在中国走向世界、世界走向中国的今天,教师既要借鉴和吸收外国的文化精华,又要向全世界介绍自己优秀的传统文化,切忌在国际交往中屡屡出现"中国文化失语症"。

中国本土文化需要通过英语实现"全球化",然而,大多数中学英语课堂上,师生谈起节日文化就是万圣节、圣诞节等等,谈起饮食就是三明治、沙拉等等。对中国的优秀传统文化以及深厚的文化内涵却知之甚少。作为教师有责任和义务将祖国的优秀传统文化传承下去,英语课堂教学不应偏废本土文化的培养。

如何将马扎诺的新教学艺术与科学融入文化的教学,并使之在学生群体中被顺利接受,值得教师思考。输出环节是整个英语课堂最重要的环节,可谓压轴环节,是整个课堂首尾之作和质量的呈现。为了培养学生的文化素养,增强学生对传统文化的热爱,选择输出环节运用定语从句讲述寓言故事。给出 18 个句子,每一个都是简单句,需要在熟知关系代词用法的基础上,将其中的某些句子串联,最后添加适当关联词,最终成为一篇寓言故事。我们选择的是守株待兔的故事。按照以往,学生顺利完成输出环节即可,然而中国的寓言故事富含哲理,希望通过故事让学生掌握一定的哲理。于是增加了一个问题:

"Why couldn't the man catch the rabbit?"

"He is a lazy man."

由此,引出一个含有定语从句的著名英语谚语"God helps those who help themselves."自助者天助之。以此来收束输出环节,传达文化的同时,也学到了语言。

四、画龙点睛,思维品质要提升

马扎诺的《新教学艺术与科学》,强调将艺术与科学融合,提升学生思维品质就是艺术与科学相结合的一大特点。同时,思维品质是核心素养的重中之重,教师教学如果能够围绕住思维品质方面,也就抓住了核心、抓住了关键。学生思维品质的提升对教师自身素质的要求是相当高的。思维品质不仅包含新颖、独立、批判性思维,而且包含道德素养、美德素养,具备识别真、善、美、高雅和假、恶、丑、庸俗的思辨能力。

作为整个课时的收尾,选择了富含人生哲理的定语从句,同时传达出学生做人应该懂的基本道理,注重学生的美德素养,使整个知识系统得以升华,成为课堂的点睛之笔。深得老师们的赞叹,也赢得了同学们的阵阵掌声。

表 8-2

appreciate those who love you;	感激喜欢你的人;
help those who need you;	关爱需要你的人;
forgive those who hurt you;	宽恕伤害你的人;
forget those who leave you.	忘记离开你的人。

　　从英语课堂教学的角度而言,只要让学生在英语课上做事情,就有了思维的成分。只要引导学生有理有据地去判断、去学习、去思考,启发学生注重对自身、对他人、对社会都有意义的事情,实现自身价值,就是一种科学与艺术的有效结合,也是教学的艺术性的独特体现。

　　马扎诺更新了教学与艺术相结合的思想,正是希望在具体的教育方针和实际的教育实践之间,搭建一个桥梁,使广大教师在教育教学过程中,能够时刻将自己的教育教学在科学性和艺术性方面有所提升,使得教育教学始终在一个科学和艺术相结合的轨道中前进。马扎诺《新教学艺术与科学》的思想新颖而深刻,也值得广大教师学习和探索。

参考文献

　　[1]马扎诺.新教学艺术与科学[M].盛群力,蒋慧,陆琦,等译.福州:福建教育出版社,2018:79-109.

　　[2]董俊.英语写作[M].上海:华东师范大学出版社,2010:36-42.

　　[3]李翠荣.高中英语写作教程[M].北京:清华大学出版社,2015:56-60.

　　[4]施丽华.如何写好清晰的段落[M].上海:上海教育出版社,2016:105-112.

　　[5]邱娜萍.高中英语翻译与写作[M].上海:上海交通大学出版社,2010:12-23.

　　[6]张道真.实用英语语法[M].北京:外语教学与研究出版社,2002:203-234.

第二节　走出去,在中西文化教育比较中反思

　　纸上得来终觉浅,绝知此事要躬行。如何提升教师这个群体的国际视野和国际交往能力,更好地借助他们的力量影响学生发展,让学生能够同享国际化的福祉呢? 近年来我校积极选拔、多批次组织教师走出国门(如我校初高三寒暑假赴

美国、加拿大国际教育培训班），到国外的学校去参观学习、交流访问，实地考察和感受当地的教育氛围与特色，学习他国先进的教育理念和方法。体验原汁原味的国外教育，比较中西文化教育的异同。走出去的教师不仅仅是单纯扮演旁观者的角色，而是真正走进学校的课堂，与当地的学生面对面地接触，沉浸式地体验中西方不同课堂文化和教学方式，在中西文化教育的比较中，我们不断反思自己：是什么能够让学生沉浸其中，如何使海外课程本土化，怎样更好地进行优质课程项目合作……在东西文化碰撞中我们努力前行，下面就是其中一位参训教师的随感。

读写结合　学以致用
——美国高中文学课观摩随感

高中部　语文组　姜梅

"读写能力"是语文老师经常挂在嘴边的一个词，大家也都喜欢用它，认为这个概念体现了语文课程最基本的内容和最终的培养目标。我认为，一节课乃至语文教学是否合理、是否有效，主要看它能否帮助学生提高阅读和写作的能力，也就是说，看课堂教学的各个环节是否有效且清晰地指向语文课程的培养目标，至于课堂上具体如何实施，我始终有些迷惘。2月初，我有幸赴美国加州奇科（Chico）的欢乐谷高中参观学习，其中听了两堂美国文学课（American Literature），受到很大的启发。

这是两堂小说课，整个学期小说课的安排分如下几步：①老师列出小说清单，同学们按自己的兴趣选取其中的一本阅读，规定时间内完成；②阅读，做圈点评注，找出自己感兴趣或有感触的内容；③根据所选内容自愿分组，各组结合现实生活，确定一个探讨课题；④分组发布探索课题；⑤写作。

我们这次听的，便是第4、5环节的两堂课。第一节课上，同学们分组自由探讨，做PPT，模拟发布。其间老师明确了PPT的形式、各组发布时间等要求，最后10分钟，老师邀请几位同学自愿上讲台做开场白、结束语的模拟，并给出意见和建议。第二节课，分组发布探索内容：一个组阅读的小说里有吸毒、枪杀等内容，他们探讨的话题便是如何防范校园暴力；一个组从阅读的小说里摘取环境，进而探讨校园的美化问题……

课后和L.VanDewark老师交流，她介绍说，孩子们所探讨的问题，并不仅仅是探讨，比如说那个校园美化的课题，事后提交校董会讨论，通过了的话，是会拨一笔经费给这个小组的学生去实施的。

美国中学的小说课可以说真正做到读写结合、虚实结合，真实写作，学以致用，给我们提供了很好的思路。

读必须依靠写，不写就读不深读不透；写必须依靠读，不读就写不成也写不好。美国阅读教学中有写作，写作中有阅读，以读带写、以写促读，读写结合、读写互动——这是他们单元教学设计安排的基本思路和模式。与我们教学中单篇课文的读写结合不同，他们更多的是结合整本书阅读的读写结合。美国课堂上许多老师不用教科书，而是选择适合学生身心发展特点的文学作品（如小说等）开展教学。教学一般包括三个阶段：第一阶段是作品的文本细读（Close Reading），通过批注、表格等方式深耕文本，研读细节，理清思路，挖掘内涵；第二阶段是批判性思维（Critical Thinking），针对细读中发现的问题，组织对话讨论，展开头脑风暴，问题驱动，让文本生发出丰富的观点；第三阶段是探索性写作（Exploratory Writing），用写作展示自己的思考和创作，促进自我的成长。

记得有一位语文老师介绍她曾经听过的一堂八年级课，老师教学的基本模式是：阅读小说+给文本做注释批注+小组讨论+制作海报（把小组讨论内容放进去）+学生写初稿+老师写评语+学生修改。之后，学生提交第二稿。一般以一个"学习季"（quarter）九周为一个读写单元：读一本书 + 写两篇文章。两篇文章互补，一篇是记叙类的"Creative Writing"，一篇是论说类的"Academic Writing"。一年四个"学习季"。要说明的是，在美国"Creative Writing"与"Academic Writing"是一对写作训练的术语。前者是指创作性写作，后者是指研究性写作；前者侧重想象和虚构，后者侧重概括和议论。这对术语大致概括了写作训练的两大基本能力指向。

叶圣陶曾经说："我所谓实际作文（即真实写作），皆有所为而发，如作书信、草报告、写总结，乃至因事陈其所见，对敌斥其谬妄，言各有的，辞不徒发。而学生作文系练习，势不能不由教师命题。学生见题而知的，审题而立意，此其程序与实际作文异。"（《叶圣陶答致教师的 100 封信·答宋育曈》）然而，由于当今国内中学生作业负担重，课外几乎无法抽出时间阅读，而教师对于教材的选择也没有自由，因此，阅读的内容主要是课本，以课文为单位，呈现碎片化状态，学生阅读的目的也主要是完成答题，很难将阅读的内容和现实结合起来。至于写作，几乎变成了与真实写作对立的虚假写作。

令人欣慰的是，读写割裂、虚假写作的问题逐渐被重视，整本书阅读的理念正逐步实施。希望自己在今后的教学中，多引导学生以读促写、读写结合、真实写作。

第三节 初、高三教师培训项目

我校认真落实上级全面深化改革部署要求,办好新时代有中国特色的社会主义教育,不忘初心、牢记使命,为进一步推进教育教学改革,提升我校教师国际素养,提高教师课堂管理水平、教学水平和现代教育技术运用水平。经校务会研究决定,选拔组建了以初、高三骨干教师为主的国际化教育校本培训班,开展校内和校外(赴美、加国等)教师培训,主要内容为英语培训、STEAM(以及之后的STEAM)、PBL、现代教育技术培训等。分校内校外两个阶段进行,校内培训,赴国外培训。参训教师大多是初、高三能够服从学校安排、工作中勇挑重担、教育教学质量优秀、具备一定英语交流和应用能力、信息技术和现代教育技术能力强的教师。学校期望他们认真完成学校教育教学目标任务,达到学校评估要求,能把培训学习成果积极应用到教育教学实践,在组内推出公开课和研究课,发挥骨干引领作用。每次国际教育培训结束后,教师们纷纷发表培训感言,学习体会,学习总结,现选取部分与大家分享。

赴美培训心得

国际部 李娟

长久以来,我们秉持以学科为本、各科精进的国民教育,帮助学生体认各科知识的精髓,这种学习的确有效地强调了各个学科的重点,并且加强了学生必备的知识和技能,但由此带来的问题也非常明显,致使学习方式渐渐趋向分裂,忽略各科的联结,摒弃系统性的整合,老师之间对课程规划的沟通少,学习内容窄化单一,有时仰赖学生自己去整合各科知识来解决问题。通过寒假的这次培训,我切实体验到了 STEAM 系统教育的力量。

老师 Charles 先生的授课内容既有先进的教育理念探讨,又有行之有效的操作方法介绍,理论与实践的紧密结合,培训开展的课程教学探索为我今后的教学提供了富于启发性的方法论。他山之石,可以攻玉,STEAM 教育思维结合自身的教育实际,对于我有启迪和助推的力量。

在此次培训上,理论结合实际,老师为我们介绍了 PBL 教学法、STEAM 教学理念,进行了 3 次课堂观察和 2 次学校的参观,培训中老师一共为我们设计了五个项目,包括 Balloon Race, The Yes Game, Tessellations, The catapult, Bomb Squad,每一个项目都与现实世界的实际问题紧密联系,都有开放性的解决途径和最终答案,都需要小组团结合作协力完成,都融合了科学、艺术、语言等多门学科,并且把不断的试错过程看作是学习的重要组成部分。可以说,在参与每个项目的过程中,我们作为学习者一边学习也一边体验到了项目式学习的实践过程、开展方式和检验标准。

其中 Balloon Race 这个项目的学习,让我深受启发,特别是让我对艺术教育有了更深的认识。进行项目反思时,老师提出艺术如何能融入该项目中,我自身的认识仅仅局限于对于气球的装饰上。然而,当老师打开 YouTube,展示项目延展出的各种艺术形式,包括装置艺术,利用气球创作的幽默的舞蹈、抒情的舞蹈,喷泉设计等等,让我大开眼界,深受震撼,第一次深刻地意识到,艺术与工程、物理密不可分,艺术无处不在,艺术与其他学科的有机融合能极大地丰富学生的想象力、拓展思维的创造力。我们国家传统课程中艺术教育与其他学科是不平等的,也是割裂的,然而这次培训中,无论是项目式学习后对于艺术的应用反思,还是听课参观中随处可见的学生艺术作品,以及法语课、小学科学课等无处不与艺术和生活紧密结合,都让我耳目一新,也让我在教学中为自己的浅层次艺术应用感到汗颜。培训之时正值情人节,我们在听课和参观过程中发现,无论是小学生和中学生,无论是语言课还是科学课,都结合节日实际制作节日贺卡,有的将物理电路知识与艺术设计结合,有的将外语和卡片制作结合,这都让我深受启发,特别是我们正在迎来人工智能的时代,重视综合创意的融合型艺术教育,将会成为教育的主流。

在本次培训中,我们也尝试了结合自身教学实际运用 PBL 进行教学设计,从课程设计的要素中思考如何在统整教育课程设计里注入以学习者为中心的教育理念,进一步分析学生的心灵状态、价值观、价值体系与课程设计的关联。STEAM 契合时代脉搏,强调学以致用,以及理论与实践相结合。要贯彻 STEAM 的真意,必须明白知识融合的进程,积极思维的发散联想,这对我们接受了多年分科教学以及从事多年分科教学的教师来说也是一次思维的挑战,促使我们深度思考各种解决问题的方式的可能性,在创作上力求突破。也正因为如此,这样的学习经验是进行优质教育、增进批判性、培养创造性思维的基石。

对比我国的基础教育,STEAM 强调学生亲自动手操作、实验,我们的教学重心更多是知识的讲授,这样仰赖记忆式的灌输学习,学生缺乏临场解决问题的应变能力和结合理论与实践融合的机会。然而,只有作品而没有实际的跨学科学习的内涵,并不是 STEAM 的学习宗旨。例如,同样是制作风筝的课程,学生裁剪制作,加以装饰进行试飞,孩子们会兴奋地体验到"做中学"的成就感。但真正符合STEAM 精神的课程可能会在风筝制作前介绍飞的原理、基本力学、空气的相对作用,鼓励学生研究风筝的历史文化意义,讨论风筝结构、重量的影响,对风筝进行设计、创作凸显个人风格。这才能真正提供学生脑力激荡的机会,从生活经验里连接新知,深度学习。

STEAM 也让我对教育要培养学生什么样的思考模式做出思考。"从确定的基础与定义出发,透过不变的定理与思考法则,得出具有正确性的结论",和"从不太确定的基础出发,并且到达一个也不太确定的临时终点",后一种思考模式在信息随手可得的当今更容易脱颖而出,学生在不受预设结果影响的学习环境里,运用已学的新知、跨领域、技术融合来拟定解决问题的方向,将来属于懂得思考,运用思辨、综合能力进行系统性、哲学性思维的人。

最后,感谢学校和领导给我这次外出学习的机会,让我开阔了视野,更新了教育理念,我将努力将所学整理消化,运用到自己的教学实践中,提升自己的教学水平,为学校教育的国际化贡献力量。

国际化培训学习总结

初中部 陈雅萍

转眼为期四个月的国际化教育校本培训很快结束了。四个月中,有苦有累,但更多的是收获。在此,我印象最深的是美国的课堂教学和 STEAM 的学习。

从 2 月 10 日到 2 月 14 日,我们来到了美国的奇科学区的高中、Parkview Elementary 进行了为期五天的项目式学习,了解了什么是 PBL(以项目为导向的学习方法),什么是 STEM,如何写好一个 PBL 的教案,如何进行 STEM 的教学过程。

第一天,我们完成了团队的组建,在合作学习的过程中,团队的组建是非常重要的,它需要领导者、执行者、演讲者等,合作是团队建设的核心。

今天我们需要完成的任务是让气球飞起来并且飞得最远的团队获胜。我们材料有气球、纸板一张、A4 纸一张、透明胶带,工具有剪刀、3 台电扇。要求是气球在地面上起飞,以 3 个电扇为动力,电扇不能移动,但可以转向,让气球在空中尽量向远处飞,以落地最远者为胜。

我和吴智老师、姚鑫睿老师,高中国际部的李娟老师以及王国斌老师组成了一个团队。我们首先把气球吹起来,要让气球在地上"站着",气球需要"长腿",

还要能够从地上起飞，并能够在空中向远方飞翔。气球还需要有浮力，我们便给气球加了一个圆柱形的"脚"，并且有三个支点与气球连接，风可以通过气球与支架的连接通过，并能把气球托起来。第一步，让气球从地面上飞起来完成了，接着就是要让气球尽量地向远处飞。要想让气球飞得远，风是一个很重要的因素，首先是要风尽量地集中，才能让气球飞得更远，我们在电风扇外加了硬纸板，让风尽量集中，气球被吹向了远方，为了让气球能够飞得更远，需要有第 2 台、第 3 台电扇进行接力。说起来容易，但是真正做起来却是不容易的，首先要让气球在空中悬浮，并且要让它继续向第 3 台电扇的方向移动，第 2 台电扇需要先向上吹风，然后再控制着气球飘向第 3 台电扇，1 分钟的时间真的很短，但是 1 分钟也可以练习很多次，最终我们的小团队以 8.6 米的成绩获得了第二名。

这个小小的活动中包含着数学、物理、美术、语文等多学科的知识。我们要运用物理的知识让气球飞起来，通过数学的知识计算气球大小与浮力的关系，还有风速与浮力的关系，气球大小与风速的关系……气球的支架是否漂亮，气球上要不要画上不同的图案，最后我们要以语言的形式将此次活动记录下来，总结成功与失败，如何改进。

再有就是清除炸弹的活动，这个活动需要 3 人协作完成。1 人面对炸弹现场，但是不能出声，通过手势告诉对面的另外 1 个同伴向前向后向左向右走，这个同伴可以出声，但是要背对着炸弹现场。另外 1 个同伴被蒙上了双眼，这个被蒙上了双眼的同伴，通过同伴的声音，按照同伴的指令到达炸弹现场，走到炸弹前，取走炸弹，并将炸弹放到指定位置，完成清除炸弹任务。很简单的活动，需要判断方向，面对面时左右方向是相反的，一旦被蒙上双眼的同伴转身后，左右方向又一次发生了变化，这不仅需要很快的随机反应，更需要同伴间的信任和被蒙上双眼的同伴的勇气。

另外我们还完成了炮弹的发射活动、"YES"的活动、翻布的活动、设计剪纸绘画的活动等。这些活动增加了团队的凝聚力与合作能力。

除了理论知识的讲解和活动外，我们还走进课堂和美国的同学一起上课、学习。

R.Gilzean 老师讲的是一节美国历史课，讲述的是第二次世界大战，"第二次世界大战有许多的重大的战役、主题和事件，它们为我们的历史记忆作出了贡献，并塑造了我们今天生活的世界。我们也要向我们的军人以及其他战斗英雄致敬。" R.Gilzean 老师以和缓的语气把我们带进了第二次世界大战。

R.Gilzean 老师让同学们从第二次世界大战的事件中随机选择一个主题做研究、做笔记，并以幻灯片的形式准备一个演讲，同时将幻灯片的电子副本提交到

Gilzean 教室在线文件夹中。

R.Gilzean 老师对此次作业做了明确的要求:

(1)你需要交 2 页笔记

(2)幻灯片展示(16 号字体),配有标题幻灯片,5 张内容幻灯片和一份参考书目(已引用的作品),并附有适当的 MAL 引文

(3)你必须引用至少 3 个不同的来源——一个计算机源、一本书和一个参考源

(4)报告时间为 2~4 分钟

(5)虽然没有 4 个单词 * 4 行标准,但是不要在幻灯上写完整的句子/段落。

(6)使用颜色、图案、图片和图表来活跃你的幻灯片,试着把整张幻灯片填满。幻灯片内容只是你的骨架也是完整的结构

(1)解释你的话题对第二次世界大战的意义

(2)描述你的话题属于哪一类战争(即战斗、人员、特殊团体、后方等等)

(3)给你的话题一个定位(它相对于国家和世界的地理位置在哪里?)

(4)谁参与了? 为什么他们意义重大? 涉及多少人,战斗/冲突中造成了多少人伤亡?

(5)这一专题对第二次世界大战有何贡献? 它对战争的结果有什么影响?

(6)围绕你的话题的重要时间和日期是什么?

(7)需要教室的每一个人都能看到

(8)必须包括一个视觉效果(海报、道具或人工制品)

R.Gilzean 老师给了珊瑚海海战、不列颠之战、诺曼底登陆等 60 余个专题。

R.Gilzean 老师清晰的讲解、具体的要求让学生明确了学习目标,并能按照学习目标通过不同的信息源进行有目标的自主学习。

J.Becker 老师的法语课,正赶上情人节,美国的情人节是一个大众的节日,可以给你所爱的每一个人送礼物。J.Becker 老师让同学们互相了解同班同学的家庭成员,并制作一张精美卡片,用法语写上祝福的话语送给同学的家庭成员。当同学们有问题要问 J.Becker 老师时,身高 180 厘米以上的老师很快走到他的课桌前,并蹲下,视线与提问同学保持一致,认真倾听,并仔细回答。整节课中,J.Becker 老师不停地穿梭于课桌之间、起立、蹲下,并始终面带微笑。下课后立刻到教室门口去检查作业,并叮嘱同学们把精美的卡片送出。

美国之行是短暂的,此行我学到了美国老师的认真备课,要求细致,关心每一个同学。在我今后的教学中努力做到,对学生提出的要求可执行,尊重学生。

赴美培训 PBL 学习总结

国际部 马元超

学校领导高瞻远瞩,盯准最新的教学理念和方法,带领老师们学习,还想方设法开展培训。我们一行 18 位老师兴致勃勃来到美国加州奇科学区,开展 PBL 项目式学习。

美国的培训机构安排得很科学,既有老师的讲解,又有实际的听课观摩。通过实际的美国中小学课堂的观摩,我们实地了解美国的教学情况,以资借鉴。

PBL,围绕问题展开的学习,意在主动摄取信息,学习从被动转为主动。这种学习方式突破了传统的教学形式的束缚。传统教学模式是上课教学,下课布置作业,最终期末进行考核。我们的 PBL 课程大致形式如下:课上老师依次提出四种问题情景,组员讨论研究出本组解决方案,然后由一个学员代表本组在全体学员面前分享,以此达到学习的目的。

由此可见,PBL 课程的主要特色就是导师引导辅助,以学生自学为主。我们分为 4 个小组,每个小组 4~5 个人。每天的培训既有理论的知识介绍,又有实际的热身锻炼。比如"YES 游戏"是培训团队成员之间的默契度的,还有"翻转地膜"、吹气球、排除炸弹等,都非常有趣。两周的培训,主要收获总结如下:

一、背景知识还原呈现

在平时的教学过程中、学生的学习过程中,有时候教师为了教知识而教知识,而学生则是为了学知识而学,片面孤立了知识。试想如果仅仅是为了教知识、学知识、记住知识的话,完全可以让学生把知识记下来,而不用大费周章地去设置引入、新授、练习等诸多环节。

将知识所在的背景环境、背景信息讲授或者提供给学生,可以让学生受到知识发展过程的有效牵引,从而逐步地学习到这个知识。只有经历了过程,才能让这个知识的效能达到最大。

二、主题单元式学习

知识的学习是一个循序渐进的过程,很少有知识能够适合于任意一个受众,所以要对所学习的知识进行整合。通过必要的精简、调整、整理、统合、补充,以有利于学生学科认知建构和发展方式重新组织教材。

针对知识提炼出学习主题,通过上游知识、后续知识以及跨学科维度上进行知识的整合可以有效地让学生在一段较短的时间内进行一个知识相对完整性的学习。这样便于学生进行模块化学习,采用单元授课的形式完成知识的逐步学习。

三、情景化学习、生活化问题、任务化教学

一般而言,人们学习知识的目的就是要运用知识解释、解决我们身边的问题。通过创设情境,激活学科知识——情境可以使枯燥乏味的学科知识有丰富的附着点和切实的生长点,让学科教学具有更加深刻的意义。

生活化的问题,更容易让学生接受,有切身的感受,更贴合生活实际,会使问题更有质感,更容易让学生产生情感共鸣。

值得注意的是,情景并不是教学的一个环节,不是"讲个故事",情景往往与重要学科知识、任务紧密结合,将学科知识转化为学生的认知与学习路线图。

学习就要有任务,只有通过让学生逐步完成他们所感兴趣的任务进而学习到的知识才是吸收最有效率的。任务引领和任务驱动对于引导学生逐步进行探究非常重要。

四、学习活动

一个知识的学习、理解、吸收以至融会贯通都需要逐步活动操作,而且能力和素养只有在相应的学科活动中才能形成和发展,设计适合学生学习知识的活动则显得尤为重要。设计活动要本着适合学生发展而不是适合学生记住知识的原则,设计学科学习活动要有诸多方面的界定:①要体现学科性,体现学科性质、特点和学科精神、文化,学科的精气神、学科的独特个性。②要有自主性,所有学习活动要在教师指导下学生独立、自主地活动,包括外在的活动和内在的活动。③要有教育性,活动本身能够培养学科核心能力和素养。

十余天的培训收获颇丰,感谢培训老师的细致讲述,在项目式学习中我有了很多体会与收获,更多的体会和反思会在以后的学习工作中慢慢挖掘。

赴美校本培训总结

初中部　谷桂杰

2019 年 2 月 7 日—2 月 19 日,有幸参加了在美国加州奇科学区欢乐谷高中的 STEM 校本培训,在感受了加州地中海温润气候及蓝天白云的同时,也感受了美国社会的风土人情,更重要的是通过查尔斯老师的全面生动的讲解和实践活动以及深入美国中学课堂,我进一步认识了 STEM 教育的来源、发展过程以及 6 个实践标准,体会了 STEM 教育在教学实践中的重要意义,深入思考了 STEM 教育如何在学科教学中渗透,真正培养学生的批判性思维和创新能力。

培训回顾

查尔斯老师介绍 STEM 的来源、内容、发展过程以及 6 个实践标准。查尔斯老师备课认真,从理论到实践,让我们系统了解了 STEM 教育。设计的游戏让每位老师动起来,大家团结协作,在竞争中合作,体会双赢的意义。查尔斯老师时间观念强,每节课准时上课,不拖堂,为了说明课堂教学如何调动学生好奇心,亲自示范,让我们感受到了严谨治学的态度。

听课

2 月 12 日上午,我们第三小组走进了陶艺课堂。学生实行走班制,按兴趣 9 到 12 年级的学生都有。课前,学校广播会播出一些通知和要求,学生有序而安静地到相应位置坐好,老师提出相关要求,学生开始自己的创作,大致进行到了器皿上色阶段。器皿形状风格各异,但每件作品都是学生精心设计并完成的,充分体现了创新性。课堂秩序井然,老师负责巡视指导,学生完全按照自己的意志完成作品。听课结束后各个小组进行了汇报交流,总体感受:美国的课堂充分发挥学生的自主性,学生在轻松和谐的氛围中体验学习。2 月 13 日 11:00—12:15,听了美国文学课,富有激情的女老师设计的有引导性的问题,让每个学生有话可说,小组汇报的形式,让孩子们进一步理解作品中的情节和人物。

游戏

查尔斯老师配合理论讲解设计了 Tessellations、YES、投石器、爆破等小游戏,通过小组成员的明确分工,精诚合作,完成游戏。其中爆破队游戏让我体会最深。

三位老师一个小组,活动任务是一位老师需要蒙上双眼,听从其他两位小组成员的指挥完成爆破任务,以时间长短决定获胜方。活动中,成员要充分信任彼此,指令错误也要包容,不能埋怨。游戏让我体会了 STEM 教学中小组合作的重要意义。

美国 11 年级历史备课模板设计教学

2 月 13 日,查尔斯老师介绍了美国 11 年及历史冷战,如何进行教学设计,这是一个主题,也可能是一个章节。包括为什么要讲今天的课程,谁对这个事件负责,并没有标准答案,冷战过程中的大事件:推理、目的等。备课中要给出教学标准,老师要提供一级资料(原始资料),要求学生必须要看一级资料,此外,还要提供二级资料,即评论家的评论。考试评价无标准答案,只要证据充足,能说明观点即可,相当于一场辩论。教辅资料包括:冷战的 PPT、时间表、引导的问题。整个教学计划要让学生产生期望值,产生好奇心,不希望老师让学生直接阅读教材,包括一些诸如"你们知道冷战的一些事情吗"等套路问题。查尔斯老师为了让老师们产生好奇心,上课时桌子上摆放了一块石头,他开玩笑说是柏林墙的石头,大家心领神会地笑了。幽默的查尔斯老师让老师们体会了如何激发学生学习的热情。依据模板,我们完成基于项目和问题的高一年级语文徐志摩的《再别康桥》的设计。通过徐志摩的生平、创作历史以及诗歌创作技巧,搜集了相关的原始文件,并设计了如何评价诗人徐志摩以及仿写诗词的作业。

对今后教学的启发

基于对 STEM 教学的实践标准的认识,即:来自现实问题;以工程设计问题为引导;让学生进入开放式探索中;团队合作;严格的教学和学科知识;允许问题多个答案,从失败中改进。

课堂主角永远是学生

教师不是学习的指挥者,而是学生学习的促进者和帮助者,要把学习完全还给学生,让学生成为课堂的主角,发挥学生的主观能动性,挖掘学生自身潜能,不断激发学生学习的兴趣。

课堂效率源于教学设计

教师在进行教学设计之前应该反复阅读教材、课标,包括学情,明确教学目标。教师要花大量时间搜集与本节课相关的原始资料,要将书本知识变成活的知识,为社会所需要的知识,而不仅仅是为了考试分数而教学。我们在实际教学设计中,要多设计那些能培养学生能力——沟通交流力、合作协作力、创新创造力、批判性思维的环节,为将来学生走向社会做充分的准备。

科学的驱动性问题:驱动性问题要避免只答对与错的问题,避免一样答案的问题,提倡开放性问题,没有唯一答案的问题,要与学生的实际生活密切相关,在课堂教学中的体现就是要提好"主线"性问题,引导学生围绕主线充分发挥。

关注小组合作学习:在教学中合作学习以及效果源于引导性问题设计得是否科学合理,这是我们在今后教学中应该重点关注的。同时在合作学习时,要避免出现以一个人为主导,其他人是跟从者或者服从者的情况的发生,合作学习的基础和前提是学生独立的工作,他们必须有自己独立的思考、判断,小组每一位同学都要充分参与,教师要监督其他同学不要代替帮忙,而是通过提示来帮忙,小组合作学习应分工科学合理,如果时间允许也可以进行小组之间的思维碰撞。

教师应做到严谨治学,关注每一个学生的成长。每个孩子出现任何问题都是容许的,老师没有评判,只是在旁边指导,也不代替帮忙。让学生通过不断的试错,在不断的试错中改进,只有这样才能培养学生的创造力、合作力。

两周的美国培训暂时结束了,但我们对 STEM 教育的理解和实践还在继续,在今后的教育教学实践中,我们将努力尝试、反思、总结,呈现更多的精彩课堂。

基于"项目式"的学习

初中部　姚鑫睿

2019 年 2 月 7 日,大年初三,带着浓浓的年味,我们一行 18 人经历了 11 小时的飞行,抵达旧金山国际机场。驱车 4 个小时后,我们来到了北美加利福尼亚州奇科市。在这里的欢乐谷高中我们要进行为期两周的 STEAM 项目式学习。

第一天走进欢乐谷高中的校园,因为正值周末,校园里并没有学生,我们感到校园很空旷。和中国的校园教学楼不同的是,整个校园基本都是平层设计,鲜有高楼。学习的第一天,詹姆斯老师向我们详细介绍了 STEAM 课程的具体内容和基于这种项目式学习形式的发展历程,让我们更明确了 STEAM 课程中包含的学科类别和设计的初衷。在接下来几天的学习过程中,我们观摩了 3 节课,参观了一所附近的小学,亲身体验了一系列活动来感受项目式学习。在这些环节当中,我对中美教育的差别有了更多的感受,也学习到一些如何激发学生参与项目式学习的方法,下面我分别来谈。

一、课堂观摩

我们 18 人被分成了 4 个小组,分别观摩了不同的课程。每个小组都会被安排观摩三节不同学科的课堂,我们组观摩的 3 节课分别是:1 节艺术课、1 节法语课和 1 节历史课。

在艺术课中,教师要求学生完成一件用纸板创作的艺术作品。在学生动手实践前,老师用 PPT 向同学们展示一些建筑的图片,这些建筑有的是国家地标性建筑,有的是博物馆的造型,有的是商场或写字楼的照片。然后老师用一段视频向同学展示了在创作作品过程中可能需要使用到的胶枪和裁纸刀的安全操作方法和注意事项。然后由学生两人组合,完成一件作品。我们国家也有类似的课程,例如美术课、劳技课。尤其是劳技课,更多地涉及学生动手制作一些作品。对比中美教育,不难发现,我们的作品制作课程,更多的是给学生一个现成的参考,也就是由老师提前完成一个作品,在上课的时候向同学展示,告诉同学如何一步一步完成这样一件作品。显然,这样的教学无疑限制了学生的想象和创作,创作变成了模仿,长期如此,学生没有自己的想法也是很正常的了。

在历史课上,老师讲的第二次世界大战的起始课。在起始课中,老师先列举了一些第二次世界大战中的重要事件和人物,然后让每个学生自行选择一个内容作为研究的重点,接着播放了一段和第二次世界大战有关的影视作品,在这段影视作品中有一些风趣幽默的手法,也有些悬疑的桥段。最后老师提出学生在规定的时间内必须上交一份文件,在需要学生上交的文件中,老师提出了具体的要求,例如:有几张 PPT、什么格式、截止日期等。通过这节课,我们可以看出,教师给学生一定的自由度,同时注重调动学生学习的兴趣,最后也有通过作业来评价学生对这部分内容的学习效果。

在法语课上,老师让学生两人一组,练习之前要求学生完成一篇有关家庭介绍的文章。然后正值 2 月 14 日情人节,老师让学生设计一张卡片。通过这三节课,对比中美教育,教师的授课有相同之处也有不同的地方,老师们都比较注重安全教育,中国老师的课堂学生相对比美国学生,更加规矩,老师的要求更加严格,这样更有利于维持良好的课堂纪律,更有效地保证大多数学生的听课效果。美国老师更注重调动学生的兴趣,强调同学合作学习,更好地发挥学生的想象力和创作力。中国的老师也越来越注重学生兴趣的培养和调动,但是在提升和发挥学生创造力方面还需要进一步提升。

二、通过活动进行体验式学习

在听课之余,我们老师进行了一系列体验式学习活动,给我留下深刻印象的有氢气球实验、地毯式体验、排雷、YES 游戏。这些活动都需要小组合作完成,只有大家齐心协力,才有可能完成这个任务。在合作的过程中,由于涉及的内容多,所以每个人都必须参与其中,不会有人游离在活动之外。例如:在体验"排雷"的活动中,一组 3 个人。甲需要通过手势向和他面对面的伙伴乙发出指令,但是甲不能说话,只能根据雷所在的位置发出手势指令。乙和丙背对背站立,乙根据甲的手势向丙大声说出丙需要前进的方向,而丙的眼睛被蒙着,只能凭借乙的指令前进。由于双眼被眼罩蒙住,在听指令前进或后退的过程中,要凭感觉调整自己的方向,避免走偏。其他的活动也类似,每个人都有自己的任务分工,在共同参与的过程中没办法分神,无疑也凝聚了学生的合作力,让同学间在共同学习的过程中,也增近友情。

三、感受与收获

走出国门,亲身参与 STEAM 项目式学习实践。学到的不仅仅是方法,更重要的是理念。这是不亲身经历就无法获得的宝贵财富。在美国两周的时间里,真正感受了学习不仅是要读万卷书,更要行万里路。美国良好的自然风貌、优质的空气环境,都是我们教育的素材,让学生从小爱护环境,节约用水用电,保护环境,遵守公共秩序,都是我们教育的内容。在今后的教学实践中,我会积极提升个人素养,钻研教育教学,力争将自己的所学所感融入自己日常的教育教学中去,帮助学生挖掘潜能,力争做到让生命因教育而精彩。

最后,我想说,收获满满,不虚此行。感谢校领导高屋建瓴,引领教师成长,为教师搭建提升自我的平台,最后祝愿八十教育集团蒸蒸日上,为北京朝阳的教育增光添彩。

我的培训学习体会

高中部　化学组　许浩

寒假前往美国进行 STEM 培训学习,通过查尔斯老师为我们精心准备的课程和深入欢乐谷高中的课堂一线考察,收获很大,感触很多。

第一天查尔斯老师首先对 STEM 的四个字母做了解释,在解释的过程中,加入美国实践的背景。第一个字母 S 是科学,美国的科学课程在中小学里开设生物、化学和物理,还有地球与空间。第二个字母 T 是技术,在美国,最初的技术更像以前的手工技术,现在的技术,更多强调的是信息技术,强调计算机。第三个字母 E 是工程,这是 STEM 最吸引人的地方,把工程教育直接引入中小学里。第四个字母 M 是数学,也是中国人最熟悉的。

查尔斯老师指出,中国向美国学习 STEM 教育,最核心的应该是把力气花在 T 和 E,即技术和工程上。在美国讲得最多的科学教育就是下一代的科学标准,下一代的科学标准和前一代的科学标准最根本的一个核心的区别,就是工程。

后面的课程中查尔斯老师为我们准备了很多游戏,所有游戏都要全组成员集思广益,团结合作完成,然后分享自己的感受和想法。学习过程有趣热闹,成绩可能不太理想,但我们很享受这个学习的过程。我想查尔斯老师为我们准备的这些活动应该是希望我们体会到 STEM 课程学习中合作和分享的重要性吧。

其间我们进入美国的小学和中学听课,亲身感受美国的 STEM 课程教学,也体会颇深。

第一点感受,STEM 是跨学科的学习。教育的整个现象呈现的是钟摆现象,摆左摆右,分久必合,合久必分,STEM 实际上更多的是合。讲 STEM,特别是下一代的科学指标里面讲到,合必须要在分的基础上,合并没有取消分的基础知识的要求。关于知识和技能,我们现在强调整合的知识,而不是片面的知识。现在是信息时代,信息时代最大的特点就是信息和知识铺天盖地而来,这铺天盖地而来的信息我们都叫碎片式的东西,碎片式的东西不能成结构,不能成结构就不能解决问题,所以现在提到的知识整合的问题,整合知识的目的是为了解决问题。STEM 是跨学科,但是单一学科的核心知识丢不了。

第二点感受,老师是 STEM 的核心,STEM 对老师的要求很高。学生做项目,老师指导项目,但是 STEM 中的整合是由老师做而不是学生做。现在很多老师误以为,学生主动学习,他就在旁边看。这不对,STEM 如果全部交给学生,学生寸步难行。把学生从表面现象引入深层现象,做学科的迁移,这些都是老师需要起到的作用。

第三点感受,STEM 是建立学习共同体的最好途径。因为它是一个项目,是在做中学、动中学,就是老师和学生同时一起做,这一开始就是一个共同体。所以 STEM 的整个过程就是建立一个共同体,整个事情就是做共同体。所以,STEM 很重要的一个评价内容就是共同体是怎么形成的,共同体的效果是什么。

总之,我们未来的学习很多都是不变的,但方式方法在变。学科没变,变的是学科整合了。知识没变,那些东西还在,变的是核心东西整合在一起而不是碎片化了。学习也没变,还是老师和学生,变的是老师和学生的任务不一样了。综合起来一句话,学习更深了,需要深度学习。未来学习,浅度学习没用,一定要深度学习。

PBL 教学理念培训总结

国际部 董艳萍

寒假假期,我们学校包括我在内的 18 名老师出行美国奇科学区的欢乐谷高中参加了为期 14 天的 PBL 教学法培训,每天培训内容丰富:Charles 老师理论培训,观摩学区课堂,老师们分小组讨论分享心得,老师们小组活动实践,每天在愉快轻松的氛围中收获满满,感想颇多。回国之余,在美培训的点点滴滴在脑海中清晰呈现,总结出来供大家分享学习。

一、对 PBL 的理解

(一)PBL 释义

PBL,有两种释义,一种为 Problem-Based Learning,简称 PBL,问题式学习,另一种为 Project-Based Learning,简称 PBL,项目式学习。

PBL 是一套设计学习情境的完整方法,最早起源于 20 世纪 50 年代的医学教育。这是基于现实世界的以学生为中心的教育方式,一种知行合一的体验式和实践式的学习方法。

(二)PBL 五大特征

(1)从一个需要解决的问题开始学习,这个问题被称为驱动问题(driving question)。问题必须是学生在其未来的专业领域可能遭遇的"真实世界"的非结构化的问题,没有固定的解决方法和过程;这一点相当考验课程设计的功力,好的问题设计是教学成功的一半。

(2)学生在一个真实的情境中对驱动问题展开探究,解决问题的过程类似学科专家的研究过程。学生在探究过程中学习及应用学科思想。类似于翻转学习,从以教为中心转变为以学为中心。

(3)教师、学生、社区成员参加协作性的活动,一同寻找问题解决的方法,与专家解决问题是所处的社会情形类似。偏重小组合作学习和自主学习,较少采用讲述法的教学;学习者能通过社会交往发展能力和协作技巧。

(4)学习技术给学生提供了脚手架,帮助学生在活动的参与过程中提升能力。教师的角色是指导认知学习技巧的教练,从教知识变为教学生学会学习;教师职能的转变,对现有教师是一个相当大的挑战,这也是目前实施PBL教学法的痛点。

(5)学生要创制出一套能解决问题的可行产品(products)。这些又称制品(artifacts),是课堂学习的成果,是可以公开分享的。以结果为导向,为结果负责,让学生真正感受到学习的"成果"。

(三)PBL对教师和学生的要求

(1)综合考虑学生知识技能背景,设定项目目标并给出适合的驱动问题。

(2)就学生的调研方法、采访技巧、数据分析、知识解惑、专题指导等给予恰当的指导。

(3)方案制作过程中给予团队管理、时间管理、专家引进、修正建议等协助。

(4)给学生提供展示创造机会并给予反馈、提供评估。

对学生来说,PBL教学法有不少好处:

首先,它为学生们营造了一个轻松、主动的学习氛围,使其能够自主地、积极地畅所欲言,充分表达自己的观点,同时也可以十分容易地获得来自其他同学和老师的信息;

其次,可使有关课程的问题尽可能多地当场暴露,在讨论中可以加深对正确理论的理解,还可以不断发现新问题、解答新问题,使学习过程缩短,印象更加深刻;

再次,它不仅对理论学习大有益处,还可锻炼学生们多方面的能力,如文献检索、查阅资料的能力,归纳总结、综合理解的能力,逻辑推理、口头表达的能力,主导学习、终身学习的能力等,这些将为今后生活工作打下良好基础。

(四)PBL与STEAM的联系

这两种教学模式有很多共通的地方,都是突出强调以学生为中心、以小组合作学习为主要形式的课堂教学模式,是需要老师们借鉴的一种现代化教学方法。

二、国外课堂印象与自我反思

(一)奇科学区的欢乐谷高中的课堂印象

我们参观的奇科学区的欢乐谷高中是一所当地的公立高中,包含了从初三到高三四个年级的学生,全校实行走班制教学,任课教师有专属于自己的教室(也是他工作的办公室），每个教室每节课配有两个老师：一个是主要的学科教师，一个是助教（负责对学有困难的学生的个别辅导），它的课堂呈现特征：

（1）分层走班与全校混选选修课；

（2）人数不等的多个小组合作学习；

（3）学生自主学习是常态；

（4）手机和电脑在课堂上时常发挥工具作用；

（5）老师的主导作用不可撼动；

（6）课堂活跃有效。

（二）参观的欢乐谷高中课堂教学是 PBL 的直观呈现

PBL 理念对现在老师的课堂教学要求很高，给我的震撼也很大，我感受到的压力也很大。PBL 教学的成功开展，需要老师的提纲挈领、把控全局，需要学生的主动配合。从准备资料开始，就要结合提纲、问题去查阅大量的文献资料，并积极与其他同学交流沟通，大家同心协力得出最佳结论。这样的学习，花在前期准备工作上的时间精力大大多于普通课堂学习，因此需要学生们有主动学习的自觉性，否则很难达到预期的教学效果和目标。

我所呈现的课堂由于受到会考和高考压力的影响，虽然从形式上具备了小组合作的课堂模式，但是仍然在学生的自主学习上存在困难，缺乏主动发现问题、解决问题的积极性和能力，也缺乏发散思维的能力。PBL 的课堂是我所向往的，我觉得我今后的课堂应该以 PBL 为导向，同时还要结合我们的教学要求和高考要求来呈现：老师要针对每节课的内容和对学生的要求来充分备课，把课堂学习还给学生，真正把学生变为课堂的主导者；对学生，老师要逐步有意识地让学生学会从自身出发完成角色转换，从被动的学习者转变为学习的主人，真正达到每天自主学习的常态。

赴美培训学习有感

初中部　王国斌

赴美，出国考察，到美国去培训学习。这个几乎跟我不沾边的事情就在 2019 年的大年初三真真切切地发生在我身上了。

我是初中部艺术组的美术老师，在目前的工作岗位上已经耕耘第九个年头了,也曾听闻学校有老师出国培训学习,也知道这既是一个荣誉又是一个千载难逢的好机会。诸如此类信息也就是左耳听右耳冒,走个程序而已。曾以为出国培训一般是主科老师或者是重要岗位或者有着突出成绩和贡献的老师才有的机会,没想到美术学科也可得此恩惠,幸运之花为我绽放了。把握好这次难得的学习机会,不辜负学校领导对我的期望自然是内心最强烈的呼声。

我们一行 18 人由王乃壮校长带队,共分成 4 个学习小组,同时建立了党小组机制,其中我担任宣传委员一职。在保证好自己学习效果的前提下,负责好全队老师的学习考察记录也成为我此次学习的一项重要任务。

来到大洋彼岸的美国,空气异常新鲜,视野异常开阔,我尽可能地用双眼搜索着新奇的景色,把这异国的景色满满记录。来到查尔斯老师的课堂,一种全新的教育理念在翻译老师徐总的解释下慢慢渗透进我的认知体系里。跟印象中的美国人一样,查尔斯老师是一个高个子白皮肤的中年男性,标准的西方人面庞,眼窝深邃。在他的培训过程中时不时地穿插一些发人深省的互动活动。在这些活动中,大家体会到团队合作的重要性和团队合作中策略的重要性。例如一项名为"Yes"的互动活动,在活动中首先要明确自己的任务是什么,接下来要怎样与下一位老师进行有效的眼神互动,依次循环使整个活动组的所有老师互动起来,同时要高效又不能混乱。这项活动我们一共分成两大组,其中我所在的组根据游戏的特点总结出了一个快捷的活动方案,同时也赢得了查尔斯老师的赞赏;另外一项活动,需要同组的三位老师协作完成任务。在寓教于乐的互动环节中,我们体会到合作的重要性,在今后对自己的教学应该是会有很大帮助的。在查尔斯老师的培训过程里更有很多新奇的理念,比如 PBL 教学理念。该理念是基于学生在学习之前先提出一个问题,或者说是学生在学习之前有什么困惑,然后根据这个困惑由此展开策略性的、有针对性的教学活动。活动形式是以一个学习小组为单位,分小组一定要规范化。这种教学方式不强调任务完成的时间性,可能需要很短的时间,也可能会需要很长的时间完成。我倒感觉这像是在做一项调研任务,不像是为了完成某项作业而去完成作业。查尔斯老师的这种教学方法让我体会到:老师教的是学生,而不是教科书,书是枯燥的,我们要自己设计灵活的教法。在教学中要关注学生的学习过程,让学生在体验中学习知识,提高学生学习兴趣,培养阳光自信的学生精神。

在学习期间,如果能够到一线教学工作中去实地感受这种教学方式,应该会更容易理解内化,很庆幸查尔斯老师为我们各自安排了不同的课程内容。

我一共听了三节课,其中两节美术课一节摄影课。整体感受就是世界文化的大同,课堂的授课环节基本与国内的教学相同。学校内的选修美术课的相关材料由校方提供,学生的自主参与性较高,能力强的同学能够全程参与课堂,沉浸在自己的绘画世界里。教师的作用完全是辅助帮扶。大概能够从本课中看出以上特点。除此以外,本节课的内容是有前后关联的,前期的基础课有训练,运用之前所学进行实践体验。当然,课堂中难免会有自制能力相对较弱的学生,教师没有受其影响,完全可以对认真且富有学习热情的学生提供帮助。再看教室环境的营造宽松舒适,具有浓郁的学科特色。纵观本节课就是一节常态课,教学环节没有了完整的仪式感。因此,作为常态课把时间还给学生更重要,评价环节在课程结束后的作用可能会更直接一些。与国内不同的是,美国是否有公开课?是否要按照授课环节走完程序?为了评价环节而评价?是否会影响评价的作用呢?……摄影课中,学生都是比较有素质的,能够看出是平时的上课习惯养成很到位,每个人都很清楚本节课要做什么,怎样做,做到什么程度。在民主表决的时候都能够尊重每一件作品包括每一个作者,表达自己最真实的态度。从授课的设置上能够看出教师的设计是层层递进的,学生的认知也是步步深入的。从整体上看这几节课的感受是轻松的,教师的引领渗透可以说是润物无声,从学生的学习效果来看,学生是有所获的。

十几天的美国之行结束了,虽然谈不上深入了解,却也为身处一线教学的我们提供了宝贵的财富。从教育机制到教育理念再到课堂教学,每一次新的认识都让人不禁眼前一亮。美国——一个西方的资本主义大国,其成功之道离不开教育;中国——一个东方的社会主义国家,其崛起之路也离不开教育。两国虽然有着不同的文化土壤和体制观念,但作为一名一线教育工作者,我们从事的都是一份直面人生的工作,我们的工作也都是为了学生更好地发展。相信此次美国之行的所见所感一定会成为我教育生涯中取之不尽、用之不竭的财富。

第九章

国际友好校交流与互访

"铸造中华魂,培养国际人"是我校为实现培养国际化创新型人才提出的重要理念。北京市第八十中学国际部自创建伊始就积极寻求高品质的国际交流与合作机会,为学生提供"在八十中感受世界"的平台,实现让学生"在高中学习阶段走出国门看世界"。

为了开拓学生的创新思维,拓宽学生的国际视野,截至 2021 年,我校已与 16 个国家的 21 所优质学校,以及中国香港培侨中学签订了友好校合作协议(表 9-1)。每年,我校均与德国柏林奥西埃茨基中学、美国波士顿辅园中学等友好校开展形式多样的师生交流互访活动;定期接待英国诺丁山依灵女子学校、澳大利亚布里斯班男子学校等友好校师生来访。

表 9-1

	友好校名称	友好校所在国家	协议签订年份
1	柏林奥西埃茨基中学	德国	2000
2	波士顿辅园中学	美国	2001
3	大邱外国语高中	韩国	2004
4	康培中学	新加坡	2007
5	布里斯班男子学校	澳大利亚	2008
6	卡文迪许中学	英国	2009
7	基督城 Chisnallwood 中学	新西兰	2010
8	Pymble 女子中学	澳大利亚	2010
9	L.R.I 中学	尼泊尔	2012
10	柏日体高等学校	日本	2012
11	班达拉麦克女子中学	斯里兰卡	2012

续表

	友好校名称	友好校所在国家	协议签订年份
12	伊尔库茨克47中学	俄罗斯	2014
13	科伊思沃中学	法国	2015
14	诺丁山依灵女子学校	英国	2015
15	卢加诺永恒学校	瑞士	2016
16	圣丹尼国际学校	法国	2017
17	新中三语学校	印尼	2017
18	古尔库尔高等中学	尼泊尔	2017
19	欢乐谷高中	美国	2017
20	维捷布斯克第44中学	白俄罗斯	2018
21	Gladsaxe学校	丹麦	2019
22	香港培侨中学	中国香港	2019

此外,我校还与尼泊尔LRI中学、白俄罗斯维捷布斯克第44中学积极合作,先后建立了两所孔子课堂,为当地学生提供优质汉语课程并捐赠汉语学习书籍、教材,为提升当地汉语教学水平、宣传中华文化作出了积极的贡献。

每学年,我校还要接待来自世界各地的知名教育学者以及优等院校代表前来访问。他们不仅积极寻求与我校的合作交流机会,还为我校师生带来了最先进的教育教学、学习创新理念。通过与这些教育界专家的交流与沟通,学生的思想和认识达到了在书本学习中难以企及的高度和深度。学校各部门以严谨认真的工作态度和出色的业务水平保证了每次接待来访任务的顺利进行,我校所展现出的良好形象也得到了外方教育界同行的一致好评。

2009年,我校与美国教育协会合作,成为国内首批接待该协会NSLI-Y项目学生在校学习的高中学校。该项目旨在使美国高中生通过在中国优质高中的全日制学习和生活,能够显著提高他们的中文水平,使他们更好地了解中国文化。我校为此成立了对外汉语备课组,为来学习汉语的学生定制符合不同层次需求、满足他们学习兴趣的汉语课程。此外,我校还开设了如京剧、剪纸、茶艺等门类多样的中国文化课程,深得外国学生的喜爱。现在,美国教育协会每年均选送16名优秀高中生前来我校学习和生活,通过积极参与课内外多种活动,这些学生都发自内心地热爱中国语言和文化,成了两国青年间的文化使者。

由于在国际交流活动中各方面所取得的突出成绩,我校于 2013 年被评为朝阳区首批外事工作窗口学校。我校在开展各级国际交流活动时,一直秉承着周总理所提出的"外事无小事"的工作准则,按照上级主管部门以及学校工作流程和规范开展外事活动。截至 2021 年,我校各项国际交流工作保持了零失误的骄人成绩。

在此基础上,我校还将外事工作做细、做精,协调各部门以及友好校相关负责人,为活动中各个环节,如签证办理、行前培训会、物资准备、制定活动方案等提供有力支持。与此同时,国际交流与合作中心始终致力于将各级、各类外事活动作为学校三级课程体系的补充和外延,充分发挥师生在活动中的主体性和集体智慧。

虽然在国际交流工作中取得了一些喜人的成绩,但为了教育界适应日新月异的发展,我校将继续开拓创新,寻求在各级领域更深层次的交流与合作机会,为学生展示世界之大,让他们在八十中体验世界之美。

第一节 国际友好校

与美国辅园中学的交流互访活动

美国波士顿辅园中学位于美国东海岸历史、学术名城波士顿。该校十分推崇东方的教育哲学和教学理念,并且是波士顿当地唯一将汉语列为必修课的高中,在美国的汉语教学界有极高的声誉和影响。

我校于 2001 年与辅园中学建立姊妹学校关系,并于 2002 年签署了友好校合作协议书(图 9-1),每年均互派学生和教师进行交流访问。两校互相选派学生和带队教师前往友好校进行为期 2~4 周的深度学习和文化体验。交流期间,教师和学生均由对方学校参与活动的师生进行接待。两校持续多年的交流互访在北京和波士顿产生了积极而深远的影响。在两校签约 10 周年纪念之时,波士顿市长和我校访美师生见面并合影(图 9-2)。2010 年,在友好校合作基础上,又与辅园中学签订了推进汉语教学的合作意向书,旨在加强当地的汉语教学和中国文化教学。我校曾连续多年遴选优秀教师赴美一学年开展汉语教学,为推广汉语教学起到了重要作用。

2020 年,新冠肺炎疫情在全球蔓延。然而疫情的突袭并未隔断八十中和友好校的情谊,各种在线交流活动逐步有序开展(图 9-3,图 9-4)。

图 9-1

图 9-2

尊敬的斯宾塞校长，亲爱的辅园中学同学们：

　　大家早上好！

　　2011年是八十中建校65周年，同时也是我校和辅园中学建立友好校的第20年。20年的时光，足以让一位婴孩成长为翩翩少年，能够让初出茅庐的年轻人历炼成中流砥柱。在这二十年时光里，中美两国都在经历着大幅度的发展和变迁，而八十中和辅园中学两校的友谊就像岁月酿出的一坛好酒，历久而弥新。二十年来，两校师生坚持交流互访，师生走进彼此学校和家庭，深度感受最真实的中美文化。这样的交流互访活动提供了一个平台，让我们彼此更加了解，在差异中优势互补，共同发展。

　　我很欣慰的看到我们两校坚持不懈的努力，正在产生积极而深远的影响：曾经在学生时代多次造访八十中的美国学生，在交换活动中对中文和中国文化产生了浓厚的兴趣，进而成为一位中文老师，学成回到母校任教。而八十中有一位交流学生，在美交流期间发现了自己对艺术的热爱，进而选择勇敢的追求自己的梦想。这样薪火相传的例子比比皆是。

　　受到新冠肺炎疫情的影响，去年我们两校无法继续线下的交流和互访，但我们的交流没有断，反而创新了形式，碰撞出新的火花和智慧。同学们克服了时差、语言和文化差异的一系列困难，延续了两校的优良传统。我为大家的坚持和努力点赞，同时我也要特别感谢李永老师多年来对两校交流合作的持续付出，感谢斯宾塞校长对两校活动的大力支持。

　　最后，我代表八十教育集团全体师生，向斯宾塞校长、李老师以及辅园中学全体师生致以最真诚的问候和祝福，期待早日可以在八十中的校园和大家相聚！

图9-3

June 20, 2020

Ms. Tian
Beijing #80 School
Beijing, 100102

Dear Ms. Tian,

I continue to think of you and your community and our connection. I continue to feel that there is a connection between people across the globe and that this is even more visible in difficult times. And in spite of our collective difficult times I am thinking about our partnership.

As it is looking like travel will be impossible for the next several months I have begun to brainstorm with Ms. Li about how we can continue to carve international relationships amongst all generations (young and old). I hope that Ms. Li can continue the brainstorming with you and your team so that we can create new ways to communicate and to learn from each other remotely.

As we are all getting better at using technology (and my learning curve on social media is steep), I think that there are some opportunities for us to explore. We are wondering whether we can use video conferencing or other electronic communication to bring our students and faculty closer together this fall. We have lots of ideas and I'm confident that they will get better in a dialog with you and your team.

Amidst the strife in our country and amidst the global pandemic I am rationally optimistic that we will all 'get better together.' We are relying on each other more than ever and we need to work intentionally to build coalitions and communality.

You and your community are very important to me. Please know that we are all thinking of you. I know that our partnership will continue, and I hope that we can visit next year. Please know that you are all in my and our thoughts and prayers.

Sincerely,

Spencer Blasdale,
Executive Director

北 京 市 第 八 十 中 学
Beijing   No.   80   High   School

Dear Mr. Blasdale,

Thank you for your concern and thoughts for us and our community. During this challenging time, the top priority for us all is to stay well and healthy and I am glad to learn that you, your family, Ms. Li and all APR community are well.

Our partnership and cooperation remain strong and grow even stronger despite all of the changes. Our students (APR and BJ80) are the future of the world and I firmly believe that if they are able to communicate and share ideas with each other, they will grow up with an international understanding and mutual respect. They will be able to better appreciate different cultures, thoughts and ways of living.

Given the circumstance, our students and teachers cannot travel physically. However we are very eager to continue to brainstorm with Ms. Li about ways we can carry out our communication virtually. My Vice Principal Xiaojun and her team will be discussing details of the project with Ms. Li.

During this semester, we have successfully built our online classroom and students and teachers were able to take advantage of the online resources and maximum their learning. I am confident that with careful planning and organization our schools will start a meaningful online exchange.

I am as well optimistic that the global pandemic cannot stop our friendship and arm in arm we can build an platform for the young to make sense of what is happening around them and what they can do to make this world a better place!

Please stay well and safe and I hope we can soon visit each other!

Sincerely

Tian, Shulin
Principal
Beijing No.80 High School

电话(Tel):010 58047000   传真(Fax):010 64745778

图 9-4

赴美交流带队教师感言
学习交流　满载收获

王方

2015 年的寒假我带着对学习的渴望,也带着责任和任务,与国佳老师和 16 名学生一起赴美国波士顿辅园中学进行友好交流和学习活动。正值波士顿最寒冷的冬季,然而异常的大雪并没能冷却我们彼此间交流和学习的热情,也没能阻挡我们收获的进程。

一、感受文化
走进没有围墙的辅园中学,看到的是一张张洋溢着青春的笑脸,大家友善地点头致意，还有带着十足外国腔的"你好"，没有吵闹声，耳朵里不时传来低低的"thank you"或者"sorry"。从中我感受到了一种平和、放松、友善，于是，我尝试着让自己的身心也投入这种氛围，那是怎样一种来自内心的宁静才换来的脸上的微笑啊。课间的时候，时不时也会传来师生间的问候，亲切而融洽，让我深深地感受到并感叹于学校的管理和教育的成效。

楼道的墙壁上张贴着一些图画和照片，引起我特别注意的是用 A4 纸打印出来的中文"改善""坚持""目的""尊敬""尊严""勇气""优秀"。每张纸上还配有英文解释和图画，这是他们的校训。后来我发现，不仅在每层楼道中有，每间教室里也都高高地悬挂在墙壁之上，学生活动场所的墙壁上也处处可见。在美国中学的校园中，处处能看到中文，这让我欣喜，同时我也深深地感受到，作为八十中十几年的合作伙伴，我们之间的交流是多么地深入有效，这让我觉得很骄傲。走在校园中，我既是客人，更是他们的朋友，增强了我与之深入交流的热情和信心。

二、感受课堂、感受学生

我迫不及待地想了解美国的课堂，于是我尽可能地去学习感受不同的课堂。我找来课表，进入中文课、化学课、生物课、物理课、数学课、历史课的课堂，甚至还溜进了小班的辅导课。

他们的课堂有很多相似之处，基本上感觉安静，但不沉闷。学生在老师的指导安排下，或阅读，或思考，或解题，或者小组讨论，学生们都有事做。讨论交流时活跃但不喧闹，学生们会高高地举起手示意发言，对于调皮的或者不寻常的回答，同学们也会报以友好的笑声。中文课的活动环节，他们也会激动地去抢答，对回答结果他们都会报以热情的鼓励声或赞叹声。理化生的教室里一边是学生，一边堆的是仪器设备，教师随时会拿个仪器，适时地展示给学生看。大部分的课堂上，学生们手里都会有类似于我们的"学案"的纸质资料，在上面写写算算。

看了这么多课堂，我发现他们的共同特点：老师在课堂上的作用主要是指导学生去阅读、去思考，鼓励学生表达自己的思考结果；理科课上则是指导学生去观察，体会实验或者推演的过程，真的没有"标准化的答案"。教师是在指点学生自己思、自己看、自己去体验从而获得认知，而非"灌输"，所以也就看不到教师对"学不会学生"的焦灼与学生"听不懂"的无奈与厌烦。

难道美国的学生真的这么爱学习么？我利用短短 4 分钟课间的时间与他们聊天才知道，其实他们也不是喜欢所有的课程，但上课的时候还是一样会安静、平和地去学,所以他们也有学不好的学生,也会乖乖地去上为个别学生开设的小班辅导。可见,美国的中学课堂也并不神奇,但是教师在学生学习过程中的作用意识值得我们好好学习,好好地将我们的"马扎诺""高效课堂"落到实处,相信"教、学"矛盾就会得到很好的解决。

学生们每天3点或3点多放学后,就可以自由支配时间了,虽说是放学,但我觉得把这个时段称为"另类课堂"更合适。学生们有的参加室内篮球活动,有的参加话剧社,有的拿着遥控器带着自己的机器人自由地穿梭在楼道、办公室和闲聊的人群间,那机器人连带孩子脸上的表情,都写就了两个字"骄傲"。那个机器人我认识,在物理课上,老师曾有几分钟是在给它充电并检测,想必老师在那几分钟里算是"开小差"了。通过简单的询问,我了解到,那是他们4个孩子利用了很多这样的课后时间制作的,那天他们刚刚彻底完成。在这样的"课堂"我看到了学生们更快乐、更积极、更活跃、更多地创作、更多地成长。

三、感受教师

我的接待教师是一位黑人姑娘,她刚工作第二年,是化学老师,4月份准备来中国,来八十交流。她不会中文,我英语不好,但这丝毫没有成为我们沟通的障碍,我教她中文,她教我英文,我们反而因此聊得更多、更深入,相处非常愉快,这也是我此行一个特别大的收获。

她的住处离学校很远,又赶上波士顿特大雪情,我们每天早上6∶10准时出门,7∶30或者7∶50到达学校,有一天雪没有停,5点多我们就出门了,雨刷条被牢牢地冻在前风挡上,密集的雪花在昏黄的车灯映射下迎面向我们撞来。雪慢慢地停了,过了好久,晨曦泛起,在我们眼前展现了一幅别样的美景,这也是我们每日"旅途"的一大享受。早餐都是在车上解决的,她一手开车,一手吃早餐,甚至还用手机发短信,她告诉我,这在美国是被允许的。到了学校,她就立即投入工作中,紧张、忙碌,但是同事之间依然有友好的问候、轻松而短暂的聊天,跟学生的招呼等,每个人说话的时候脸上都是真诚的微笑,她也一样。

我仔细研究了一下他们的课表,每位老师平均每天要上3~4个小时的课,工作量很大。我看到学生手里面拿的学案类的学习材料都是他们早上或者课后印制的,因为对他们来说,几乎没有课间。他们的工作强度让我吃惊,但是我却没有看到他们的脸上或者身上带着"疲惫",更没有不满与抱怨。她从名牌大学毕业,会五种语言,目前还在写书,书的内容基本与化学无关,我问她为什么当老师,她说因为当老师她可以有更多的时间自己写东西。我说我很佩服你，她听了特兴奋。是的，从她身上我感受到了一个美国青年教师乐观、豁达、敬业、进取的精神，让我颇为受益。

四、感受我校交流学生的进步

（一）语言方面

学生们的英语水平本来都不错，但是没有这么好的练兵机会。初始的时候，他们还会纠结于发音，羞涩、不好意思开口，但是我们积极鼓励他们，美国人还有口音呢，何况咱们是外国人，重点是我们能交流，能恰当地运用英语才是最棒的。在我们的鼓励下，孩子们抓住机会与美国学生以及他们的家人进行交流，他们生活在一起，学习在一起，同学们的英语口语水平都有了大幅度的提高。看到他们与美国同学们自由地畅谈，真的为他们感到高兴，告别活动中，曹惠芸的英文交流获得了大片的掌声。

（二）情商方面

此行有个小刘同学，开始看他总是一个人，不爱说话，我就主动跟他聊天，他告诉我，他是年级里第二怪人，所以跟别人就交流得少，我说你不怪啊。然后我跟他说我不会英语，你来给我做翻译吧，然后拉着他跟一个美国男孩聊天，那个男孩也比较腼腆，我就主动地问一些问题，小刘做翻译，开始还比较紧张，慢慢地就放松了下来，再后来，他们自己就聊上了，我的任务也就完成了。谁知，那天后小刘的举动却让我有了些感动。可能就是跟他聊的那几句的关系，一起走进课堂时，他忽然在我身边低声地说："老师，用给您翻译吗？"楼道里的门是安全杠式的，又厚又重，他经常会在那里扶着门等我。这孩子多可爱啊，谁说他怪，不好相处了，还是要多交流，多了解。在后来的日子里，他和其他同学也相处得特别好，还经常主动跑去帮助同学照相。

这些孩子都是独生子，就算在家里不惯着，也是生活被伺候得周周到到的，所以很难从别人的角度考虑问题。开始的时候，他们来自不同的班级，相互不认识、不了解，自顾自，就像一盘散沙。但是随着不断接触，在我和外国老师抓住各种细节的身教、言传的作用下，他们慢慢地融合成了一个集体、一个队伍。在他们的认识里，除了一个自己，还有一个集体，所以后面的活动进行得就越来越顺利，孩子们之间的情感也越来越深。

（三）综合素养

开始与他们聊天的时候,问他们:你们每天会自己吃早餐么? 他们觉得问题太可笑,难道不自己吃还让人喂吗? 在他们的概念里,妈妈每天给准备早餐是天经地义的事情,从没有想过自己每天准备早餐。到后来,他们懂得彼此关照,互相帮助、解决一些困惑或难题。一起去参观的时候,把自己的知识拿出来与别人分享,更加自主、自信,对自己有了更新的认识。去 MIT 参观的时候,不是走马观花地看,而是请美国老师一起帮忙,找学生咨询处对学校做深入的了解。大雪打乱了我们的一些计划,但是也给了他们更多的机会与美国家庭深入接触。美国孩子带他们体验美国的生活,对于美国爸爸妈妈的付出他们也学会了恰当的回报。这些天的生活他们学会了独立、乐观、与人相处等等,孩子们没有因为大雪的侵扰而烦恼,反而换个角度去体验。同时加上我们两位老师和他们自己的爸爸妈妈的不断鼓励,他们的收获更大更多,相信此行会成为他们难忘的记忆。

五、额外的收获

这次,我与国佳老师一起工作,近距离感受了优秀班主任的做事风格,学习了很多思想和方法,国老师被评为优秀班主任当之无愧。从她身上我学到了好话不怕多说,叮嘱不怕再多一遍,好的习惯和结果都是一点一点坚持得来的。

此行,我将终生难忘,我特别感谢学校、教委以及为此活动付出的老师们,我会把我的感悟、理解带到我以后的工作和生活中去。

与德国奥西埃茨基中学的交流互访活动

2001 年,北京市第八十中学与位于德国柏林的奥西埃茨基高级中学(CARL-VON-OSSIETZKY-GYMNASIUM)结为友好学校,并坚持每年互邀师生进行友好访问及学习交流。

图 9-5

图 9-6

图 9-7

图 9-8

走进柏林:施普雷河畔的雅典
——2016 年八十师生赴德游学纪行

历史组 李英杰

绪语

中国–德国,分处亚欧大陆两端的地缘政治大国;北京–柏林,两座饱经沧桑又洋溢着青春活力的都市。7 个小时的时差,7395 公里的直飞航空距离,依旧不能阻隔两个国家、两座城市的交往,特别是两地师生十五年来所结下的深厚情谊——1752 年,腓特烈二世派出"普鲁士国王"号载炮商船从艾姆登启航远赴中国;1994 年,北京与柏林结为友好城市;2001 年,北京市第八十中学与德国柏林的卡尔·冯·奥西埃茨基中学(CARL–VON–OSSIETZKY–GYMNASIUM)结为友好学校,并坚持每年互邀师生进行友好访问及学习交流。

2015 年 11 月 5 日—18 日,奥西埃茨基中学应邀派出南希和凯蒂老师率领的代表团来我校访问学习,我校两位老师和十余名同学负责接待;2016 年 1 月 17 日,我校高一、高二部分学生在李英杰、李晶红两位老师的带领下应邀前往奥西埃茨基学校回访,进行了为期 12 天的交流体验学习活动。

有了多年的经验积累,中德双方对互访期间的安排堪称细致入微,这次赴德后的学习交流活动每天依然划分为三个时段:上午中国师生进入德国课堂听课、观摩、互动;下午中德师生去各大博物馆共同进行文化参观体验活动;晚上中国学生则与结对的德国小伙伴回家深入体验德国普通民众的家庭生活。

课堂一

习惯了中国式教育的中国学生一开始都会对德国学生学习环境的宽松表示惊讶:大部分德国中学一般都是上午八点到校,下午三点钟放学。奥西埃茨基高级中学下午两点半放学,三点时学校里基本上就看不到学生和老师了……在德国的课堂上,老师讲得很少,大部分时间都是学生发言或分组讨论,课桌上也没有中国学生摞成山的教科书和教辅资料……德国学生上课并不像很多中国学生那样正襟危坐,他们可以随意选择座位、随意发言,甚至随意走动或干脆盘腿坐在桌子上。在我观摩的一节化学实验课上,有两个女生充当 DJ,时不时利用间隙离开操作台,跑到教室前面去鼓捣电脑,选择自己喜欢听的歌曲,一会儿是 rap,一会儿是 reggae。不过,他们把播放音量控制得恰到好处,大家一边听音乐一边做实验,非常开心……和我曾经访问过的日本中学一样,奥西埃茨基高级中学所使用的教学设备也都谈不上高端,与北京大部分中学相比,教室拥挤、黑板老旧、部分教具堪称寒酸,基本上都是师生动手自己剪裁制作的,在一节生物课上,我看到一个德国女生甚至因为那台老式投影仪的折光镜松脱,而不得不一直用一只手扶着它,另一只手摆弄着玻璃纸,直到完成自己的发言……

但作为一名教师,我又不得不承认,德国的课堂是充满魅力的:首先,德国学生是在快乐中学习的,他们的思维是高度活跃的;其次,师生相处是融洽和谐的,老师看学生的眼神始终充满肯定与期许。有一节讨论课的最后,学长让学生提意见,有一位学生的意见竟然是觉得老师对课堂干预太多,而那节课老师说的话加起来也超不过三句!最后,学生学习讨论问题时态度是认真严肃的,甚至不惜相互争论,而且绝大部分学生都能够积极参与,学生既有自己的独立见解,又能够接纳伙伴的不同意见。不同于中国式教育,德国教师会给予学生更多尝试、探索、思考的时间,鼓励学生表达自己的想法,更尊重学生的独立性和自主意识,相信他们的自律能力。

这样的课堂,有时下课铃声响起,教学内容也没有完成,但对于德国教师来说,帮助学生破除理解上的障碍、让学生感受到学习的乐趣,比按计划完成教学内容更为重要。正如著名德国近代教育家第斯多惠所指出的:"教育的艺术不在于传播的本领,而在于激励、唤醒、鼓舞。"他认为主动性是人类生而俱有的渴望发展的特性,是一切自由活动的源泉,是人生目的的主观因素。真、善、美表示生活的内容,随时代而发展变化,是人生目的的客观因素。教育应充分发展人的主动性,以达到真、善、美的人生最终目的。所以:"一个坏的教师奉送真理,一个好的教师则教人发现真理。"

课堂二

作为欧洲著名的古都,柏林自然也是文化之都:它拥有 3 座歌剧院、130 家电影院、150 家剧场和剧院、170 座博物馆、300 多座画廊、400 家露天剧场;柏林爱乐乐团享誉世界;历史悠久的洪堡大学和柏林自由大学都是世界著名学府。与欧洲其他文明古都相比,尽管柏林建城的历史可以追溯到 1237 年,但直到 1871 年它才姗姗来迟成为德国的首都。所幸在 17 世纪末,原本尚武的柏林开始了文化艺术和科学的繁荣,巴洛克和洛可可一度改变了柏林的样貌,但文艺复兴式和新古典主义的建筑最终使柏林赢得了"施普雷河畔的雅典"的美誉。

柏林这座城市本身不亚于一座建筑博物馆,古典、近代与现代建筑交相辉映,相得益彰。漫步在这样的城市,街谈巷议的话题也从网游、大片儿、明星、巧克力和学校南门外的小笼包,转而成了老子、孔子、歌德、康德、希特勒、毛泽东、马克思、托马斯·莫尔、乌托邦、柏拉图、苏格拉底、君特·格拉斯、赫尔佐格、法斯宾德、施隆多夫、莱尼·里芬斯塔尔、黑格尔、尼采、巴赫、理查·施特劳斯、施托克豪森、Kraftwerk 和 Krautrock、Scorpions 和 Rammstein……颇有点儿逍遥学派的味道了。

柏林随处可见的历史古迹和专门博物馆在短短两周时间里迅速成为中国学生们最热爱的第二课堂。从勃兰登堡门、夏洛特堡宫、柏林大教堂,到洪堡大学、亚历山大广场、俾斯麦大街,再到欧洲被害犹太人纪念碑、波茨坦广场、柏林墙……德国乃至欧洲甚至是世界的古代、中世纪乃至近现代的历史画卷徐徐展开,希腊-罗马文明、文艺复兴、宗教改革、德意志的统一、一战、魏玛共和国、二战、日耳曼尼亚、冷战、苏东剧变、两德统一……都成为大家追问的焦点问题。而他们一开始的问题竟然只是:为什么要建墙? 是谁建的?

博物馆里面不仅藏品丰富,更有严谨的流程设计和非常周到的服务。德国科技馆、自然博物馆、查理检查站、柏林故事馆、东区画廊、老国家艺术画廊、奥林匹克体育场……从社会历史、自然科学到文体艺术,包罗万象。因为手里拿着日程表,每天我们都会确认第二天的参观内容,安排学生去先行查阅资料,为参观打下基础。没有一次参观活动沦为走马观花的过场,切实保障了学习的实效和教育资源利用的最大化。

结语

从北京出发时,我怀揣着沃尔夫·勒佩尼斯的《德国历史中的文化诱惑》踏上飞机,猜想柏林人到底是生活在维姆·文德斯《柏林苍穹下》非凡的现代神话里,还是满怀着维尔纳·赫尔佐格《陆上行舟》中菲茨卡拉多式的偏执……很多年前,一位去巴黎深造的文科政法女生曾给我寄过一张凯旋门的明信片,写下了这样一句话:懂历史者懂巴黎。柏林又何尝不是?!

　　在柏林走了一路,我也讲了一路的历史,希望孩子们最后都能够爱上柏林,爱上历史。行程尚未结束时,高二文科班的几位同学就已纷纷表示,如果高考考到冷战和柏林墙的历史,她们一定能拿满分。当然,我们收获的绝不仅仅是应对考卷的知识,我们走进柏林,重温了那段历史,在那十二天里,我们都是柏林人,这是一段弥足珍贵的人生经历。

　　历史的魅力是无穷的,很多人并不知道,我们这所友好学校的命名本身就是一个感人至深的历史故事,因为它所纪念的主人公——卡尔·冯·奥西埃茨基,是一位真正的反法西斯斗士,早在1931年他就针对希特勒写出:"一个民族到底要在精神上沦落到何种程度,才能在这个无赖身上看出一个领袖的模子,看到令人追随的人格魅力?"他无愧于1935年诺贝尔和平奖得主的荣誉,遗憾的是,他也是历史上第一位获颁诺奖时被关押在监狱里并最终死于纳粹迫害的人。

第二节　美国教育协会合作

　　美国教育协会(American Councils)是由美国国家政府资助,旨在通过一些教育和专业领域合作,使美国青年了解和认识世界,学习多种语言和文化的非营利性组织。

　　该协会下的NSLI-Y项目是针对美国在校高中生(年龄15~18岁)所开展的鼓励他们走出国门学习一门外语并了解当地文化的奖学金项目。每年,该项目均从美国各州选拔优秀高中生前往中国、俄罗斯、沙特阿拉伯等国进行为期一年的深入语言学习。我校于2009年与美国教育协会合作,成为国内首批接待该协会NSLI-Y项目的高中。首批5名美国学生在我校进行为期一年的中文学习。他们周一到周五在校园学习和生活,周末及节假日随我校接待家庭的学生回家住宿,以便更好地体验中国文化。这些美国学生对中国的方方面面充满了热情与好奇,希望与同龄人成为好朋友,共同学习、成长。通过这样的平台,我校学生不仅提高了英语交流能力,还了解到美国学生的学习和生活情况。

图 9-9

图 9-10

图 9-11

图 9-12

第三节 孔子课堂

一、尼泊尔 LRI 孔子课堂

2011 年 11 月,在原国家汉办(现改名为"中外语言交流合作中心")、中国驻尼泊尔大使馆、北京市教委的大力支持下,我校和尼泊尔 LRI 国际学校、北京国际汉语学院共同举办的孔子课堂正式揭牌成立。自成立以来,孔子课堂在汉语教学和中华文化推广方面取得了显著成效,进一步促进了中尼两国间的友谊。

从 2011 年开办之初发展到现在,L.R.I 国际学校孔子课堂共计为 6000 多名中小学生提供了汉语教育,共开展各类汉语文化推广活动 60 余次,参与对象总计15000 多人;多次成功接待了北京市教育代表团、尼泊尔教育部代表团、时任大会党发言人等的到访;成功推送了 13 名课堂学生参加了"孔子学院奖学金南亚国家汉语师资班项目",同时还推送了 200 多名各校老师、50 多名各校大学生、40 名我课堂学生等前往北京参加各种研修项目。

2019 年 10 月,中国国家主席习近平访问尼泊尔,L.R.I 孔子课堂学生还作为学生代表进入机场内部迎接习主席来访。

附:相关新闻集锦

尼泊尔 L.R.I 国际学校孔子课堂获得
2019 年"先进孔子课堂"荣誉称号

2019 年 12 月 9 日,国际中文教育大会在湖南长沙举行了开幕仪式,来自 160 多个国家和地区的 1000 多名孔子学院和中文教育机构代表参加了大会。在 12 月 10 日的颁奖仪式上,我校和北京国际汉语学院联合在尼泊尔建立的第一所孔子课堂——L.R.I 国际学校孔子课堂获得了 2019 年"先进孔子课堂"的荣誉称号。

L.R.I 国际学校孔子课堂外方院长、尼泊尔终生教育家、L.R.I 国际学校董事长潘特先生(SHIV RAJ PANT)参加了"先进孔子课堂"的颁奖仪式。

从 2011 年 L.R.I 国际学校孔子课堂(简称课堂)正式揭牌以来,在孔子学院总

图 9-14

图 9-15

　　"高耸的喜马拉雅山把中尼两国紧密联系起来, 雄伟的珠穆朗玛峰矗立成为中尼友好崇高的象征", 愿孔子课堂为汉语推广及中尼两国的友谊作出更大的贡献,祝愿跨越喜马拉雅的友谊不断谱写新篇章。

图 9-16

图 9-17

图 9-18

图 9-19

与你同在，盼早日春暖花开
——尼泊尔 L.R.I 孔子课堂为中国祈福

新型冠状病毒疫情牵动着海内外亿万中国同胞的心。我院尼泊尔 L.R.I 孔子课堂师生对疫情的发展也格外关注，希望通过不同的方式表达他们坚信中国人民终将战胜病毒的信念和对中国人民抗击疫情的最大关怀与支持。

2 月 12 日 L.R.I 孔子课堂学生受邀参加了由喜马拉雅发展中心举办的"支持中国抗击疫情，促进中尼民心相通"的活动，中尼社会各界 400 余人参加此次活动。课堂的学生为此倾情绘制了多幅有关抗击疫情的作品，为中国呐喊加油，中国驻尼泊尔大使侯艳琪连连称赞，孩子们的作品真挚感人且触人心弦。孩子们在接受媒体采访时说"疫情不是中国一国之事，我们一直与中国同在。"活动现场还播放了回顾中方参与尼泊尔大地震救援和灾后重建的视频，由尼友人填词作曲的尼中双语歌曲《当你痛苦的时候》唱到"我受难时，你为我负重前行；你战"疫"时，我也愿与你并肩战斗！""阴霾总会过去，春天必将到来；让我为你祈福，祝你平安！"

自疫情暴发以来，课堂学生们每天都会关心他们的汉语老师及其家人的情况。每天早会上全校师生都会为中国祈福，常常有学生问，"老师，有什么我们能帮忙的？""老师，请照顾好自己。""中国加油，一切都会好起来的。"

该视频来自"木兰 Power 女性助学计划"受资助的 9 位尼泊尔女生，她们已在课堂学习了 5 个月的汉语，用自己所学的汉语录制了这个视频，并倾情献歌一首，送给默默奉献在疫情一线的白衣天使们。

L.R.I 孔子课堂的学生们用自己手中的画笔，讲述了中国人民奋力抗击疫情的故事，一系列真挚又触人心弦的画作，一笔一画地诉说着中尼友谊。孩子们坚信中国终将战胜病毒。那幅医生穿着防护服的画作来自一名八年级的学生，他说："他们是中国的战士，是大家的希望，我们为他们加油！"

阴霾总会过去，春天必将到来，我们为你祈福，祝你平安！

二、白俄罗斯维捷布斯克第 44 中学孔子课堂

白俄罗斯维捷布斯克第 44 中学孔子课堂（以下简称孔子课堂）于 2018 年 10

月 26 日揭牌成立。2019 年 5 月,孔子课堂正式运营。2019 年 5 月至 2020 年 3 月,课堂不断发展,累计注册学员突破 150 人,并成功举办了多次中国文化活动。但因疫情影响,2020 年下半年课堂发展受限,学员人数骤减。2021 年后白俄孔子课堂又重新焕发出了新的光彩:课外兴趣班被重启,课堂根据本地实际情况组织了部分文化活动,学生们踊跃参加各项汉语相关比赛并获得了良好的成绩。

图 9-20

图 9-21

图 9-22